国家级一流本科课程教材

浙江省普通高校"十三五"新形态教材

船舶结构设计

谢永和　李俊来　张吉萍　编著

海洋出版社

2023·北京

图书在版编目（CIP）数据

船舶结构设计/谢永和，李俊来，张吉萍编著. —北京：海洋出版社，2023.6
浙江省普通高校"十三五"新形态教材
ISBN 978－7－5210－1161－6

Ⅰ.①船… Ⅱ.①谢…②李…③张… Ⅲ.①船体结构—结构设计—高等学校—教材 Ⅳ.①U663

中国国家版本馆 CIP 数据核字（2023）第153471号

策划编辑：江 波
责任编辑：刘 玥
数字编辑：孙 巍
责任印制：安 森

海洋出版社 出版发行

http://www.oceanpress.com.cn
北京市海淀区大慧寺路8号 邮编：100081
涿州市般润文化传播有限公司印刷 新华书店经销
2023年6月第1版 2023年6月北京第1次印刷
开本：787mm×1092mm 1/16 印张：15.75
字数：328千字 定价：78.00元
发行部：010－62100090 总编室：010－62100034

海洋版图书印、装错误可随时退换

前　言

《船舶结构设计》是一本全面系统介绍船舶结构强度计算、校核和结构设计方法的综合性技术类教材，是普通高等院校船舶与海洋工程专业学生的必修课程用书，是集专业性、理论性与实用性于一体的专业书籍。本书不仅适用于普通高等船舶院校的研究生、本科生和高职学生学习，也可以作为船舶行业及相关领域工程技术人员的培训教材和参考书。

随着现代船舶科学技术的发展，船舶结构设计理论、方法和设计规范都在不断地补充、更新和完善。如何使学生通过修读专业教材来掌握船舶强度分析和结构设计的基本知识，熟悉最新船体结构规范，并将理论与实践应用紧密结合，做到深入浅出、通俗易懂，并能经受专业实践的历练，这是船舶与海洋工程专业教材编写中必须着重考虑的问题。本教材从编写到教学实践历时数十载，凝聚了船舶与海洋工程专业多位教授和专业教师们多年的心血，并结合当前地方船舶企业的设计和生产实际，重新修订和完善了《船舶结构设计》教材。也正是基于为使读者能迅速把握现代船舶企业中船体强度和结构设计的新措施、新方法、新技术，突出船舶与海洋工程专业教材的新颖性、实用性，本教材正式出版前已经在浙江海洋大学进行本科教学试用数届，再经过多次修订与讨论，最终形成了《船舶结构设计》一书。

本书是船体强度与结构设计的总结性丛书之一，全书共分9章，主要内容包括船体外载荷、船体总纵强度、船体局部强度、船体纵向扭转强度、船体结构规范法设计、应力集中、波浪载荷计算、船体结构强度有限元计算以及船体结构疲劳强度计算。

本书的绪论部分、第4~6章内容由谢永和教授编写，第1~3章内容由李俊来副教授编写，第7~9章内容由张吉萍教授编写，全书由谢永和教授统稿。

由于水平和经验有限，教材还有很多缺点和不足，希望各有关高校、同行专家和广大读者提出宝贵意见，以便改进提高。

编　者
2023年6月

目 录

前 言 ·· 1

绪 论

0.1 课程发展史 ·· 1
0.2 课程综述 ·· 2
0.3 课程内容 ·· 4

第1章 船体外载荷

1.1 船体外载荷的计算思路 ·· 7
1.2 重力分布曲线 ··· 8
   1.2.1 概述 ··· 8
   1.2.2 局部性重力分布 ·· 10
   1.2.3 总体性重力分布 ·· 11
1.3 静水浮力曲线 ··· 13
   1.3.1 浮态第1次近似计算 ·· 13
   1.3.2 浮态第2次近似计算 ·· 14
   1.3.3 浮力曲线计算 ··· 15
1.4 载荷、剪力及弯矩曲线 ·· 15
   1.4.1 载荷曲线 ··· 15
   1.4.2 静水剪力曲线与静水弯矩曲线 ·· 16
1.5 静置波浪附加剪力和弯矩计算 ··· 17
   1.5.1 概述 ··· 17

I

1.5.2	波浪附加剪力及弯矩	19
1.5.3	波浪载荷的规范计算	22
1.6	合成弯矩与合成剪力	23
1.6.1	许用静水弯矩	23
1.6.2	许用静水剪力	24
1.7	计算实例	26

第 2 章 船体总纵强度

2.1	船体总纵强度的计算思路	29
2.2	船体屈服强度	30
2.2.1	船体剖面要素	30
2.2.2	总纵弯曲正应力	32
2.2.3	总纵弯曲剪切应力	32
2.3	船体屈曲强度	33
2.3.1	板的欧拉应力	33
2.3.2	纵骨的欧拉应力	34
2.3.3	临界应力	35
2.3.4	屈曲强度校核	36
2.4	船体极限弯矩	36
2.4.1	基本概念	36
2.4.2	船体极限弯矩	37
2.5	计算实例	39

第 3 章 船体局部强度

3.1	船体局部强度的计算思路	53
3.2	计算模型	53
3.2.1	支座的简化	54
3.2.2	结构的简化	55
3.2.3	载荷的简化	56

3.3 板架计算 ·· 57
   3.3.1 船底板架 ··· 57
   3.3.2 甲板板架 ··· 60
   3.3.3 舷侧板架 ··· 63
   3.3.4 舱壁板架 ··· 64
3.4 计算实例 ·· 66

第4章 船体纵向扭转强度

4.1 船体纵向扭转强度的计算思路 ··· 69
4.2 船体在斜浪中的波浪扭矩 ··· 70
   4.2.1 波浪扭矩产生的机理 ··· 70
   4.2.2 波浪扭矩的理论表示 ··· 71
   4.2.3 波浪扭矩计算的标准状态 ··· 72
   4.2.4 斜浪波浪扭矩的规范计算 ··· 72
   4.2.5 斜浪波浪弯矩的规范计算 ··· 73
4.3 甲板具有长大开口的船体扭转变形 ·· 75
   4.3.1 自由扭转变形和翘曲变形 ··· 75
   4.3.2 剖面扭转惯性矩计算 ··· 76
4.4 弯扭组合的合成正应力 ·· 78
   4.4.1 静水弯矩 M_s 产生的正应力 ······································· 78
   4.4.2 船舶处于迎浪状态时的垂向合成弯曲应力 ····················· 78
   4.4.3 船舶处于斜浪状态时的合成应力 ································· 79
4.5 计算实例 ·· 79

第5章 船体结构规范法设计

5.1 规范法设计的基本思路 ·· 83
   5.1.1 规范设计步骤 ·· 83
   5.1.2 建造规范的选用 ·· 85
   5.1.3 结构布置的一般原则 ··· 85

5.1.4 船体构件设计通则 ·· 87
5.2 船体构件的基本材料 ·· 92
　　5.2.1 船体结构钢的材料系数 K ······································· 92
　　5.2.2 正常气温下船体结构用钢的要求 ································· 93
　　5.2.3 冷藏舱室结构用钢的要求 ·· 94
　　5.2.4 冰区航行船舶结构用钢的要求 ···································· 95
　　5.2.5 暴露于低气温下船体结构用钢的要求 ····························· 95
5.3 规范对船体纵向强度的要求 ·· 97
5.4 设计实例 ·· 97
　　5.4.1 船体外板与甲板设计 ·· 98
　　5.4.2 船体骨架设计 ··· 103
　　5.4.3 上层建筑设计 ··· 126

第6章 应力集中

6.1 应力集中的计算思路 ··· 137
6.2 甲板开口的应力集中 ··· 138
　　6.2.1 应力集中系数 ·· 138
　　6.2.2 甲板开口应力集中的影响因素 ···································· 139
　　6.2.3 甲板上开口的加强 ·· 140
　　6.2.4 下甲板开口的加强 ·· 141
6.3 肘板的应力集中 ··· 143
6.4 上层建筑端部的应力集中 ··· 143
　　6.4.1 应力集中系数 ·· 143
　　6.4.2 端部应力集中的加强 ·· 144

第7章 波浪载荷计算

7.1 波浪载荷计算的基本思路 ·· 147
7.2 三维势流理论 ··· 149
　　7.2.1 坐标系的定义 ·· 149

  7.2.2 速度势的分解及边界条件 ………………………………………… 150

  7.2.3 奇点分布边界积分方法 …………………………………………… 153

7.3 流体压力和广义水动力 ………………………………………………………… 155

  7.3.1 流体压力 …………………………………………………………… 155

  7.3.2 广义水动力 ………………………………………………………… 155

  7.3.3 广义波浪激励力 …………………………………………………… 156

  7.3.4 附加质量和附加阻尼系数 ………………………………………… 156

  7.3.5 恢复力系数 ………………………………………………………… 157

7.4 计算实例 ………………………………………………………………………… 158

  7.4.1 模型建立 …………………………………………………………… 158

  7.4.2 波浪载荷计算结果 ………………………………………………… 162

  7.4.3 波浪载荷"非线性"修正 ………………………………………… 164

第 8 章 船体结构强度有限元计算

8.1 有限元法的基本思路 …………………………………………………………… 170

8.2 船体结构强度有限元计算的基本步骤 ………………………………………… 171

8.3 船体结构的有限元分析法 ……………………………………………………… 172

  8.3.1 船体结构模型的简化 ……………………………………………… 173

  8.3.2 船体结构离散的模型化 …………………………………………… 173

  8.3.3 船体结构的载荷施加 ……………………………………………… 174

  8.3.4 船体结构的边界条件 ……………………………………………… 174

8.4 屈服计算 ………………………………………………………………………… 175

  8.4.1 模型建立 …………………………………………………………… 176

  8.4.2 评估分析 …………………………………………………………… 179

8.5 屈曲强度 ………………………………………………………………………… 190

  8.5.1 模型建立 …………………………………………………………… 190

  8.5.2 评估分析 …………………………………………………………… 195

8.6 横向强度 ………………………………………………………………………… 201

  8.6.1 模型建立 …………………………………………………………… 201

  8.6.2 评估分析 …………………………………………………………… 203

第 9 章 船体结构疲劳强度计算

- 9.1 疲劳分析方法的基本思路 ……………………………………… 212
  - 9.1.1 疲劳分析的基本原理 …………………………………… 212
  - 9.1.2 疲劳分析方法 …………………………………………… 213
  - 9.1.3 疲劳裂纹的失效模式 …………………………………… 213
  - 9.1.4 $S-N$ 曲线 ……………………………………………… 214
- 9.2 算例 …………………………………………………………… 215
  - 9.2.1 热点应力法校核关键节点疲劳强度 …………………… 216
  - 9.2.2 名义应力法校核纵骨疲劳强度 ………………………… 222
- 参考文献 …………………………………………………………… 239

多媒体内容目录

视频：1 – 艏吃水、艉吃水的确定 ······ 14
视频：2 – 坦谷波的绘制 ······ 19
视频：3 – $M_w(+)$、$M_w(-)$ 的计算 ······ 27
视频：4 – $F_w(+)$、$F_w(-)$ 的计算 ······ 28
视频：5 – 受压板的临界应力 ······ 33
视频：6 – 受剪板的临界应力 ······ 34
视频：7 – 纵骨的临界应力 ······ 34
视频：8 – 模型简化原则 ······ 54
视频：9 – 计算模型简化的三要素 ······ 54
视频：10 – 刚架计算模型 ······ 56
视频：11 – 大开口船舶的条件 ······ 69
视频：12 – 扭转船体微体的受力 ······ 71
视频：13 – 船体扭矩 ······ 76
视频：14 – 规范设计法设计步骤 ······ 84
视频：15 – 带板宽度 ······ 88
视频：16 – 骨材的标准间距 ······ 92
视频：17 – 规范对船体纵向强度的要求 ······ 97
视频：18 – 设计区域的划分 ······ 98
视频：19 – 公共数据的计算 ······ 98
视频：20 – 船底外板设计 ······ 99
视频：21 – 加强筋设计 ······ 104
视频：22 – 双层底纵骨设计 ······ 106
视频：23 – 艏楼横骨架式强横梁设计 ······ 116

视频：24 – 立柱设计 …………………………………………………………… 118
视频：25 – 上层建筑水头高度计算 ………………………………………… 127
视频：26 – 椭圆形开口的应力集中系数 …………………………………… 138
视频：27 – 端部弧形过渡板 ………………………………………………… 144
视频：28 – 局部增加主体结构板厚 ………………………………………… 145

绪 论

0.1 课程发展史[1-7]

1787 年，英国的苏格兰率先制造出世界上第一艘铁壳驳船"试验"号，船长 21.05 m，这开辟了钢铁造船的新纪元。18 世纪中叶，欧拉指出：船体应该作为一根梁来研究它的弯曲变形。19 世纪中叶，梁理论才成为船体静置在波浪上的纵强度计算的标准方法。

1874 年 10 月，内河船"Mary"号在横渡大西洋时折断沉没。1877 年，威廉·约翰对这条船进行了计算与分析，船的舷边角铁的工作压应力远远大于临界应力，达到 246.0 MPa，船舶出现了结构失稳，也就是屈曲强度问题。

A. H. 克雷洛夫 1896 年第一次提出船舶在波浪中摇荡运动和船体的弯矩、剪力计算方法。由于摇荡时减小了作用于船体上的附加质量，作用于船体上的弯矩比静置在波浪上的弯矩小很多。

G. 威德勒（G. Vedeler）在 1924 年发表的"关于船体扭转"论文中提出了计算方法。出现了甲板上有长大舱口的矿石船和集装箱船后，需要考虑扭转强度问题。

作用于船体的荷重，特别是波浪载荷具有很大的随机性。很明显，应该用概率方法来研究船体强度问题，包括波浪弯矩、船底砰击、甲板上浪、舷外飘砰击、结构破坏性分析，以及结构设计等问题。

长期以来，民用船舶的结构设计主要依靠各船级社，如美国船级社 ABS、法国船级社 BV、挪威船级社 DNV 和中国船级社 CCS 等颁布的有关规范进行设计，这种基于许用应力的传统设计方法，就是把船舶登记入级的检验准则作为船体结构设计的最低要求来完成结构设计。这种方法根据船舶主尺度和结构形式及各种营运条件、施工要求，按船级社制定的建造规范的有关规定，决定构件的布置与尺度，再进行总强度与局部强度、结构稳定性等校核，简单实用，特别适用于常规船舶。然而，这种方法也存在着明显的缺点：比如其设计的合理程度取决于规范拟定的水平，结构设计没有明确的目标，盲目性大等。

从19世纪50年代开始，苏联率先开始采用强度计算设计法并颁布了强度计算的条件和许用应力标准，但其仍属于确定性设计方法。自19世纪60年代起，造船业发生了巨大的变化：油船、散货船的主尺度越来越大，新的运输方式如江海联运等，新的运输货物如沥青、天然气等所要求的新船型层出不穷，新材料和新的建造方法要求船型结构更加安全可靠，同时也对效率和经济性提出了更高的要求。原有的规范设计法不能适应新的情况，迫切需要建立一个更加科学、通用的结构设计方法。同时，电子计算机的高速发展，结构分析的有限元法和数学规划的优化技术飞速发展，使得结构的设计不仅有了一项计算分析工具，而且有了一套完整的方法来改进设计和优化设计，船体结构设计的基本原理和方法也正在逐渐发生着重大变化，一个全新的船体结构设计原理和方法的研究已经达到实用化的阶段。

在确定性设计法中，所采用的载荷和材料性能等数据均使用平均值，或者最大或最小值，没有考虑数据的分散性，同时在设计中引入一个大于1的安全系数，这类安全系数在很大程度上由设计者根据经验来确定，带有一定的不确定性和盲目性。当设计者对产品的安全可靠不确信时，采用较大的安全系数能够减少结构失效的机会，但这并不能绝对防止结构失效的发生，反而会造成结构重量的增加和结构性能的降低。

为克服上述缺点，结构设计逐渐由确定性设计原理向概率性设计原理过渡，概率性设计又称为可靠性设计，它以载荷和强度的概率模型为基础，即将结构寿命期内影响结构安全和性能的各种参数作为随机变量，用概率论和数理统计方法来分析结构在使用期限内满足基本功能要求的概率。自19世纪70年代以来，结构可靠性分析取得了巨大的进展，并且已经逐渐反映到一些结构设计的规范中，但在船舶结构设计领域中，由于船舶载荷及动力响应的复杂性，使得以概率为基础的船体结构设计仍然处于初步阶段，船体结构的可靠性设计依然有很长的路要走[8-10]。

0.2 课程综述

船舶是指航行于江河湖海的水上浮动式装置，担负着运输、生产、战斗及其他任务。为了保证船舶能很好地完成上述任务，船舶应具有良好的航行性能、工作性能和足够的强度。

绪 论

船舶具有足够的强度，是指船体结构在正常的使用过程中和一定的使用年限中具有不破坏或不发生过大变形的能力。由于船舶通常的工作状态是航行状态，因此，设计人员应首先保证船舶在航行时具有足够的强度。

船舶结构强度计算主要是船体总纵强度计算。总纵强度计算通常是将船舶静置在静水或波浪上，通过力学方法计算沿船长方向分布的重力与浮力作用下的弯曲变形与应力。这种将船舶作为一个整体来研究的强度问题就称为船体总纵强度。长期以来，总纵强度一直是船体强度校核的主要内容。

实际上，船体在重力和浮力的共同作用下，往往不仅会发生总纵弯曲变形和扭转变形，同时在局部范围内船体结构还会发生局部变形，如果局部变形超过一定的限度，也会对船体造成损坏，进而危及整船的安全。这就要求船体局部结构必须能承受一定的相应载荷、具有抵抗破坏的能力，这种能力就称为船体局部强度。

然而，把船舶静置于波浪上，按梁的弯曲理论来研究船舶总纵强度是初步的。随着时间的推移和对总纵强度认识的逐步深入，为了使船体强度的计算更接近于实际，还需进一步讨论和研究其他与强度有关的问题。

（1）稳定性问题。由于船舶尺度的增大，总纵弯曲时船体受压构件（主要是中垂状态时的上层甲板）常常会在较小的应力下因其受压过度而丧失稳定性，大大降低了船体抵抗总纵弯曲变形的能力。这样，在研究船体总纵强度的时候，必须考虑受压构件是否有失稳现象，并要分析构件失稳后的应力再分配问题，才能正确地体现船体总体承载能力。

（2）扭转强度问题。船舶并不总是迎浪航行，经常会在斜浪上航行。船舶在斜浪上航行时，船体可能会发生过大的扭转变形，因此也就需要研究船体的扭转强度问题。尤其是对那些抗扭刚度较低的船体，如大开口驳船、舱口特别大的集装箱船，扭转强度的研究显得更为重要。

（3）应力集中问题。应力集中是由于船体结构不连续而引起的，舱口角隅、肘板、上层建筑端部、内河船舷侧开的各类通道门及其他结构不连续的部位也都会发生应力集中。

（4）疲劳强度问题。疲劳强度是由于船体结构长期承受交变载荷作用下引起的，舱口角隅自由边、底边舱与内底板及横向强框架连接处、底凳斜板与双层底纵桁处内底的连接处、舷侧肋骨与底边舱连接处以及舷侧肋骨与顶边舱连接处在交变载荷作用下都容易引起疲劳破坏。

综上所述，要保证船舶安全，使船舶具有一定的强度和刚度就必须考虑总纵强度、局部强度、扭转强度、稳定性、应力集中和疲劳强度等问题。

随着造船实践经验的积累和对船体强度问题研究的日益深入，逐渐形成了专门研究船体强度的科学，即"船体强度"。为了保证船体强度，必须分析清楚作用于船体或各个构件上的载荷大小，再根据《钢质海船入级规范》对船体结构的要求来确定船体构件的最佳尺度，这也就是"船体结构设计"的内容。《船舶结构设计》就是专门研究船体强度与结构设计的科学，包括船体外载荷的确定、船体结构在外力作用下的响应研究、应力衡准的确定、船体强度校核以及船体构件尺度的确定等一系列问题。

0.3 课程内容

1）船体外载荷

将船舶静置于波浪上，求出船体梁横剖面上的弯矩和剪力，以及相应的应力，并将它与相应的应力衡准进行比较以判定船体的强度，这是船体总纵强度计算的传统方法。本章主要介绍总纵强度计算前必须确定的船体外载荷情况，包括船体梁所受到的各类载荷、剪力和弯矩的分布特点、计算原则以及分析方法，从而理解如何计算某一装载状态下船体梁总纵弯曲的载荷、剪力和弯矩的过程。

2）船体总纵强度

从梁的弯曲理论可知，当船体发生总纵弯曲变形时，船体横剖面上的总纵弯曲应力可用公式 $\sigma = M/W$ 计算，其中，M 为计算剖面上的弯矩，W 为剖面模数；从总纵强度计算方法可知，最终计算的总纵弯曲应力还应与相应的应力衡准进行比较以判定船体的强度。本章主要围绕船体总纵强度计算，讨论了船体屈服强度、屈曲强度以及极限弯矩等内容，重点要求掌握船体总纵强度的计算过程。

3）船体局部强度

通常在外载荷作用下，船体局部强度分析是把船体分离成板架、框架、连续梁和板来进行计算。本章主要是在船舶结构力学的基础上，运用船体结构的基础知识，在船中剖面设计基本完成，总纵强度经校核已满足要求的前提下，对局部强度进行分析。主要讨论计算模型的确定，包括支座简化、结构模型简化等内容，以及对船体各类板架的局部强度计算，要求能够学会计算具体每一类板架结构的强度和稳定性问题。

4)船体纵向扭转强度

船舶在波浪中航行时,受到斜浪和不对称波浪力的作用,船体会发生扭转变形。对于常规船舶来说,船体结构在满足纵向弯曲强度的条件下,扭转强度一般是可以满足安全要求的。但是,对集装箱船、大开口散货船、大开口多用途船和内河分节驳船等甲板具有大开口的船舶来说,因为甲板上的大开口,削弱了开口区域剖面的结构强度和结构刚度,必须考虑由于扭转引起的纵向扭转强度。本章主要介绍船体波浪扭矩的计算、大开口的船体扭转变形时的剖面扭转惯性矩计算以及扭转切应力计算等内容。要求掌握船中剖面波浪扭矩及沿船长分布的波浪弯矩计算。

5)船体结构规范设计法

规范设计法即根据船舶主尺度和结构形式及各种营运、施工要求,按船级社制定的《钢质海船入级规范》[11]的有关规定,确定构件的布置与尺度,再进行总纵强度、局部强度与结构稳定性等校核。若有不合理之处,则修改原设计方案或按要求局部加强结构,重复校核,直至满足。本章主要介绍规范设计的基本思路、设计规范的选用、船体构件的基本材料以及规范对船体纵向强度的要求等内容,要求熟悉和掌握船体规范设计的过程。

6)应力集中

在船体结构中,构件的间断往往是不可避免的。间断构件在其剖面形状与尺寸突变处的局部范围内,应力会产生急剧增大的现象,这种现象称为应力集中。应力集中是导致结构损坏的一个重要原因,所以在结构设计中必须始终注意这个问题。本章介绍了船体结构中比较突出的几个应力集中问题,包括应力集中系数、应力集中的影响因素、甲板上开口的加强、肘板的应力集中、上层建筑端部的应力集中等问题及对应力集中区域的结构设计。

7)波浪载荷计算

波浪载荷是船型在海上营运时受到的最重要的载荷之一,波浪载荷计算是指在规则波浪响应的基础上,通过理论计算确定船舶在给定的时间或一定超越概率下的在实况海域波浪载荷变化特性,计算得到的波浪载荷能够为整船强度计算提供载荷依据。因此,船型波浪载荷的计算对现代船型的设计有着重要的意义。本章主要针对某一散货船介绍了如何利用有限元软件对船型的波浪载荷进行预报,求取波浪弯矩和剪力,并进行非线性修正。

8)船舶结构强度有限元计算

有限元法是一种基于变分原理把连续体离散化的数值解法,具有适应性强和效能

较高等优点。应用有限元分析方法，可将船体结构离散为能精确模拟其承载模式和变形情况的有限个单元，详尽地表述船体结构的微观细节，真实地表达出各个构件间的协调关系与变化，可以求出各个核心构件或区域的实际变形与应力。这种方法是目前船体强度分析最准确、最完善的方法，也是在理性结构设计中，最能精确预报结构对载荷响应的结构分析方法。本章主要针对某一货船介绍船体结构有限元模型的建立、整船结构分析、舱段结构分析以及局部有限元分析。

9）船体结构疲劳强度计算

疲劳过程一般分为裂纹的萌生（裂纹的起源阶段）和最终导致断裂的裂纹稳定扩展两个阶段。船舶结构疲劳强度评估过程，首先计算由于海洋波浪作用，船体结构产生的交变应力，然后应用疲劳理论，计算疲劳裂纹容易产生的部位即结构危险点处的疲劳损伤，得到寿命。本章主要介绍疲劳评估的几种实际操作的疲劳损伤和寿命分析方法，即基于 $S-N$ 曲线和 Miner 准则的线性累积损伤理论和基于 Paris 的疲劳裂纹扩展理论的断裂力学方法，以及散货船 HCSR 的疲劳强度计算。

第1章

船体外载荷

在营运过程中，船舶要承受不同的载荷，载荷可分为内部载荷和外部载荷。内部载荷由货物、压载、燃油等产生，外部载荷由海水压力、风、冰等产生。在分析船体强度时，通常将船视为静置在波浪上，就是假想船舶以波速在波浪传播方向上航行，此时船与波的相对速度为零，可以认为船体是在重力和浮力作用下静平衡于波浪上的一根变剖面的简支梁，简称为船体梁。只考虑沿其船长方向，由于承受不均匀分布的载荷（重力与浮力），船体梁在这种分布载荷的作用下将使船体产生总纵弯曲，并在船体梁断面上产生剪力和弯矩。

将船舶静置在波浪上，求出总纵弯矩以及相应的总纵弯曲应力，并将它与应力衡准进行比较以判定船体的强度，这是船体总纵强度计算中的主要方法。作用在船体梁断面上的船体总纵弯矩与剪力分为静水弯矩与剪力和波浪附加弯矩与剪力两部分。

装载状态对于静水弯矩的影响是主要的。作为计算状态，应该选取最不利的装载情况，同时也要考虑实际情况。一般应考虑典型装载情况：满载出港、满载到港、压载出港、压载到港。计算状态见图1-1。

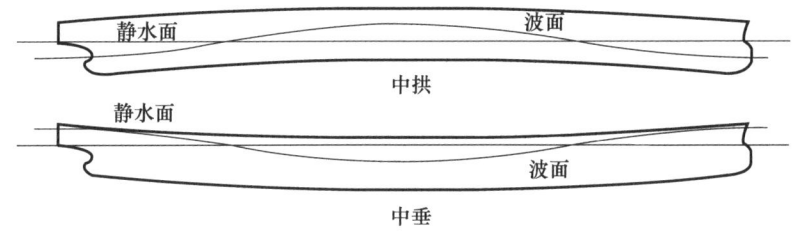

图1-1 计算状态

1.1 船体外载荷的计算思路

实践证明，船舶在波浪上航行时，重力和浮力是引起船体梁总纵弯曲的主要外力。船舶达到静力平衡状态时，全船总重量和浮力是大小相等、方向相反且作用在同一作用线上的一对外力。但对于沿船长方向的任一区间来说，它们并不平衡。船体外载荷的计算思路见图1-2。

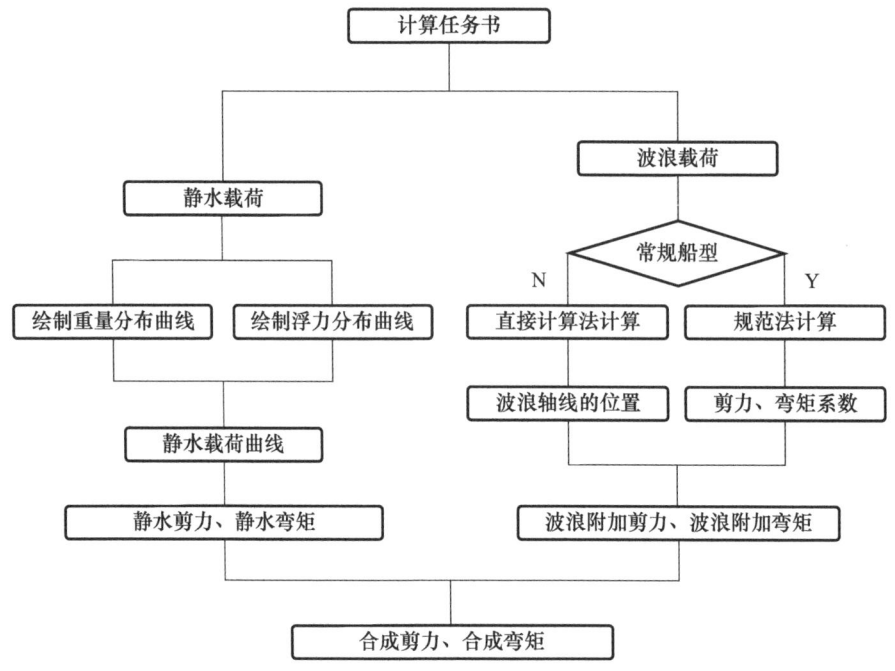

图1-2 船体外载荷的计算思路

1.2 重力分布曲线

1.2.1 概述

1）重力分布曲线

在某一装载状态下，描述全船重力沿船长分布状况的曲线，称为重力分布曲线。其纵坐标表示船体梁单位长度上重力分布值，即作用于单位长度上的重力值。绘制重力分布曲线时，必须要有全船各项重力及其重心位置的计算明细表，以及确定各项重力纵向分布范围的船体中纵剖面图，即重力和重心资料。

绘制重力分布曲线的方法：将船舶的各项重力按静力等效原则分布在相应的船长范围内，再逐项叠加得到重力分布阶梯图。通常将船舶重力按20个理论站距分布（民船的理论站号从艉至艏编排，军船的理论站号则是从艏至艉编排)[8,9]。每个理论站距内的重力可以认为均匀分布，从而绘出阶梯形重力分布曲线，并以此来代替真实的重力分布曲线，见图1-3。按上述方法求得的重力分布曲线，虽然与实际情况仍有差别，但不会对剪力和弯矩的计算带来明显的误差，所以这种绘制重力分布曲线的方法是可行的。

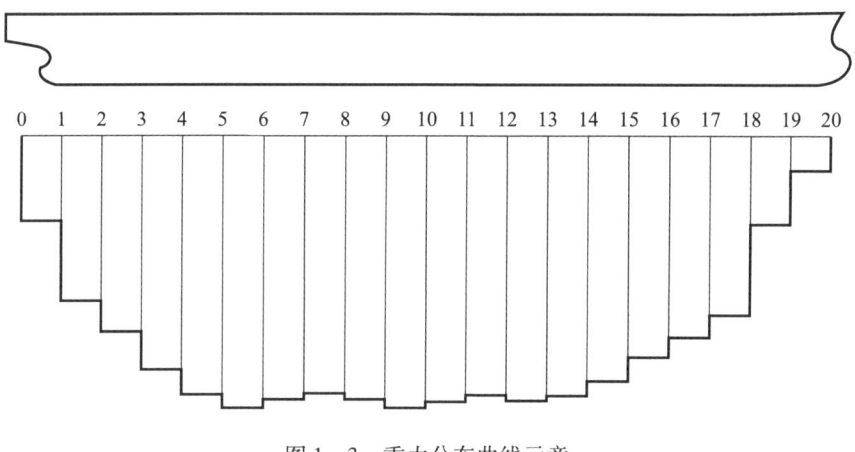

图1-3　重力分布曲线示意

2）重力分类

（1）按变动情况分。

① 不变重力——即空船重力，包括船体结构、舾装设备、机电设备等各项固定重力。

② 变动重力——即航行装载重力，包括货物、燃油、淡水、粮食、旅客、压载等各项可变重力，需根据具体的航行运输任务而定。

这样划分，便于对各类工况进行计算，避免不必要的重复，是一种行之有效的计算措施。

（2）按分布情况分。

① 总体性重力——即沿船体梁全长分布的重力，通常包括主体结构、油漆、索具等各项整体性重力。

② 局部性重力——即沿船长某一区段分布的重力，通常包括货物、燃油、淡水、粮食、机电设备、舾装设备等各项重力。

在实际重力分布曲线绘制过程中，首先应确定计算状态，也就是确定变动重力，再按总体性重力和局部性重力分别计算各理论站的重力分布，最后合成总的重力分布曲线；并应使重力分布曲线所围成的面积等于全船的重力，该面积形心的纵向坐标与船舶重心的纵向坐标相同。

1.2.2 局部性重力分布

1) 局部性重力的分配原则

对各项局部性重力进行处理，并分配到各理论站时，必须遵循静力等效原则，具体分配原则为：

（1）重力大小应保持不变，即要保证分配到各理论站的总重力应等于实际重力；

（2）重力重心的纵向坐标应保持不变，即必须保证分配到各理论站的各项分布重力合成的整体重心纵坐标与该项重力的重心纵坐标相等；

（3）分配到理论站的范围应与该项重力的实际分布范围相同或大致相同。

2) 局部性重力的分配方法

（1）分布在两个理论站距内的重力。如图1-4所示，某项以任意规律分布在两个理论站距内的重力为P，重心距i站的距离为a。按上述分配原则（3），用$(i-1) \sim i$及$i \sim (i+1)$两个理论站距内的阶梯形曲线代替真实重力分布。设两个理论站距内的重力分别为P_1和P_2，根据分配原则（1）和分配原则（2）可得：

$$\left. \begin{array}{l} P_1 + P_2 = P \\ \dfrac{1}{2}(P_1 - P_2)\Delta L = P \cdot a \end{array} \right\} \quad (1-1)$$

由此可得：

$$\left. \begin{array}{l} P_1 = P\left(\dfrac{1}{2} + \dfrac{a}{\Delta L}\right) \\ P_2 = P\left(\dfrac{1}{2} - \dfrac{a}{\Delta L}\right) \end{array} \right\} \quad (1-2)$$

将P_1和P_2除以理论站距长度ΔL，即可得到该项重力在这两个理论站距内的分布重力。

（2）分布在3个理论站距内的重力。根据静力等效原则，此时只能列出两个方程式，所以通常采用图1-5所示的假定分布规律进行计算。步骤如下：

第1步，以$1.5\Delta L$代替ΔL，求出P_1和P_2；

第2步，将P_1和P_2分别向其相邻的两个理论站距内分布；

第3步，对中间理论站距叠加来自P_1和P_2的相应分配值；

最后，将各理论站距内分配得到的重力分别除以ΔL，便得到相应的理论站距内的分布重力。

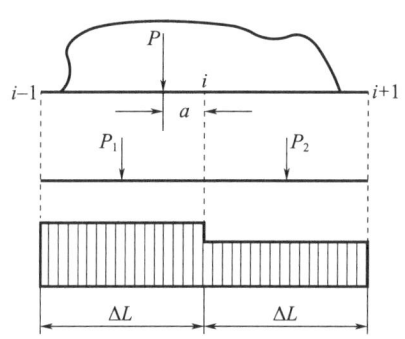
图1-4 分布在两个理论站距内的重力

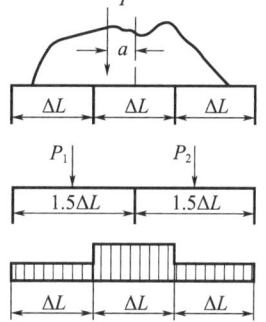
图1-5 分布在3个理论站距内的重力

（3）艏、艉理论站外的重力。有些船舶在艏、艉理论站之外有相当长的延伸部分，例如，艉突出体或球鼻艏，其重力可能超过空船重力的1%，且突出部分超过理论站距1/2之多。对于这一类重力，应按如图1-6所示的方法进行分布。把艏、艉理论站之外的重力移到相邻的两个理论站距内时，根据静力等效原则不改变其重力大小及其对船中的力矩大小，即不致引起船中弯矩的变化，根据条件：

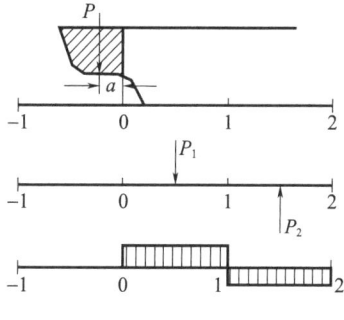
图1-6 艉理论站外的重力

$$\left.\begin{array}{l} P_1 - P_2 = P \\ P_2 \cdot \dfrac{3}{2}\Delta L - P_1 \cdot \dfrac{1}{2}\Delta L = P \cdot a \end{array}\right\} \quad (1-3)$$

$$\left.\begin{array}{l} P_1 = P\left(\dfrac{3}{2} + \dfrac{a}{\Delta L}\right) \\ P_2 = P\left(\dfrac{1}{2} + \dfrac{a}{\Delta L}\right) \end{array}\right\} \quad (1-4)$$

式中：a——突出部分重心距端点站的距离，m。

对于在更长范围内分布的重力，均可按上述方法处理，计算时只要将理论站距 ΔL 用分布范围内的等分段长度代替即可，例如，在4个理论站距内分布的重力，用分段长度 $2\Delta L$ 代替理论站距 ΔL。

桅杆、绞车及横舱壁等集中重力，亦应在相应的站距内分布。如果该项重力不超过全船重力的1%，则可认为其均匀分布在相应理论站距内。

1.2.3 总体性重力分布

确定船体结构重力分布是绘制重力曲线的主要内容之一，此项工作常常在详细设计完成之前就需要完成。确定船体结构重力分布只需确定全船总重力和重心纵向坐标。

1）梯形法

一些船舶往往船中部丰满、两端尖瘦，且船中部具有平行中体，所以可以将船体和舾装重力近似地用图 1-7 所示曲线表示，即平行中体部分用均匀的重力分布，而两端部分用两个梯形分布，三部分的长度均为船长的 1/3。

根据分布曲线所围的面积等于船体结构及舾装的总重力 W，面积形心的纵坐标与实际重力重心的纵坐标一致的原则，可求得梯形形状参数 a、b、c 之间的关系为：

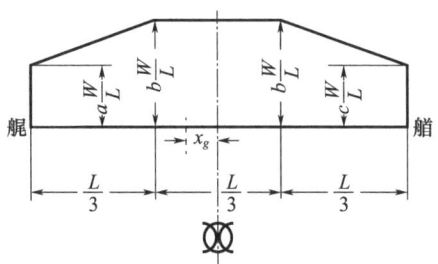

图 1-7 梯形法示意

$$\left.\begin{array}{l} 4b + a + c = 6 \\ a - c = \dfrac{108}{7} \cdot \dfrac{x_g}{L} \end{array}\right\} \quad (1-5)$$

式中：x_g——船体重心距船中的距离（船中后为正），m；

L——计算船长，m；

a——艏形状参数；

b——船中形状参数；

c——艉形状参数。

根据统计资料，对瘦型船，$b = 1.195$，则：

$$\left.\begin{array}{l} a = 0.61 + \dfrac{54}{7}\dfrac{x_g}{L} \\ c = 0.61 - \dfrac{54}{7}\dfrac{x_g}{L} \end{array}\right\} \quad (1-6)$$

对肥型船，$b = 1.174$，则：

$$\left.\begin{array}{l} a = 0.652 + \dfrac{54}{7}\dfrac{x_g}{L} \\ c = 0.652 - \dfrac{54}{7}\dfrac{x_g}{L} \end{array}\right\} \quad (1-7)$$

2）围长法

假设船体结构单位长度的重力与该横剖面围长（包括甲板）成比例。这种方法适用于船舶主体结构重力的分布。设距艉垂线 x 剖面处船体结构的单位长度的重力为

$w(x)$,则重力分布曲线为:

$$w(x) = \frac{W_h \cdot l(x)}{A} \quad (\text{kN/m}) \qquad (1-8)$$

式中:W_h——船舶主体结构的总重力,kN;

$l(x)$——x 剖面处包括甲板的围长,m;

A——整个主船体的表面积,m^2。

1.3 静水浮力曲线

船舶在某一计算状态下,描述浮力沿船长分布状况的曲线称为静水浮力曲线。浮力曲线的纵坐标表示作用在船体梁上单位长度的浮力值,其与横坐标轴所围的面积等于作用在船体上的浮力,该面积的形心纵向坐标即为浮心的纵向位置。浮力曲线通常可根据邦戎曲线求得,图 1-8 表示某计算状态下水线为 $W-L$ 时根据邦戎曲线绘制的浮力曲线。为此,首先应进行静水平衡浮态计算,以确定船舶在静水中的艏、艉吃水。

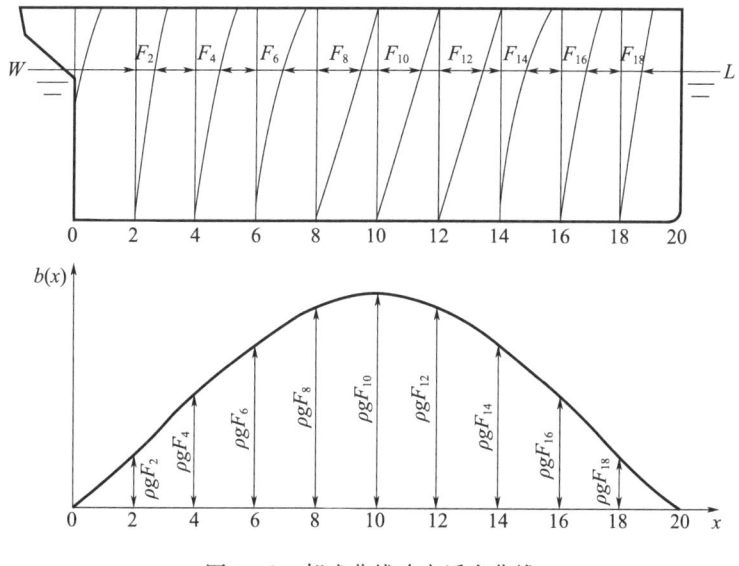

图 1-8 邦戎曲线确定浮力曲线

进行静水平衡浮态计算时,可应用逐步近似法,且应具有邦戎曲线、静水力曲线及船舶的重力、重心等资料。

1.3.1 浮态第 1 次近似计算

首先根据给定计算状态的船舶总重力 W,从静水力曲线图上查得如下数据:平均

吃水 d_m，m；浮心距船中的距离 x_b（船中前为正），m；纵稳心半径 R，m；水线面面积 A，m^2；漂心距船中的距离 x_f（船中前为正），m。

若浮心与重心的纵向坐标之差不超过船长的 0.05%~0.1%，则可以认为船舶已处于平衡状态，否则需进行纵倾调整。

设船舶纵倾角为 φ（艉下沉为正），由于实船的 R 远大于 $\overline{KC}$，故可近似取 $R - \overline{KC} \approx R$，因而有 $\tan\varphi \approx \varphi \approx (x_g - x_b)/R$，如图 1-9 所示[5]。

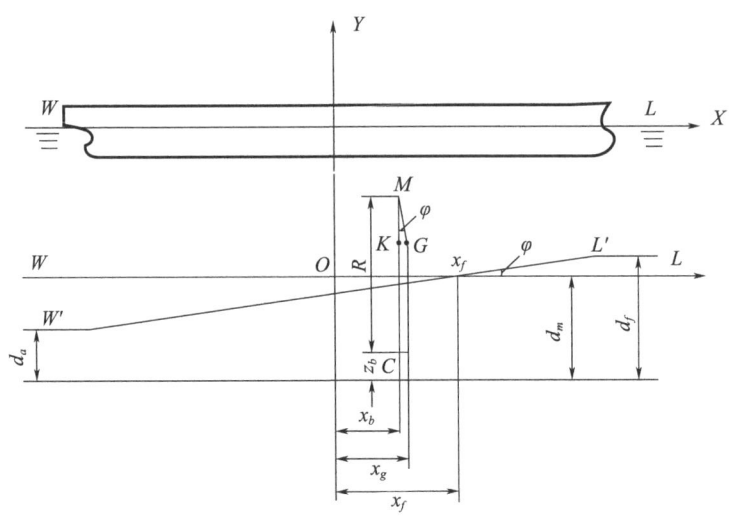

图 1-9 静水平衡计算

根据图 1-9，利用上述查得的有关参数便可确定船舶纵倾后的第 1 次近似艏、艉吃水：

$$\left.\begin{aligned} d_{f1} &= d_m + \left(\frac{L}{2} - x_f\right)\frac{x_g - x_b}{R} \\ d_{a1} &= d_m - \left(\frac{L}{2} + x_f\right)\frac{x_g - x_b}{R} \end{aligned}\right\} \quad (1-9)$$

艏、艉吃水确定后，利用邦戎曲线求出对应于该吃水的浮力分布，同时计算出总浮力 B_1 及浮心纵向坐标 x_{b1}。若求得的这两个数值不满足精度要求，则应做第 2 次近似计算。

（视频：1-艏吃水、艉吃水的确定）

1.3.2 浮态第 2 次近似计算

第 2 次近似计算可按下式确定新的艏、艉吃水：

$$\left.\begin{array}{l} d_{f2} = d_{f1} + \dfrac{W - B_1}{\rho g A} + \left(\dfrac{L}{2} - x_f\right)\dfrac{x_g - x_{b1}}{R} \\ d_{a2} = d_{a1} + \dfrac{W - B_1}{\rho g A} + \left(\dfrac{L}{2} - x_f\right)\dfrac{x_g - x_{b1}}{R} \end{array}\right\} \qquad (1-10)$$

式中：ρ——海水密度，kg/m^3；

g——重力加速度，m/s^2；

A——水线面面积，m^2。

式（1-10）的意义在于对第1次近似计算得到的船舶浮态作进一步的修正，式中的第2项表示为消除浮力与重力的不等，船舶将上浮或下沉的值；式中的第3项，表示由于浮心和重心的纵向位置不一致，船舶将产生纵倾。利用式（1-10）可进行第3次或更高次近似计算，直到满足下述要求，即：

$$\left.\begin{array}{l} \left|\dfrac{W - B_i}{W}\right| \times 100\% \leqslant (0.1 \sim 0.5)\% \\ \left|\dfrac{x_g - x_{bi}}{L}\right| \times 100\% \leqslant (0.05 \sim 0.1)\% \end{array}\right\} \qquad (1-11)$$

式中：B_i——最后一次近似计算的总浮力值，kN；

x_{bi}——最后一次近似计算的浮心纵坐标，m。

1.3.3　浮力曲线计算

在手工计算时，静水平衡计算可在邦戎曲线上利用内插法进行，当静水平衡计算完成后浮力曲线即可绘制。此时，作用于 $(i, i+1)$ 理论站距内的浮力：

$$B_{i,i+1} = \rho g (F_i + F_{i+1}) \dfrac{\Delta L}{2} \qquad (1-12)$$

式中：F_i, F_{i+1}——最后一次确定的第 i 理论站及第 $i+1$ 理论站的浸水面积，m^2；

ΔL——理论站间距，m。

1.4　载荷、剪力及弯矩曲线

1.4.1　载荷曲线

在给定计算状态下，描述引起船体梁总纵弯曲的载荷沿船长分布状况的曲线称为载荷曲线。其值等于重力曲线与浮力曲线之差，用 $q(x)$ 表示，即：

$$q(x) = w(x) - b(x) \qquad (1-13)$$

当 $w(x) > b(x)$ 时，$q(x)$ 为正值，画在纵向坐标轴的上方；反之为负，画在纵向坐标轴的下方。图 1-10 表示采用表格计算后得到的阶梯形载荷曲线。

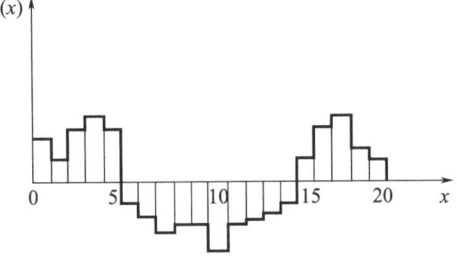

图 1-10 阶梯形载荷曲线

从力学角度出发，静置在静水或波浪上的船体梁是平衡的，所以船舶的载荷曲线与纵向坐标轴线所围的面积之和的代数值为零，该面积对纵轴上任一点的静力矩亦为零，即：

$$\left.\begin{array}{l} \int_0^L q(x)\mathrm{d}x = \int_0^L w(x)\mathrm{d}x - \int_0^L b(x)\mathrm{d}x = W - B = 0 \\ \int_0^L xq(x)\mathrm{d}x = \int_0^L xw(x)\mathrm{d}x - \int_0^L xb(x)\mathrm{d}x = Wx_g - Bx_b = 0 \end{array}\right\} \quad (1-14)$$

在进行剪力计算前，应对载荷曲线的这些性质进行检验，以判断船舶是否已经处于所要求的平衡位置，或是出现了计算误差，以免造成不必要的计算返工。

1.4.2 静水剪力曲线与静水弯矩曲线

船体梁在静水中所受到的剪力和弯矩沿船长分布的曲线分别称为静水剪力曲线和静水弯矩曲线。作用在船体梁任意剖面上的静水剪力和弯矩用式（1-15）计算：

$$\left.\begin{array}{l} F_S(x) = \int_0^x q(x)\mathrm{d}x \\ M_S(x) = \int_0^x F_S(x)\mathrm{d}x = \int_0^x \int_0^x q(x)\mathrm{d}x\mathrm{d}x \end{array}\right\} \quad (1-15)$$

由此可见，静水载荷曲线的一次积分是静水剪力曲线，二次积分是静水弯矩曲线。

船体梁在静水中处于平衡状态，船体两端完全自由，因此艏、艉端点处的剪力和弯矩应为零，即剪力和弯矩曲线在端点处是封闭的。在大多数情况下，由于载荷在船中前和船中后大致相等，所以剪力曲线具有反对称规律，零点靠近船中，而离艏、艉尾端约 1/4 船长处具有最大正值或负值。同时，由于两端的剪力为零，即弯矩曲线在两端的斜率为零，所以弯矩曲线在两端与横坐标轴相切。

由于计算过程中存在误差的累积，船体梁端点处剪力和弯矩为零的条件实际上很难达到。一般计算的精度要求是：

$$\left.\begin{array}{l} \left| \dfrac{F_S(L)}{F_{S\max}} \right| \leqslant 0.025 \\ \left| \dfrac{M_S(L)}{M_{S\max}} \right| \leqslant 0.05 \end{array}\right\} \quad (1-16)$$

式中：F_{Smax}——最大（绝对值）静水剪力，kN；

M_{Smax}——最大（绝对值）静水弯矩，kN·m。

计算时，端点的不封闭值只需用图 1-11 所示的一根直线把剪力曲线和弯矩曲线封闭起来，并对各理论站的剪力和弯矩按线性比例关系进行修正。比如，第 i 站剪力的修正值为：

$$\Delta F_S(i) = -\frac{i}{20}F_S(20) \qquad (1-17)$$

弯矩的修正值为：

$$\Delta M_S(i) = -\frac{i}{20}M_S(20) \qquad (1-18)$$

若上述条件式（1-16）不能满足，则表示在计算过程中产生了较大误差，即浮力与重力相差过大或浮心与重心纵向坐标相差过大，必须进行复查或重新计算。

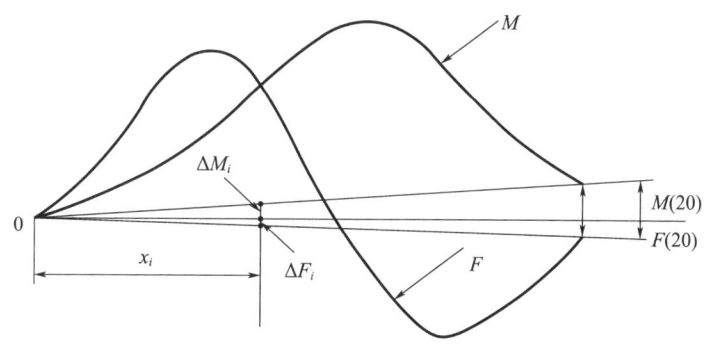

图 1-11　剪力及弯矩不封闭值的线性修正法

1.5　静置波浪附加剪力和弯矩计算

船舶由静水进入波浪时，重力曲线 $w(x)$ 并未改变，但水线面发生了变化，从而导致浮力重新分布。波浪状态的浮力相对静水状态的浮力增量将引起静置波浪附加剪力和弯矩。波浪附加剪力和弯矩与船型、波浪要素以及计算状态（船舶与波浪的相对位置）有关。

1.5.1　概述

1）波浪要素及计算状态

波浪要素包括波形、波长与波高。目前，应用最广泛的是坦谷波理论，根据这一理论，二维波的剖面是坦谷曲线形状。图 1-12 所示的波面是从二维波中截取的一段，粗黑线为波浪剖面形状；两相邻波峰或波谷之间的水平距离为波长，记为 λ；波高是由波谷底到波峰顶的垂直距离，记为 h。坦谷波曲线形状的特点是：波峰陡峭，波谷平坦，波浪轴线上、下的剖面面积不相等。

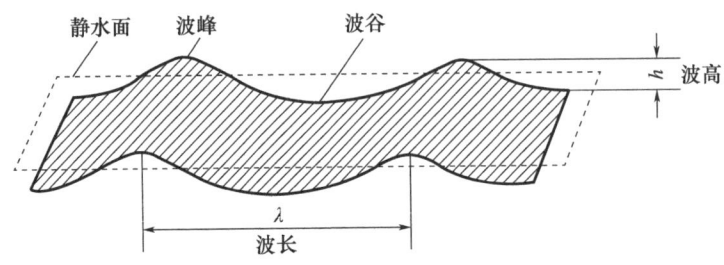

图 1-12 坦谷波波形

当船舶静置在波浪上的位置发生变化时，船体剖面上的弯矩也将发生变化。当波峰或波谷在船中时，浮力相对于静水线的改变最为明显，因此在船中剖面会产生最大的波浪弯矩。波长多少时才使弯矩为最大呢？计算分析表明，当船舶静置在波浪上时，在波长稍大于船长时会得到最大的波浪弯矩，但此时的弯矩与波长等于船长时的弯矩相差不大。所以，在实际计算时，取计算波长等于船长，并且规定按波峰在船中和波谷在船中两种典型状态进行计算，见图 1-12。若船舶所航行的区域没有等于船长的波浪，计算波长也总是取等于船长，因为船舶可能斜对着波浪航行。波长 λ 和波高 h 间没有固定的关系。计算波高按有关规范或强度标准选取。

上述波浪要素及计算状态形成了传统的标准计算方法，现归纳如下。

（1）将船舶静置于波浪上，即假想船舶以波速在波浪的传播方向上航行，船舶与波浪处于相对静止状态。

（2）以二维坦谷波作为标准波形，计算波长等于船长，计算波高按有关规范或强度标准选取。造船实践中都采用波长来确定计算波高。我国以前采用的军标 GJB64.1A 中波高按式（1-19）确定：

$$\begin{cases} h = \dfrac{\lambda}{20} & (\lambda \geqslant 120\,\text{m}) \\ h = \dfrac{\lambda}{30} + 2 & (120\,\text{m} \geqslant \lambda \geqslant 60\,\text{m}) \\ h = \dfrac{\lambda}{20} + 1 & (60\,\text{m} \geqslant \lambda) \end{cases} \qquad (1-19)$$

（3）取波峰位于船中、波谷位于船中两种状态分别进行计算。

2) 坦谷波的特点

坦谷波波形的绘制如图 1-13 所示。依滚圆盘方法绘制得到坦谷波的波面方程为：

$$\left.\begin{aligned} x &= \frac{\lambda}{2\pi}\theta + r\sin\theta \\ x &= -r\cos\theta \end{aligned}\right\} \tag{1-20}$$

式中：θ——圆盘滚动时的转角，取值范围为 (0, 2π)；

y——波面距波浪轴线的垂向坐标，m；

x——与 y 相对应的波轴方向坐标，m；

r——半波高，m。

图 1-13 坦谷波波形的绘制

1.5.2 波浪附加剪力及弯矩

静置波浪附加剪力和弯矩由式（1-21）计算：

$$\left.\begin{aligned} F_W(x) &= -\int_0^x \Delta b(x)\,\mathrm{d}x \\ M_W(x) &= \int_0^x F_W(x)\,\mathrm{d}x = -\int_0^x \int_0^x \Delta b(x)\,\mathrm{d}x\,\mathrm{d}x \end{aligned}\right\} \tag{1-21}$$

（视频：2-坦谷波的绘制）

式中：$\Delta b(x)$——船舶在波浪中的浮力曲线相对于静水面的变化量，kN/m。

如图 1-14 所示，应按式（1-22）计算 $\Delta b(x)$：

$$\left.\begin{aligned} \Delta b(x) &= b_W(x) - b_S(x) = \rho g \Delta F(x) \\ \Delta F(x) &= F_W(x) - F_S(x) \end{aligned}\right\} \tag{1-22}$$

式中：$b_W(x)$——船舶在波浪中的浮力曲线，kN/m；

$b_S(x)$——船舶在静水中的浮力曲线，kN/m；

$F_S(x)$——船舶在静水中各理论站横剖面的浸水面积，m²；

$F_W(x)$——船舶在波浪上各理论站横剖面的浸水面积，m²。

船舶由静水进入波浪，其浮态会发生变化。若以静水线作为坦谷波轴线，当船中位于波谷时，由于坦谷波在波轴线以上的剖面积比在波轴线以下的剖面积小，同时船体中部又较两端丰满,所以船在此位置时的浮力要比在静水中小,因而不能处于平衡,船舶将下沉 ξ 值;而当船中在波峰时,一般船舶要上浮 ξ。由于船体舯、艉线型不对称,船舶还将发生纵倾变化。

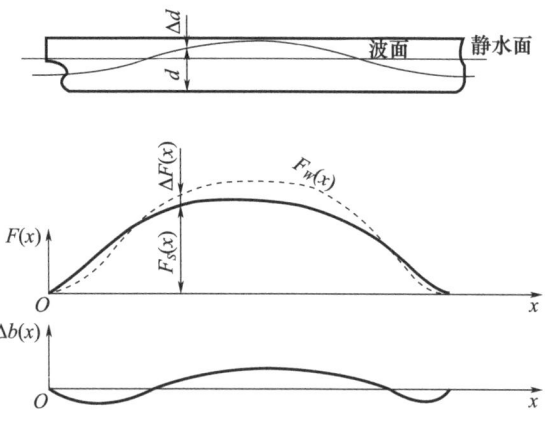

图 1-14　波浪浮力分布曲线

由此可见,为求波浪附加剪力和弯矩,首先确定船舶在波浪上的平衡位置。假定船舶静置在波浪上,艉垂线处较静水时下沉 ξ_0 值(下沉为正),纵倾角变化为 φ 值(首下沉为正),则在距艉垂线 x 处剖面下沉或上浮的距离为:

$$\xi_x = \xi_0 + x\varphi \qquad (1-23)$$

因此,求船舶在波浪上平衡位置,实际上可归结为求波浪轴线的位置 ξ_0 和 φ,如图 1-15 所示。

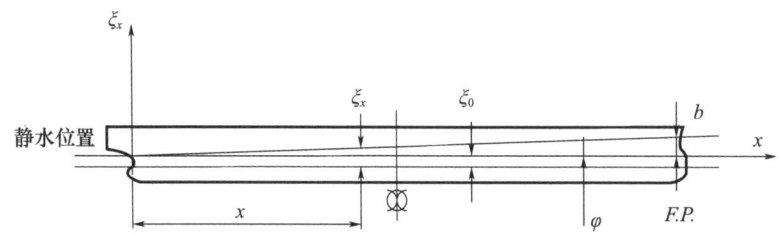

图 1-15　船舶在波浪上平衡位置的描述

为求船舶静置在波浪上的平衡位置,仍然要利用静力平衡条件,即重力等于浮力,重心与浮心的纵向位置在同一铅垂线上。所以,船舶在波浪中的浮力变化量 $\Delta b(x)$ 必须满足:

$$\left. \begin{array}{l} \int_0^L \Delta b(x)\,\mathrm{d}x = 0 \\ \int_0^L x\Delta b(x)\,\mathrm{d}x = 0 \end{array} \right\} \qquad (1-24)$$

确定船舶在波浪上平衡位置一般采用直接法,该方法是由麦卡尔(Muckle)提出的,故亦称麦卡尔法,即利用邦戎曲线来调整船舶在波浪上的平衡位置。因此,计算时要求船舶在水线附近为直壁式,同时无横倾发生。大量实践经验表明,麦卡尔法适用于大型运输船舶的计算。其步骤如下。

坦谷波轴线与静水线重合，得到波峰在船中或波谷在船中的波形线 $A-A$，如图 1-16（a）所示。在各理论站线与波形线 $A-A$ 的交点 A_i 处利用邦戎曲线量取浸水面积 F_{Ai}，如图 1-16（b）所示。实际平衡位置时波形线为 $C-C$（与各站的交点为 C_i），中垂时 C_i 在 $A-A$ 波形线之上，中拱时 C_i 在 $A-A$ 波形线之下，如图 1-16（a）。因此，在各理论站 A_i 点之上（对于中垂情况）或 A_i 点之下（对于中拱情况），以相同的比例量取 ε 值（一般取 $\varepsilon = 1 \sim 2 \mathrm{m}$ 的数值），得点 B_i，并利用邦戎曲线量取 B_i 处的浸水面积 F_{Bi}。于是利用水线附近舷侧为直壁式的假设，实际波面下的浸水面积 F_{Ci} 为：

$$F_{Ci} = F_{Ai} + \Delta F_i = F_{Ai} + \frac{F_{Bi} - F_{Ai}}{\varepsilon}\xi_i \quad (1-25)$$

将式（1-23）代入式（1-25）得：

$$F_{Ci} = F_{Ai} + \frac{F_{Bi} - F_{Ai}}{\varepsilon}(\xi_0 + x_i\varphi) \quad (1-26)$$

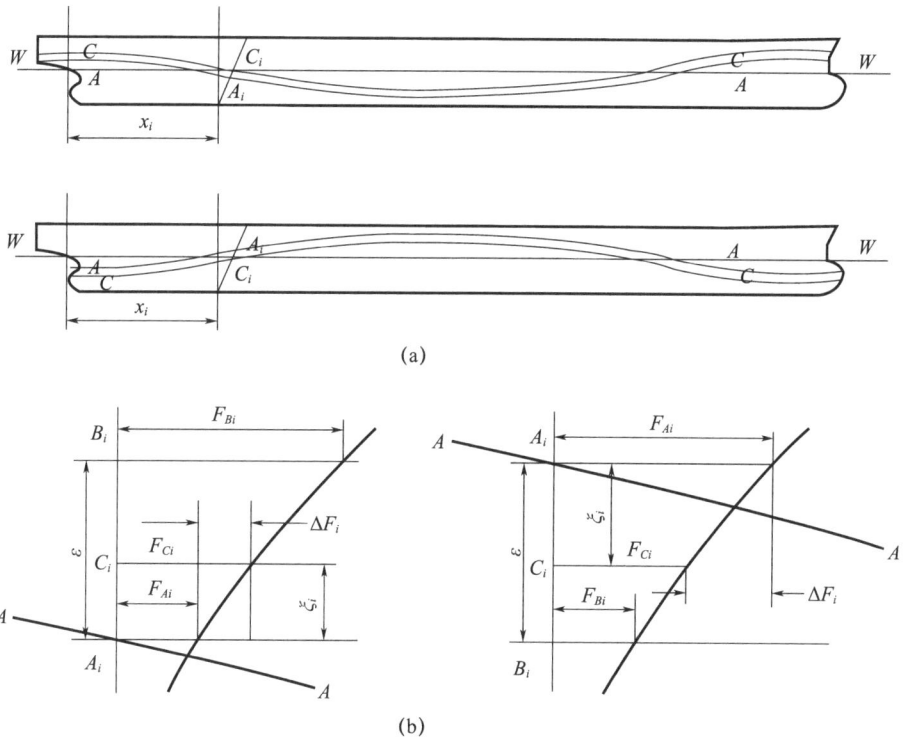

图 1-16 船舶在波浪中波轴线位置的确定方法

利用平衡条件，即排水量和浮心位置与静水中相等的条件：

$$\left.\begin{array}{l}\int_0^L F_C(x)\,\mathrm{d}x = V \\ \int_0^L F_C(x)\cdot x\,\mathrm{d}x = V\cdot x_b\end{array}\right\} \quad (1-27)$$

式中：V——船舶在静水中的排水体积，m^3；

x_b——船舶在静水中的浮心至艉垂线的距离，m。

可得：

$$\left.\begin{array}{l}\int_0^L F_A(x)\,\mathrm{d}x + \int_0^L \dfrac{F_C(x)-F_A(x)}{\varepsilon}(\xi_0+\varphi x)\,\mathrm{d}x = V \\ \int_0^L F_A(x)\dfrac{x}{L}\,\mathrm{d}x + \int_0^L \dfrac{F_C(x)-F_A(x)}{\varepsilon}\dfrac{x}{L}(\xi_0+\varphi x)\,\mathrm{d}x = V\dfrac{x_b}{L}\end{array}\right\} \quad (1-28)$$

从方程组（1-28）可解出未知数 ξ_0 和 φ，于是就得到了船舶静置在波浪上的实际平衡位置。

1.5.3 波浪载荷的规范计算

1）波浪附加弯矩

《钢质海船入级规范》[11]中给出了船体梁各横剖面的中拱波浪弯矩 $M_W(+)$ 与中垂波浪弯矩 $M_W(-)$ 的计算公式：

$$\left.\begin{array}{l}M_W(+) = +190MCL^2BC_b\times 10^{-3} \\ M_W(-) = -110MCL^2B(C_b+0.7)\times 10^{-3}\end{array}\right\}\ (\mathrm{kN\cdot m}) \quad (1-29)$$

式中：M——弯矩系数，见图 1-17；

L——计算船长，m；

B——船宽，m；

C_b——方形系数，计算取值不应小于 0.6；

C——系数，按式（1-30）各式计算：

$$C = \begin{cases} 0.0412L+4 & (L<90\ \mathrm{m}) \\ 10.75-\left(\dfrac{300-L}{100}\right)^{3/2} & (90\ \mathrm{m}\leqslant L\leqslant 300\ \mathrm{m}) \\ 10.75 & (300\ \mathrm{m}<L<350\ \mathrm{m}) \\ 10.75-\left(\dfrac{L-350}{150}\right)^{3/2} & (350\ \mathrm{m}\leqslant L\leqslant 500\ \mathrm{m}) \end{cases} \quad (1-30)$$

2）波浪附加剪力

《钢质海船入级规范》中给出了船体梁各横剖面的中拱波浪剪力 $F_W(+)$ 与中垂波浪剪力 $F_W(-)$ 的计算公式：

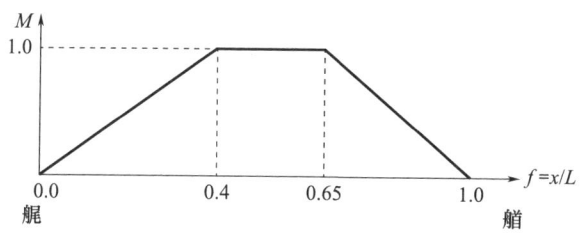

图 1-17 弯矩分布系数

$$\left.\begin{array}{l}F_W(+) = +30F_1 CLB(C_b + 0.7) \times 10^{-2} \\ F_W(-) = -30F_2 CLB(C_b + 0.7) \times 10^{-2}\end{array}\right\} \text{(kN)} \quad (1-31)$$

式中：F_1，F_2——分别为中垂、中拱剪力分布系数，如图 1-18 所示；

L——计算船长，m；

B——船宽，m；

C_b——方形系数，计算取值不应小于 0.6；

C——系数，见式（1-30）。

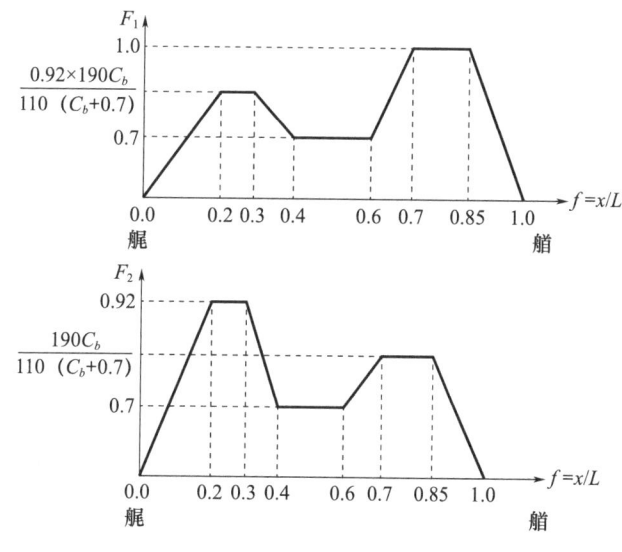

图 1-18 剪力分布系数

1.6 合成弯矩与合成剪力

1.6.1 许用静水弯矩

在各种装载工况下，沿船体梁各横剖面处的设计静水弯矩应满足下列条件：

$$\left.\begin{aligned}M_S(+) &\leqslant \overline{M}_S(+)\\ |M_S(-)| &\leqslant |\overline{M}_S(-)|\end{aligned}\right\} \qquad (1-32)$$

式中：M_S——计算工况下的静水弯矩，kN·m；

　　　$\overline{M}_S$——许用静水弯矩，kN·m。

许用静水弯矩的计算公式：

$$\left.\begin{aligned}\overline{M}_S(+) &= \overline{M} - M_W(+)\\ \overline{M}_S(-) &= -\overline{M} - M_W(-)\end{aligned}\right\} \ (\text{kN·m}) \qquad (1-33)$$

式中：$\overline{M}$——许用合成弯矩，kN·m。

许用合成弯矩的计算公式，取较小者：

$$\left.\begin{aligned}\overline{M}_d(+) &= F_d W_d [\sigma] \times 10^{-3}\\ \overline{M}_b(+) &= F_b W_b [\sigma] \times 10^{-3}\end{aligned}\right\} \ (\text{kN·m}) \qquad (1-34)$$

式中：W_d——甲板处的剖面模数，cm³；

　　　W_b——龙骨处的剖面模数，cm³；

　　　$[\sigma]$——许用弯曲应力，$[\sigma] = 175/K_L$，N/mm²；

　　　K_L——材料系数。

局部构件尺寸的折减系数 F_d 和 F_b 应符合下列规定。

（1）当甲板处和龙骨处的最大总纵弯曲应力小于许用弯曲应力时，可取适宜的折减系数 F_d 和 F_b，以减小局部构件的尺寸，但应符合下列条件：

$$\left.\begin{aligned}F_d &\geqslant \frac{\sigma_d}{[\sigma]}\\ F_b &\geqslant \frac{\sigma_b}{[\sigma]}\end{aligned}\right\} \qquad (1-35)$$

式中：σ_d——甲板处的总纵弯曲应力，N/mm²；

　　　σ_b——龙骨处的总纵弯曲应力，N/mm²；

　　　$[\sigma]$——许用弯曲应力，N/mm²。

对于外板和甲板，折减系数 F_d 和 F_b 应不小于 0.7；对于骨材，折减系数 F_d 和 F_b 应不小于 0.8。

（2）对于船长小于 65 m 的船舶，折减系数 F_d 和 F_b 均取为 1。

1.6.2　许用静水剪力

在各种装载工况下，沿船体梁各横剖面处的设计静水剪力应满足下列条件：

$$\left.\begin{array}{l}F_S(+) \leqslant \overline{F}_S(+) \\ |F_S(-)| \leqslant |\overline{F}_S(-)|\end{array}\right\} \tag{1-36}$$

式中：F_S——计算工况下的设计静水剪力，kN；

$\overline{F}_S$——许用静水剪力，kN。

许用静水剪力的计算公式：

$$\left.\begin{array}{l}\overline{F_S(+)} = \overline{F} - F_W(+) \\ \overline{F_S(-)} = -\overline{F} - F_W(-)\end{array}\right\} \text{（kN）} \tag{1-37}$$

式中：$\overline{F}$——许用合成剪力，kN。

许用合成剪力的计算公式：

$$\overline{F} = [\tau]\frac{I\delta}{S} \times 10^{-2} \text{（kN）} \tag{1-38}$$

式中：$[\tau]$——许用剪切应力，$[\tau] = 110/K_L$，N/mm²，其中 K_L 为材料系数；

I——计算横剖面对水平中和轴的惯性矩，cm⁴；

S——计算横剖面处水平中和轴以上有效纵向构件对水平中和轴的静矩，cm³。

δ 取 δ_1 和 δ_2 的较小者，δ_1 和 δ_2 按式（1-39）计算：

$$\left.\begin{array}{l}\delta_1 = \dfrac{t_1}{f_1 + m_1} \\ \delta_2 = \dfrac{t_2}{f_2 + m_2}\end{array}\right\} \tag{1-39}$$

式中：t_1——计算剖面上水平中和轴处舷侧外板的厚度（双壳船为内外壳板厚度之和），mm；

t_2——计算剖面上水平中和轴处纵舱壁板的厚度，mm。

f_1、f_2、m_1、m_2 为系数，具体含义见表 1-1。

表 1-1 系数 f_1、f_2、m_1 及 m_2

序号	船体横剖面类型	系数 f_1、f_2	系数 m_1、m_2
1		$f_1 = 0.5$	$m_1 = 0$
2		$f_1 = 0.5$	$m_1 = 0$

续表

序号	船体横剖面类型	系数 f_1、f_2	系数 m_1、m_2
3		$f_1 = 0.261 + 0.058 A_1/A_2$ $f_2 = 0.478 - 0.116 A_1/A_2$	$m_1 = 0.5 m_2$ $m_2 = 0.5(0.1 + \gamma)$
4		$f_1 = 0.154 + 0.08 A_1/A_2$ $f_2 = 0.346 - 0.08 A_1/A_2$	$m_1 = m_2$ $m_2 = (0.1 + \gamma)\dfrac{b}{B}$

表中：A_1、A_2——分别为舷侧外板和纵舱壁板的受剪切面积，cm^2；

b——纵舱壁板距舷侧的水平距离，m；

B——船宽，m；

$\gamma = 0.15$（横向非均匀装载），$\gamma = 0$（横向均匀装载）。

1.7 计算实例

现在以某化学品/成品油船的计算书为例，来说明用规范法计算波浪附加弯矩和波浪附加剪力的方法。

（1）本船为艉机型，具有艏楼、艉楼、球艏、球艉。船体结构采用纵横混合骨架式，液货舱采用纵骨架式，艏艉及机舱采用横骨架式结构。

（2）本船为二类化学品/成品油船，主要在中国及东南亚地区运输苯类、醇类、烧碱、棕榈油、汽油、柴油等液货。

（3）本船主要构件计算系根据中国船级社《散装运输危险液体化学品船舶构造与设备规范》（2016）与《钢质海船入级规范》（2021）有关要求进行计算校核。

（4）本船液货蒸汽压力 $p < 0.025$ MPa，货品密度为 $1.53 \, t/m^3$。

（5）主尺度及尺度比为：总长 $L_{oa} = 115.19$ m，设计水线长 $L_{WL} = 110.18$ m，计算船长 $L = 108.00$ m，型宽 $B = 18.00$ m，型深 $D = 8.90$ m，设计吃水 $d = 6.80$ m，方形系数 $C_b = 0.8146$，$F_d = F_b = 1$。

【解】

1）波浪附加弯矩

《钢质海船入级规范》（2021）中给出了船体梁各横剖面的中拱波浪弯矩 $M_W(+)$ 与中垂波浪弯矩 $M_W(-)$ 的计算，见表 1-2，波浪附加弯矩曲线见图 1-19。

表1-2 计算$M_W(+)$与$M_W(-)$

x/L	$M_W(+)$	x/L	$M_W(-)$
0.00	0.00	0.00	0.00
0.40	262 871.47	0.40	-282 967.19
0.65	262 871.47	0.65	-282 967.19
1.00	0.00	1.00	0.00

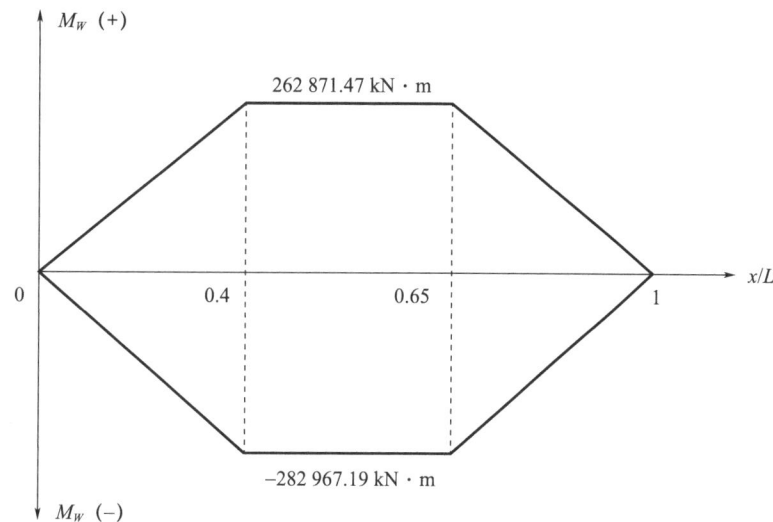

图1-19 波浪附加弯矩曲线

（视频：3-$M_W(+)$、$M_W(-)$的计算）

2）波浪附加剪力

《钢质海船入级规范》(2021)中给出了船体梁各横剖面的中拱波浪剪力$F_W(+)$与中垂波浪剪力$F_W(-)$的计算见表1-3，波浪附加剪力曲线见图1-20。

表 1-3 计算 $F_W(+)$ 与 $F_W(-)$

x/L	$F_W(+)$	x/L	$F_W(-)$
0.00	0.00	0.00	0.00
0.20	6 717.83	0.20	6 573.99
0.30	6 717.83	0.30	6 573.99
0.40	5 001.95	0.40	5 001.95
0.60	5 001.95	0.60	5 001.95
0.70	7 145.64	0.70	6 717.83
0.85	7 145.64	0.85	6 717.83
1.00	0.00	1.00	0.00

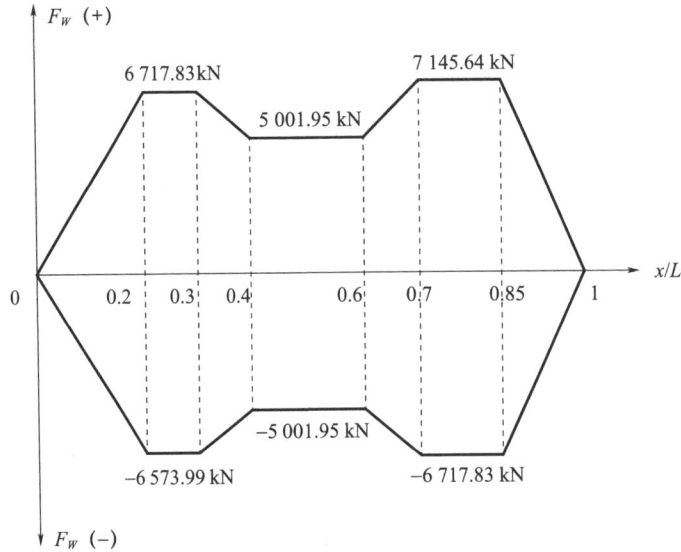

图 1-20 波浪附加剪力曲线

（视频：4-$F_W(+)$、$F_W(-)$ 的计算）

第 2 章

船体总纵强度

基于梁的弯曲理论可以求出船体横断面上的总纵弯曲应力 σ 和剪切应力 τ。在计算剖面弯曲应力 σ 和剪切应力 τ 之前,首先必须计算剖面对水平中和轴的惯性矩 I,以及剖面任意构件至水平中和轴的距离 Z 等剖面要素。其中剖面模数 $W = I/|Z|$ 是衡量总纵强度的一个重要标志。在计算总纵强度的整个过程中,船体结构必须满足屈服强度和屈曲强度要求。

2.1 船体总纵强度的计算思路

对于小于 65 m 的钢质海船,不必计算评估它的总纵强度;对于大于等于 65 m 的钢质海船,需要计算评估它的屈服强度;对于大于等于 90 m 的钢质海船,需要进一步计算评估它的屈曲强度[11]。船体总纵强度的计算思路见图 2-1。

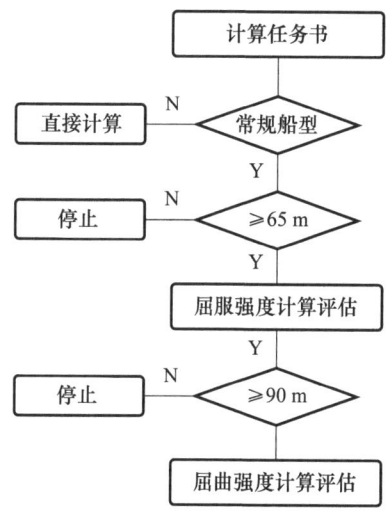

图 2-1 船体总纵强度的计算思路

2.2 船体屈服强度

2.2.1 船体剖面要素

1) 危险剖面选择

危险剖面可能出现在最大弯曲应力所在的剖面,由总纵弯矩曲线特点可知,最大弯矩一般在船中 0.4 倍船长范围内,所以计算剖面一般应是此范围内的最弱剖面,即有最大的舱口或其他开口的剖面,如机舱、货舱开口剖面。此外,船体骨架改变处剖面、上层建筑端壁处剖面、主体材料分布变化处剖面以及由于重量分布特殊可能出现相当大的弯矩值的剖面都可能是危险剖面。

2) 纵向强力构件

纵向连续并能有效地传递总纵弯曲应力的构件。船中 0.4~0.5 倍船长区域内连续的纵向构件,上甲板、外板、内底板、纵桁、中内龙骨等都是纵向强力构件。

船中非连续构件参加总纵弯曲的有效性取决于其本身的长度及与主体的连续情况:

(1) 构件连续长度 ≥3 倍计算剖面高度。舱口纵围板、舱口纵桁等纵向构件可计入船体梁剖面要素计算中,但机座纵桁和其他加强纵桁除外,不应计入;

(2) 构件长度 >15%L 的上层建筑;

(3) 不少于 3 个横舱壁或类似结构支柱的长甲板室。

3) 船体剖面要素

由于船体结构关于中纵剖面对称,所以一般只需对半个剖面进行剖面要素的计算。

首先,画出船体计算剖面的半横剖面图,如图 2-2 所示。然后,对纵向强力构件进行编号,并注意把所有至中和轴距离相同的构件列为一组进行编号;选取参考轴 O'—O',该轴可选在离基线 0.45~0.50 倍型深处。最后,进行列表计算,计算表格(表 2-1)如下:

表 2-1 剖面要素

序号	构件名称	I 距参考轴距离 Z_i/cm	II 构件面积 A_i/cm^2	III = I × II 静矩 $S_i = A_i Z_i$/cm^3	IV = III × I 惯性矩 $I_i = A_i Z_i^2$/cm^4	V 自身惯性矩 $i_0 = A_i h_i^2/12$/cm^4
1	…	…	…	…	…	…
2						

续表

序号	构件名称	I 距参考轴距离 Z_i/cm	II 构件面积 A_i/cm²	III = I × II 静矩 $S_i = A_iZ_i$/cm³	IV = III × I 惯性矩 $I_i = A_iZ_i^2$/cm⁴	V 自身惯性矩 $i_0 = A_ih_i^2/12$/cm⁴
3						
…						
$\sum$			$A = \sum A_i$	$B = \sum A_iZ_i$	$C = \sum A_iZ_i^2 + \sum i_0$	

并分别求出各组构件剖面积 A_i，其形心位置至参考轴的距离 Z_i（按所选定的符号法则，在参考轴以上的构件 Z_i 取为正），静矩 B_i，惯性矩 C_i。$A_iZ_i^2$ 为该构件的垂直高度。对于高度较大的垂向构件，如舷侧外板等，还要计算其自身惯性矩 $i_0 = A_ih_i^2/12$（h_i 为该构件的垂直高度）。

则得：

$$\left. \begin{array}{l} A = \sum A_i \ (\text{cm}^2) \\ B = \sum A_iZ_i \ (\text{cm}^3) \\ C = \sum (A_iZ_i^2 + i_0) \ (\text{cm}^4) \end{array} \right\} \quad (2-1)$$

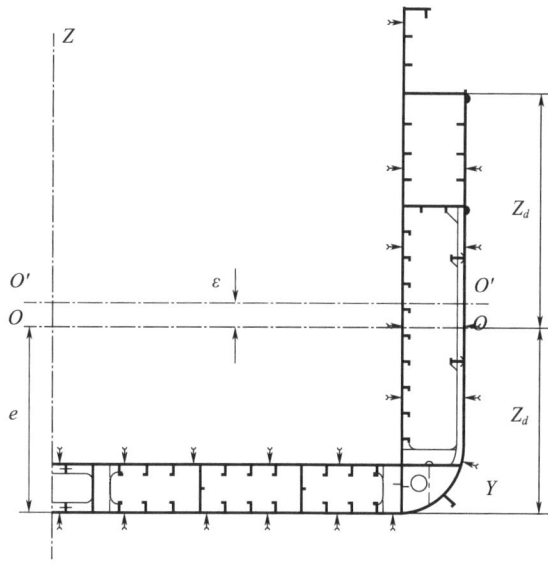

图 2-2 船体半横剖面图示例

水平中和轴至参考轴的距离：

$$\varepsilon = \frac{B}{A} \ (\text{cm}) \quad (2-2)$$

根据平行移轴定理，剖面对水平中和轴的惯性矩：

$$I = 2(C - \varepsilon^2 A) = 2\left(C - \frac{B^2}{A}\right) \text{ (cm}^4\text{)} \quad (2-3)$$

任意构件至中和轴的距离：

$$Z'_i = Z_i - \varepsilon = \frac{B}{A} \text{ (cm)} \quad (2-4)$$

最上层连续甲板和船底是船体剖面中离中和轴最远的构件，构成了船体梁的上下翼板。构成船体梁上翼板的最上层连续甲板通常称为强力甲板，设中和轴至强力甲板和船底的垂直距离分别为 Z_d 和 Z_b，则强力甲板和船底处的剖面模数分别为：

$$W_d = \frac{I}{Z_d}, \; W_b = \frac{I}{Z_b} \quad (2-5)$$

一般在船舶中，中和轴离船底较近，即 $Z_d > Z_b$，因此得 $W_d < W_b$。所以，通常也称强力甲板处剖面模数为船体剖面的最小剖面模数。

2.2.2 总纵弯曲正应力

船体梁任意点的总纵弯曲正应力为：

$$\sigma_i = \frac{M}{I} Z'_i \times 10^3 \leq [\sigma] \quad (2-6)$$

式中：σ——总纵弯曲正应力，N/mm²；

M——合成弯矩，kN·m；

$[\sigma]$——许用弯曲正应力，船中 $0.4L$ 区域内为 $[\sigma] = 175/K_L$，离艏艉垂线 $0.1L$ 区域内为 $[\sigma] = 125/K_L$，中间值按线性变化，N/mm²。

2.2.3 总纵弯曲剪切应力

1）舷侧外板上的剪切应力

$$\tau_i = \frac{FS}{I\delta_1} \times 10^2 \text{ (N/mm}^2\text{)} \quad (2-7)$$

式中：τ_i——剪切应力，N/mm²；

$[\tau]$——许用剪切应力，$[\tau] = 110/K_L$（其中 K_L 为材料系数），N/mm²；

F——合成剪力，kN；

S——通过计算点在水平线以上的所有纵向构件对水平中和轴的静矩，或计算点在水平中和轴以下的所有纵向构件对水平中和轴的静矩，cm³。

2) 纵舱壁板上的剪切应力：

$$\tau_i = \frac{FS}{I\delta_2} \times 10^2 \quad (N/mm^2) \tag{2-8}$$

2.3 船体屈曲强度

船长大于等于 90 m 的船舶，受船体梁弯曲和剪切应力的板格及纵向构件，应校核屈曲强度。为了校核船体的屈曲强度，首先必须确定板格及纵向构件的临界应力 σ_{cr}。板格和纵向构件的工作应力就是总纵弯曲正应力和剪切应力。

2.3.1 板的欧拉应力

1) 受压板格的屈曲欧拉应力

受压板格的理想弹性屈曲欧拉应力按式（2-9）计算：

$$\sigma_E = 0.9 K_C E \left(\frac{t_b}{1000s}\right)^2 \quad (N/mm^2) \tag{2-9}$$

式中：E——材料弹性模量，N/mm^2；

s——板格的短边，m；

t_b——减去表 2-2 给定值后板的厚度，mm；

K_C——系数，对于具有与压应力平行的纵向加强筋的板按式（2-10）计算，对于具有与压应力垂直的横向加强筋的板按式（2-11）计算。

$$K_C = \frac{8.4}{\varphi + 1.1} \tag{2-10}$$

式中：φ——最小与最大压应力之比值，$0 \leqslant \varphi \leqslant 1$，见图 2-3。

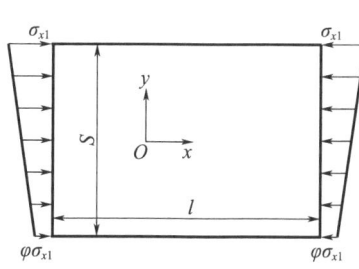

图 2-3 受压板

（视频：5-受压板的临界应力）

$$K_C = C\left[1+\left(\frac{s}{l}\right)^2\right]\frac{2.1}{\varphi+1.1} \qquad (2-11)$$

式中：l —— 板格的长边长度，m；有肋板或高腹板梁扶强的板格 $C=1.3$，加强筋是角钢或 T 型材 $C=1.21$，加强筋是球扁钢 $C=1.10$，加强筋是扁钢 $C=1.05$。

2）受剪切板格的剪切欧拉应力

受剪切板格的理想弹性剪切欧拉应力应按式（2-12）计算：

$$\tau_E = 0.9K_t E\left(\frac{t_b}{1000s}\right)^2 \quad (\text{N/mm}^2) \quad (2-12)$$

式中：K_t —— 系数，$K_t = 5.34 + 4\left(\frac{s}{l}\right)^2$。

（视频：6-受剪板的临界应力）

2.3.2 纵骨的欧拉应力

1）横剖面无转动纵骨

横截面无转动的柱屈曲模式（垂直于板的平面），纵骨的理想弹性屈曲欧拉应力按式（2-13）计算：

$$\sigma_E = 0.001E\frac{I_a}{Al^2} \quad (\text{N/mm}^2) \qquad (2-13)$$

式中：I_a —— 纵骨惯性矩，带板厚度按减薄后的厚度（表 2-2）计算，cm^4；

A —— 纵骨横剖面面积，带板厚度按减薄后的厚度计算，cm^2；

l —— 纵骨跨距，m。

（视频：7-纵骨的临界应力）

表 2-2　标准减薄厚度

结构	标准减薄厚度/mm	最小最大极限/mm
散货干货船	$0.05t$	0.5~1
一侧在压载舱或液货舱内的垂直表面及倾斜表面（与水平线夹角 >25°）	$0.05t$	0.5~1
一侧在压载舱或液货舱内的水平表面及倾斜表面（与水平线夹角 ≤25°）	$0.10t$	2~3
两侧均在压载舱或液货舱内的垂直表面及倾斜表面（与水平线夹角 >25°）	$0.10t$	2~3
两侧均在压载舱或液货舱内的水平表面及倾斜表面（与水平线夹角 ≤25°）	$0.15t$	2~4

注：表中 t 为设计的板厚，mm。

2)纵骨腹板与面板

(1)对纵骨的腹板,理想弹性屈曲欧拉应力应按式(2-14)计算:

$$\sigma_E = 3.8E\left(\frac{t_w}{h_w}\right)^2 \quad (\text{N/mm}^2) \tag{2-14}$$

式中:t_w——减薄后的腹板厚度,mm;

h_w——腹板高度,mm。

(2)对于角钢和T型材截面的纵骨,面板的屈曲可按式(2-15)要求校核:

$$\frac{b_f}{t_f} \leqslant 15 \tag{2-15}$$

式中:b_f——对角钢为面板的宽度,对于T型材为面板的半宽,mm;

t_f——面板厚度,mm。

2.3.3 临界应力

1)临界正应力

若求得的欧拉应力超过材料的比例极限,则必须对理论欧拉应力进行修正,以考虑材料不服从虎克定律对稳定性的影响。可按下式确定临界应力:

$$\begin{aligned}&\text{当 } \sigma_E \leqslant \frac{1}{2}\sigma_S \text{ 时},\ \sigma_{cr} = \sigma_E \\ &\text{当 } \sigma_E > \frac{1}{2}\sigma_S \text{ 时},\ \sigma_{cr} = \sigma_S\left(1 - \frac{\sigma_S}{4\sigma_E}\right)\end{aligned} \tag{2-16}$$

式中:σ_E——计算所得的欧拉应力,N/mm^2;

σ_{cr}——临界屈曲应力,N/mm^2;

σ_S——材料的屈服应力,N/mm^2。

2)临界剪切应力

临界剪切应力可按式(2-17)计算:

$$\begin{aligned}&\text{当 } \tau_E \leqslant \frac{1}{2}\tau_S \text{ 时},\ \tau_{cr} = \tau_E \\ &\text{当 } \tau_E > \frac{1}{2}\tau_S \text{ 时},\ \tau_{cr} = \tau_S\left(1 - \frac{\tau_S}{4\tau_E}\right)\end{aligned} \tag{2-17}$$

式中:τ_E——计算所得的欧拉剪应力,N/mm^2;

τ_{cr}——临界剪切应力,N/mm^2;

τ_S——材料的剪切屈服应力,$\tau_S = \sigma_S/\sqrt{3}$(N/mm^2)。

2.3.4 屈曲强度校核

1) 受压板格及受压纵骨

板格和纵骨的工作压应力，应满足如下要求：

$$\sigma \leqslant \frac{1}{\beta}\sigma_{cr} \qquad (2-18)$$

式中：σ——工作压应力，取值不小于 $30/K_L$，K_L为材料系数，N/mm^2；

β——对于板和加强板的腹板（局部屈曲）$\beta = 1.0$，对于加强筋 $\beta = 1.1$。

2) 受剪切的板格

板格的工作剪切应力，应满足如下要求：

$$\tau \leqslant \tau_{cr} \qquad (2-19)$$

式中：τ——工作剪切应力，N/mm^2。

2.4 船体极限弯矩

2.4.1 基本概念

船舶满足应力衡准要求，是指在正常航行状态下所需满足的强度要求。但是这还不能反映船舶所具有的最大承载能力。船舶在营运中还可能遭遇到某些超过波浪载荷的偶然性载荷作用的情况，如碰撞、搁浅、水下爆炸等。由于事先无法估计这些载荷的性质、大小及作用区域，因此要准确计算它们及其产生的应力是困难的。所以在造船工程上，通常采用极限弯矩方法来计算船体剖面承载情况，并用船体过载系数来估计船舶所具有的最大承载能力。

1) 极限弯矩

极限弯矩是指船体横剖面结构离中和轴最远点处的拉应力达到材料屈服极限或压应力达到构件临界应力时，船体剖面上所能承受的最大弯矩。

设 M_j 为极限弯矩，则：

$$M_j = \sigma_j W_j \qquad (2-20)$$

式中：σ_j——屈服极限 σ_S，N/mm^2；

W_j——在极限弯矩作用下的船体最小剖面模数，称为极限剖面模数，cm^3。

2) 船体过载能力

船体过载能力可用式（2-21）表示：

$$\alpha = \frac{M_j}{M} \tag{2-21}$$

式中：α——过载系数；

M_j——由上述定义所规定的极限弯矩，kN·m；

M——船舶静置于标准波浪上的计算弯矩，kN·m。

在强度标准中，规定了必须具有的最小 α 值，记为 α^0；一般情况下，$\alpha^0 = 2$。若 $\alpha \geqslant \alpha^0$，则满足规定要求。有时，满足应力衡准要求时，不一定能满足过载系数要求；而满足了 α^0 要求时，应力衡准的要求一般必能满足。所以，过载系数也是检验船体总纵强度的一个重要指标。

2.4.2 船体极限弯矩

通常在总纵弯曲第一次近似计算基础上需要进行极限弯矩 M_j 的计算。

从式（2-20）知道，计算极限弯矩 M_j 实际上就是要计算极限状态下的船体最小剖面模数 W_j。为此，首先应确定船体剖面上的应力分布，求折减后的最小剖面模数。

一般船体横剖面中和轴偏于船底一边，因此不论中拱或中垂状态，通常是甲板上刚性构件的应力首先达到材料屈服极限 σ_S，如图2-4所示。

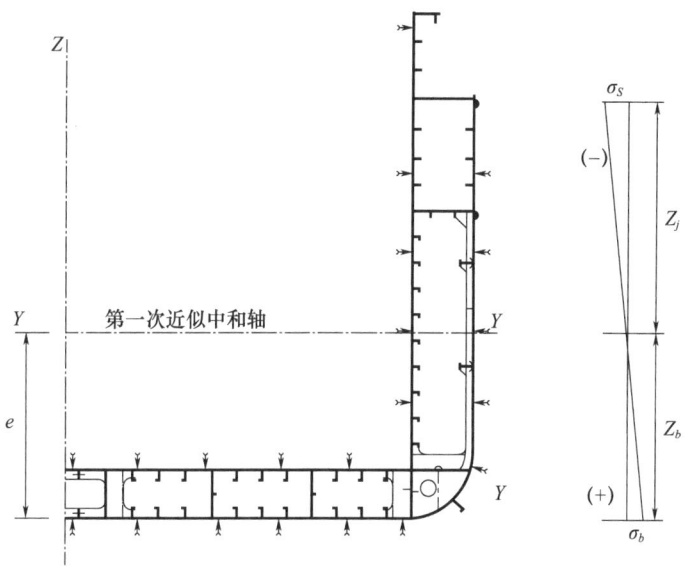

图2-4 极限状态下的应力分布

剖面上其他构件的应力按线性规律分布，即：

$$\sigma_i = \frac{Z_i}{Z_{\max}} \sigma_S \tag{2-22}$$

式中：Z_i——所求构件离第一次近似中和轴的距离；
　　　$Z_{\max}$——船体剖面上离中和轴的最远距离。

求得各构件的应力之后，便可计算各受压构件的折减系数。因为极限弯矩本身是一种假定性的计算，所以计算折减系数时，只需考虑总纵弯曲应力，不要求考虑局部弯曲应力。船体结构受压失稳时只有板允许折减，折减系数为：

$$\varphi_i = \frac{\sigma_{cr}}{\sigma_i} \tag{2-23}$$

求得折减系数后，逐次近似计算出对应的最小剖面模数，即极限剖面模数 W_j。

选取剖面第一次近似计算的中和轴为参考轴，见图 2-4。

用表 2-3 计算所求船体构件面积折减的修正值，以及对第一近似中和轴的静矩折减修正值和惯性矩折减修正值。

表 2-3　面积折减修正值及其静矩和惯性矩折减修正值的计算

应折减构件的编号	构件名称	构件面积 A_i/cm^2	折减系数 φ_i	面积折减修正值 $A_i(\varphi_i-1)/\mathrm{cm}^2$	离第一近似中和轴的距离 Z_i/cm	静矩折减修正值 $A_i(\varphi_i-1)Z_i/\mathrm{cm}^3$	惯性矩折减修正值 $A_i(\varphi_i-1)Z_i^2/\mathrm{cm}^4$
Ⅰ	Ⅱ	Ⅲ	Ⅳ	Ⅴ (ΔA_i)	Ⅵ	Ⅶ (ΔB_i)	Ⅷ (ΔC_i)
1	…	…	…	…	…	…	…
2							
3							
…							
Σ				ΔA		ΔB	ΔC

设总纵弯曲应力计算所得的半剖面面积为 A，中和轴距基线距离为 ε，剖面对中和轴的惯性矩为 I，利用上表所算出的结果：

$$\begin{aligned} \Delta A &= \sum A_i(\varphi_i-1) \\ \Delta B &= \sum A_i(\varphi_i-1)Z_i \\ \Delta C &= \sum A_i(\varphi_i-1)Z_i^2 \end{aligned} \tag{2-24}$$

可得剖面对中和轴的惯性矩为：

$$I_1 = I + 2\left[\Delta C - \frac{(\Delta B)^2}{A + \Delta A}\right] \tag{2-25}$$

中和轴偏离参考轴距离：

$$\Delta\varepsilon = \frac{\Delta B}{A + \Delta A} \tag{2-26}$$

折减计算后的中和轴距基线距离：

$$\varepsilon_i = \varepsilon - \Delta\varepsilon \tag{2-27}$$

极限剖面模数：

$$W_j = \frac{I_1}{Z_{1\max}} \tag{2-28}$$

式中：$Z_{1\max} = Z_{\max} - \Delta\varepsilon$；

$Z_{\max}$——最远构件至第一次近似中和轴的距离。

若由式（2-28）算出的极限剖面模数 W_j 与第一次近似计算的剖面模数相比，相对误差大于10%，则需要再进行一次近似计算，直到前后两次计算值的相对误差小于10%为止。同时，最终计算得到的 W_j 不得小于总纵弯曲应力第一次近似计算值的75%，否则结构要重新设计。

求得极限剖面模数 W_j，按式（2-20）便可算出极限弯矩 M_j，接着可按式（2-21）计算船体过载能力系数 α，并判断 $\alpha \geqslant \alpha^0$ 是否成立。

如果求得的 α 值过大，则表明船体结构材料没有充分利用，船体具有多余的过载能力；反之，若比值 α 低于规定值，则认为结构强度不足，应重新修改剖面，使之满足。

2.5 计算实例

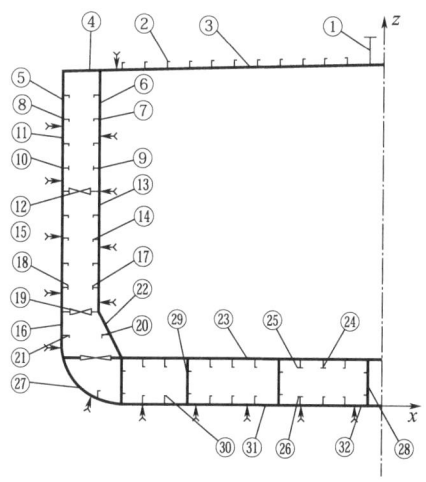

图2-5 船体中横剖面

以7000吨级的化学品/成品油运输船作为算例（同第1章），试校核该船的屈服强度和屈曲强度。

【解】1）船中剖面特性校核

(1) 实船中剖面特性。

表2-4 船体中剖面要素计算

序号	构件名称	构件尺寸/mm	至参考轴距离 z/cm	剖面积 A/cm²	静距 Az/cm³	惯性矩 Az^2/cm⁴	自身惯性矩 i/cm⁴
1	甲板纵桁	12×750/16×280	967.00	134.80	130351.60	126049997.20	86073.17
2	甲板纵骨	10×HP180×40×9	911.00	222.00	202242.00	184242462.00	10780.00
3	主甲板	10×7500	902.00	750.00	676500.00	610203000.00	—
4	主甲板边板	12×1500	892.00	180.00	160560.00	143219520.00	—
5	舷顶列板	12×1500	825.00	180.00	148500.00	122512500.00	337500.00
6	内壳纵壁	10×1800	800.00	180.00	144000.00	115200000.00	486000.00
7	内壳纵壁纵骨	3×HP180×40×9	771.40	66.60	51375.24	39630860.14	—
8	舷侧纵骨	3×HP160×36×8	771.40	53.88	41563.03	32061722.88	—
9	内壳纵壁强纵骨	10×180/12×80	641.40	27.60	17702.64	11354473.30	—
10	舷侧强纵骨	12×180/12×80	641.40	31.20	20011.68	12835491.55	—
11	舷侧外板	10×3000	601.40	300.00	180420.00	108504588.00	2250000.00
12	5750平台	9×1050	575.00	94.50	54337.50	31244062.50	—
13	内壳纵壁	11×4600	480.00	506.00	242880.00	116582400.00	8922466.67
14	内壳纵壁纵骨	3×HP200×44×10	446.40	82.08	36640.51	16356324.56	—
15	舷侧纵骨	3×HP200×44×10	446.40	82.08	36640.51	16356324.56	—
16	舷侧外板	11×3000	301.40	330.00	99462.00	29977846.80	2475000.00
17	内壳纵壁强纵骨	10×180/12×80	316.40	27.60	8732.64	2763007.30	—
18	舷侧强纵骨	12×180/12×80	316.40	31.20	9871.68	3123399.55	—
19	2500平台	9×1050	250.00	94.50	23625.00	5906250.00	—
20	底边斜板纵骨	HP220×48×11	186.40	32.82	6117.65	1140329.59	—
21	舷侧纵骨	HP220×48×11	186.40	32.82	6117.65	1140329.59	—
22	底边斜板	12×1400	185.00	168.00	31080.00	5749800.00	507755.26
23	内底板	11×7330	121.90	806.30	98287.97	11981303.54	—
24	内底纵骨	7×HP240×52×12	119.30	271.25	32360.13	3860562.91	15624.00
25	内底纵骨	14×200/16×100	107.47	44.00	4728.68	508191.24	2124.35
26	船底纵骨	14×200/16×100	9.10	44.00	400.40	3643.64	2124.35
27	舭部外板	11×1700	61.40	187.00	11481.80	704982.52	116374.88
28	中纵桁	12×1200	61.40	144.00	8841.60	542874.24	172800.00

续表

序号	构件名称	构件尺寸 /mm	至参考轴距离 z/cm	剖面积 A/cm²	静距 Az/cm³	惯性矩 Az^2/cm⁴	自身惯性矩 i/cm⁴
29	旁纵桁	3×10×1200	61.40	360.00	22104.00	1357185.60	432000.00
30	船底纵骨	8×HP240×52×12	16.10	310.00	4991.00	80355.10	17856.00
31	船底板	11×7160	0.85	787.60	669.46	569.04	—
32	K行板	14×750	0.70	105.00	73.50	51.45	—
						1755194408.79	15534478.69
	Σ			6666.83	2515705.87	1770728887.48	

注：表中"—"表示数据小，可以忽略不计。

参考轴至中和轴距离	$e = 376.89$ cm
对中和轴惯性矩	$I = 1648051219.94$ cm⁴
船底距中和轴距离 $d_1 = 376.89$ cm	
船底处	$W_b = 4372750.06$ cm³
主甲板距中和轴距离 $d_2 = 538.11$ cm	
主甲板	$W_d = 3062673.13$ cm³
主甲板纵桁距中和轴距离 $d_3 = 613.11$ cm	
主甲板纵桁处	$W_g = 2688024.29$ cm³

（2）规范要求的船中剖面特性。

船中最小剖面模数	$W_0 = CL^2B(C_b + 0.7)K = 2572429.04$ cm³
船中剖面对水平中和轴的惯性矩	$I_0 = 3W_0L/K = 833467009.14$ cm⁴

则 $W_b > W_d > W_g > W_0$，$I > I_0$

所以，本船的船中横剖面模数满足规范要求。

2）船体梁弯曲强度校核

（1）静水弯矩计算。

表2–5 本船各种装载工况下的最大静水弯矩

序号	工况名称	中拱静水弯矩		中垂静水弯矩	
		kN·m	肋位号	kN·m	肋位号
1	满载出港（$\rho = 0.84$ t/m³）	29287.10	F36	−20.10	F−4^{+220}
2	满载到港（$\rho = 0.84$ t/m³）	40776.20	F31^{+58}	−1469.40	F95^{+240}

续表

序号	工况名称	中拱静水弯矩 kN·m	肋位号	中垂静水弯矩 kN·m	肋位号
3	满载出港（$\rho = 0.70\,\text{t/m}^3$）	53 469.70	F64^{+60}	-12.90	F-4^{+220}
4	满载到港（$\rho = 0.70\,\text{t/m}^3$）	49 092.30	F33^{+66}	—	—
5	满载出港（$\rho = 1.53\,\text{t/m}^3$）	34 413.80	F32	-3 298.00	F-4^{+220}
6	满载到港（$\rho = 1.53\,\text{t/m}^3$）	43 871.10	F31^{+510}	-5 919.10	F98^{+300}
7	半载出港（$\rho = 0.84\,\text{t/m}^3$）	147 936.10	F62^{+380}	—	—
8	半载到港（$\rho = 0.84\,\text{t/m}^3$）	94 476.20	F70^{+397}	—	—
9	部分装载出港（$\rho = 0.84\,\text{t/m}^3$）	95 907.10	F68^{+500}	—	—
10	部分满载到港（$\rho = 0.84\,\text{t/m}^3$）	72 752.60	F67^{+120}	—	—
11	NO.1,3,5 货油舱满出港（$\rho = 0.84\,\text{t/m}^3$）	184 227.00	F74^{+504}	—	—
12	NO.1,3,5 货油舱满到港（$\rho = 0.84\,\text{t/m}^3$）	130 140.60	F73^{+425}	—	—
13	压载出港	179 047.00	F73^{+665}	—	—
14	压载到港	120 922.20	F68^{+500}	—	—
15	M25A	36 667.60	F57^{+680}	17.00	F-4^{+220}
16	进坞	187 653.00	F75^{+153}	—	—

注：表中"—"表示无数据。

（2）船中波浪弯矩计算。

$M_W(+) = +190MCL^2BC_b \times 10^{-3} = +262\,871.47\,\text{kN}\cdot\text{m}$
$M_W(-) = -110MCL^2B(C_b + 0.7) \times 10^{-3} = -282\,967.19\,\text{kN}\cdot\text{m}$

（3）许用合成弯矩计算。

$\overline{M}_d$	$\overline{M}_d = F_d W_d [\sigma] \times 10^{-3}$	719 728.18	kN·m
$\overline{M}_b$	$\overline{M}_b = F_b W_b [\sigma] \times 10^{-3}$	1 027 596.26	kN·m

式中：$[\sigma] = 175/K_L$，本船 $K_L = 1$，$[\sigma] = 175\,\text{N/mm}^2$；实取 $M = 718\,305.24\,\text{kN}\cdot\text{m}$。

（4）许用静水弯矩计算。

经校核，$M_S(+) \leqslant \overline{M}_S(+)$，$|M_S(-)| \leqslant |\overline{M}_S(-)|$，静水弯矩满足规范要求。

$$\overline{M}_S(+) = \overline{M} - M_W(+) = 456\,594.68\,\text{kN}\cdot\text{m}$$

$$\overline{M}_S(-) = -\overline{M} - M_W(-) = -436\,498.96\,\text{kN}\cdot\text{m}$$

3）船体梁剪切强度校核

（1）静水剪力计算。

表2-6　各横剖面的中拱波浪附加剪力 F_W（+）和中垂波浪附加剪力 F_W（-）

序号	剖面	F_1	F_W（+）/kN	F_2	F_W（-）/kN
1	Fr. 0	0.000	0.00	0.000	0.00
2	Fr. 4	0.095	678.57	0.102	-730.44
3	Fr. 9	0.214	1526.78	0.230	-1643.50
4	Fr. 12	0.297	2120.53	0.319	-2282.63
5	Fr. 15	0.380	2714.27	0.409	-2921.77
6	Fr. 18	0.463	3308.02	0.498	-3560.91
7	Fr. 20	0.518	3703.85	0.558	-3987.00
8	Fr. 22	0.574	4099.68	0.618	-4413.09
9	Fr. 25	0.657	4693.43	0.707	-5052.23
10	Fr. 29	0.768	5485.09	0.826	-5904.41
11	Fr. 32	0.851	6078.84	0.916	-6543.55
12	Fr. 37	0.855	6107.12	0.920	-6573.99
13	Fr. 41	0.855	6107.12	0.920	-6573.99
14	Fr. 61	0.720	5145.21	0.729	-5205.73
15	Fr. 78+300	0.700	5001.95	0.700	-5001.95
16	Fr. 82	0.700	5001.95	0.700	-5001.95
17	Fr. 102	0.858	6133.34	0.821	-5865.51
18	Fr. 123	1.000	7145.64	0.929	-6638.17
19	Fr. 144	0.500	3572.82	0.464	-3319.08
20	Fr. 146	0.426	3043.51	0.396	-2827.37
21	Fr. 150	0.278	1984.90	0.258	-1843.94
22	Fr. 155	0.093	661.63	0.086	-614.66

由上表结合装载计算书可知：

中拱	波浪附加剪力 F_W（+）	7145.64	14002.54	kN	F37
	静水剪力 F_s（+）	6856.90（压载出港）		kN	
中垂	波浪附加剪力 F_W（-）	-6638.17	-14905.57	kN	F123
	静水剪力 F_s（-）	-8267.40（NO.1，3，5货油舱满出港）		kN	

（2）船体梁剖面特性计算。

由于 F37、F123 横剖面结构与船中横剖面一致，所以其剖面特性也相同。现在只计算实船水平中和轴以上有效纵向构件对水平中和轴的静矩。

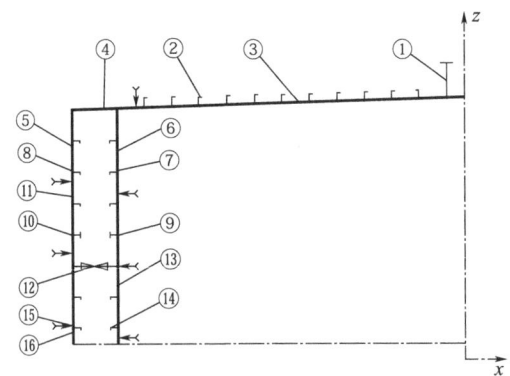

图 2-6 水平和轴以上有效纵向构件分布

表 2-7 实船水平中和轴以上有效纵向构件对水平中和轴的静矩计算

序号	构件名称	构件尺寸 /mm	至中和轴距离 z/cm	剖面积 A/cm²	静矩 $A \cdot z$/cm³
1	甲板纵桁	12×750/16×280	590.11	134.80	79546.66
2	甲板纵骨	10×HP180×40×9	534.11	222.00	118572.14
3	主甲板	10×7500	525.11	750.00	393831.57
4	主甲板边板	12×1500	515.11	180.00	92719.58
5	舷顶列板	12×1500	448.11	180.00	80659.58
6	内壳纵壁	10×1800	422.65	180.00	76077.00
7	内壳纵壁纵骨	3×HP180×40×9	394.05	66.60	26243.73
8	舷侧纵骨	3×HP160×36×8	394.05	53.88	21231.41
9	内壳纵壁纵骨	10×180/12×80	264.05	27.60	7287.78
10	舷侧纵骨	12×180/12×80	264.05	31.20	8238.36
11	舷侧外板	10×3000	224.05	300.00	67215.00
12	5750 平台	9×1050	197.65	94.50	18677.93
13	内壳纵壁	11×4600	102.65	506.00	51940.90
14	内壳纵壁纵骨	3×HP200×44×10	69.05	82.08	5667.62
15	舷侧纵骨	3×HP200×44×10	69.51	82.08	5705.28
16	舷侧外板	11×740.6	37.25	81.46	3034.74
	Σ	—	—	2972.20	1056649.27
	$S=2Ae$	—	—		2113298.55

注：表中"—"表示无数据。

(3) 许用合成剪力计算。

$$\overline{F} = [\tau] \frac{I\delta}{S} \times 10^{-2}$$

$$= \frac{110 \times 1\,648\,051\,219.94 \times 44 \times 10^{-2}}{2\,113\,298.55}$$

$$= 37\,744.63\,(\text{kN})$$

式中：$[\tau] = 110\,\text{N/mm}^2$。

δ 通过下式计算，实取 $\delta = 44\,\text{mm}$。

$$\delta_1 = \frac{t_1}{f_1 + m_1} = 44$$

式中：$f_1 = 0.5$；$t_1 = 22\,\text{mm}$；$m_1 = 0.0$。

(4) 许用静水剪力计算。

$$\overline{F}_S(+) = \overline{F} - F_W(+) = 30\,599.00\,\text{kN}$$

$$\overline{F}_S(-) = -\overline{F} - F_W(-) = -31\,106.46\,\text{kN}$$

经校核，$F_S(+) \leqslant \overline{F}_S(+)$，$|F_S(-)| \leqslant |\overline{F}_S(-)|$，静水剪力满足规范要求。

4) 屈曲强度计算

(1) 船底外板屈曲强度。

① 工作压应力。

$$\sigma = \frac{|M_S + M_W|}{W} \times 10^3$$

$$= \frac{(184\,227.00 + 262\,871.47)}{4\,372\,750.06} \times 10^3$$

$$= 102.25\,(\text{N/mm}^2) \geqslant 30\,(\text{N/mm}^2)$$

② 临界应力。

$$\sigma_E = 0.9 K_C E \left(\frac{t_b}{1\,000s}\right)^2$$

$$= 0.9 \times 4 \times 2.06 \times 10^5 \times \left(\frac{9}{630}\right)^2$$

$$= 151.35\,(\text{N/mm}^2)$$

式中：$K_C = \frac{8.4}{\varphi + 1.1} = 4$，$\varphi = 1$，$E = 2.06 \times 10^5\,\text{N/mm}^2$，$t_b = 9\,\text{mm}$，$s = 0.63\,\text{m}$。

$$\sigma_{cr} = \sigma_s \left(1 - \frac{\sigma_s}{4\sigma_E}\right)$$

$$= 235 \times \left(1 - \frac{235}{4 \times 151.35}\right)$$

$$= 143.78\,(\text{N/mm}^2)$$

因 $\sigma < \sigma_{cr}$，船底外板满足屈曲强度要求。

（2）船底中桁材屈曲强度。

① 工作压应力。

$$\sigma_{\max} = \frac{|M_S + M_W|}{W} \times 10^3 = 102.25 \text{（N/mm}^2\text{）}$$

$$\sigma_{\min} = \frac{|M_S + M_W|}{W_{\text{内底}}} \times 10^3 = = 69.69 \text{（N/mm}^2\text{）} \geqslant 30 \text{ N/mm}^2$$

② 临界应力。

$$\sigma_E = 0.9 K_C E \left(\frac{t_b}{1000s}\right)^2$$

$$= 0.9 \times 4.71 \times 2.06 \times 10^5 \times \left(\frac{10}{700}\right)^2$$

$$= 178.39 \text{（N/mm}^2\text{）}$$

式中：$K_C = \frac{8.4}{\varphi + 1.1} = 4.71$，$\varphi = \frac{69.69}{102.25} = 0.68$，$E = 2.06 \times 10^5 \text{ N/mm}^2$，$t_b = 10 \text{ mm}$，$s = 0.7 \text{ m}$。

$$\sigma_{cr} = \sigma_s \left(1 - \frac{\sigma_s}{4\sigma_E}\right)$$

$$= 235 \times \left(1 - \frac{235}{4 \times 178.39}\right)$$

$$= 157.61 \text{（N/mm}^2\text{）}$$

因 $\sigma < \sigma_{cr}$，船底中桁材满足屈曲强度要求。

（3）船底旁桁材屈曲强度。

① 工作压应力。

$$\sigma_{\max} = \frac{|M_S + M_W|}{W} \times 10^3$$

$$= 102.25 \text{（N/mm}^2\text{）} \geqslant 30 \text{（N/mm}^2\text{）}$$

$$\sigma_{\min} = \frac{|M_S + M_W|}{W} \times 10^3$$

$$= 69.69 \text{（N/mm}^2\text{）} \geqslant 30 \text{（N/mm}^2\text{）}$$

② 临界应力。

$$\sigma_E = 0.9 K_C E \left(\frac{t_b}{1000s}\right)^2$$

$$= 0.9 \times 4.71 \times 2.06 \times 10^5 \times \left(\frac{8}{700}\right)^2$$

$$= 114.17 \text{（N/mm}^2\text{）}$$

式中：$K_C = \dfrac{8.4}{\varphi + 1.1} = 4.71$，$\varphi = \dfrac{69.69}{102.25} = 0.68$，$E = 2.06 \times 10^5 \text{ N/mm}^2$，$t_b = 8 \text{ mm}$，$s = 0.7 \text{ m}$。

$$\because \sigma_E < \dfrac{1}{2}\sigma_s$$

$$\therefore \sigma_{cr} = \sigma_E$$

$$= 114.17 \text{ (N/mm}^2)$$

因 $\sigma < \sigma_{cr}$，船底旁桁材满足屈曲强度要求。

（4）内底板屈曲强度。

① 工作压应力。

$$\sigma = \dfrac{|M_S + M_W|}{W} \times 10^3$$

$$= 69.69 (\text{N/mm}^2) \geqslant 30 (\text{N/mm}^2)$$

② 临界应力。

$$\sigma_E = 0.9 K_C E \left(\dfrac{t_b}{1000s}\right)^2$$

$$= 0.9 \times 4 \times 2.06 \times 10^5 \times \left(\dfrac{9}{630}\right)^2$$

$$= 151.35 (\text{N/mm}^2)$$

式中：$K_C = \dfrac{8.4}{\varphi + 1.1} = 4$，$\varphi = 1$，$E = 2.06 \times 10^5 \text{ N/mm}^2$，$t_b = 9 \text{ mm}$，$s = 0.63 \text{ m}$。

$$\sigma_{cr} = \sigma_s \left(1 - \dfrac{\sigma_s}{4\sigma_E}\right)$$

$$= 235 \times \left(1 - \dfrac{235}{4 \times 151.35}\right)$$

$$= 143.78 (\text{N/mm}^2)$$

因 $\sigma < \sigma_{cr}$，内底板满足屈曲强度要求。

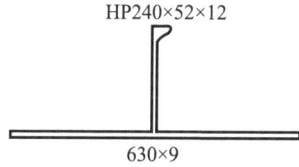

（5）船底纵骨屈曲强度。

① 工作压应力。

$$\sigma = \frac{|M_S + M_W|}{W} \times 10^3$$

$$= 102.25 (\text{N/mm}^2) \geqslant 30 (\text{N/mm}^2)$$

② 临界应力。

$$\sigma_E = 0.001 E \frac{I_a}{Al^2}$$

$$= 0.001 \times 2.06 \times 10^5 \times \frac{7519.11}{95.45 \times 2.8^2}$$

$$= 2069.86 (\text{N/mm}^2)$$

式中：$E = 2.06 \times 10^5 \text{ N/mm}^2$，$A = 95.45 \text{ cm}^2$，$l = 2.8 \text{ m}$，$I_a = 7519.11 \text{ cm}^4$。

$$\sigma_{cr} = \sigma_s \left(1 - \frac{\sigma_s}{4\sigma_E}\right)$$

$$= 235 \times \left(1 - \frac{235}{4 \times 2069.86}\right)$$

$$= 228.33 (\text{N/mm}^2)$$

因 $\sigma < \sigma_{cr}$，船底纵骨满足屈曲强度要求。

（6）内底纵骨屈曲强度。

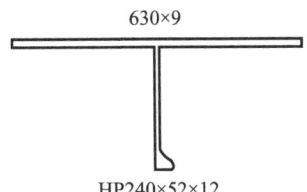

① 工作压应力。

$$\sigma = \frac{|M_S + M_W|}{W} \times 10^3$$

$$= 69.69 (\text{N/mm}^2) \geqslant 30 (\text{N/mm}^2)$$

② 临界应力。

$$\sigma_E = 0.001 E \frac{I_a}{Al^2}$$

$$= 0.001 \times 2.06 \times 10^5 \times \frac{7519.11}{95.45 \times 2.8^2}$$

$$= 2069.86 (\text{N/mm}^2)$$

式中：$E = 2.06 \times 10^5 \text{ N/mm}^2$，$A = 95.45 \text{ cm}^2$，$l = 2.8 \text{ m}$，$I_a = 7519.11 \text{ cm}^4$。

$$\sigma_{cr} = \sigma_s \left(1 - \frac{\sigma_s}{4\sigma_E}\right)$$

$$= 235 \times \left(1 - \frac{235}{4 \times 2069.86}\right)$$

$$= 228.33(\text{N/mm}^2)$$

因 $\sigma < \sigma_{cr}$，内底纵骨满足屈曲强度要求。

（7）舷侧外板上的剪切屈曲强度。

① 工作剪切应力。

$$\tau = \frac{|F_S + F_W|S}{I\delta_1} \times 10^2$$

$$= \frac{|-8267.40 - 6638.17|S}{1648051219.94 \times 44} \times 10^2$$

$$= 40.81(\text{N/mm}^2) \geqslant 30(\text{N/mm}^2)$$

② 临界应力。

$$\tau_E = 0.9K_t E \left(\frac{t_b}{1000s}\right)^2$$

$$= 0.9 \times 5.56 \times 2.06 \times 10^5 \times \left(\frac{8}{650}\right)^2$$

$$= 156.02(\text{N/mm}^2)$$

式中：$E = 2.06 \times 10^5 \text{N/mm}^2$，$K_t = 5.34 + 4\left(\frac{s}{l}\right)^2 = 5.56$，$l = 2.8\text{m}$，$s = 0.65\text{m}$，$t_b = 8\text{mm}$。

$$\tau_{cr} = \tau_s \left(1 - \frac{\tau_s}{4\tau_E}\right)$$

$$= 135.68 \times \left(1 - \frac{135.68}{4 \times 156.02}\right)$$

$$= 106.18(\text{N/mm}^2)$$

式中：$\tau_s = \sigma_s / \sqrt{3}$。

因 $\tau < \tau_{cr}$，舷侧外板满足屈曲强度要求。

（8）甲板板屈曲强度。

① 工作压应力。

$$\sigma = \frac{|M_S + M_W|}{W} \times 10^3$$

$$= \frac{(-5919.10 - 282967.19)}{3062673.13} \times 10^3$$

$$= 94.32(\text{N/mm}^2) \geqslant 30(\text{N/mm}^2)$$

② 临界应力。

$$\sigma_E = 0.9K_C E \left(\frac{t_b}{1000s}\right)^2$$

$$= 0.9 \times 4 \times 2.06 \times 10^5 \times \left(\frac{8}{630}\right)^2$$

$$= 119.58(\text{N}/\text{mm}^2)$$

式中：$K_C = \dfrac{8.4}{\varphi + 1.1} = 4$，$\varphi = 1$，$E = 2.06 \times 10^5 \text{ N/mm}^2$，$t_b = 8 \text{ mm}$，$s = 0.63 \text{ m}$。

$$\sigma_{cr} = \sigma_s \left(1 - \frac{\sigma_s}{4\sigma_E}\right)$$

$$= 235 \times \left(1 - \frac{235}{4 \times 119.58}\right)$$

$$= 119.55(\text{N}/\text{mm}^2)$$

因 $\sigma < \sigma_{cr}$，甲板板满足屈曲强度要求。

（9）甲板纵骨屈曲强度。

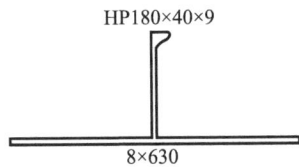

① 工作压应力。

$$\sigma = \frac{|M_S + M_W|}{W} \times 10^3$$

$$= 94.32(\text{N}/\text{mm}^2) \geqslant 30(\text{N}/\text{mm}^2)$$

② 临界应力。

$$\sigma_E = 0.001 E \frac{I_a}{Al^2}$$

$$= 0.001 \times 2.06 \times 10^5 \times \frac{2782.63}{72.60 \times 2.8^2}$$

$$= 1007.09(\text{N}/\text{mm}^2)$$

式中：$E = 2.06 \times 10^5 \text{ N/mm}^2$，$A = 72.60 \text{ cm}^2$，$l = 2.8 \text{ m}$，$I_a = 2782.63 \text{ cm}^4$。

$$\sigma_{cr} = \sigma_s \left(1 - \frac{\sigma_s}{4\sigma_E}\right)$$

$$= 235 \times \left(1 - \frac{235}{4 \times 1007.09}\right)$$

$$= 221.29(\text{N}/\text{mm}^2)$$

因 $\sigma < \sigma_{cr}$，甲板纵骨满足屈曲强度要求。

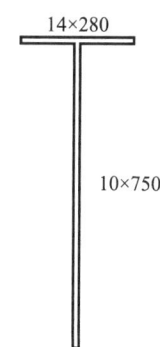

（10）甲板纵桁屈曲强度。

① 腹板。

（a）工作压应力。

$$\sigma = \frac{|M_S + M_W|}{W} \times 10^3$$

$$= \frac{|-5919.10 - 282967.19|}{2688024.29} \times 10^3$$

$$= 107.47 (\text{N/mm}^2) \geqslant 30 (\text{N/mm}^2)$$

（b）腹板临界应力

$$\sigma_E = 3.8E \left(\frac{t_W}{h_W}\right)^2$$

$$= 3.8 \times 2.06 \times 10^5 \times \left(\frac{10}{750}\right)^2$$

$$= 139.16 (\text{N/mm}^2)$$

式中：$E = 2.06 \times 10^5 \text{ N/mm}^2$，$h_w = 750 \text{ mm}$，$t_w = 10 \text{ mm}$。

$$\sigma_{cr} = \sigma_s \left(1 - \frac{\sigma_s}{4\sigma_E}\right)$$

$$= 235 \times \left(1 - \frac{235}{4 \times 143.16}\right)$$

$$= 135.79 (\text{N/mm}^2)$$

因 $\sigma < \sigma_{cr}$，甲板纵桁腹板满足屈曲强度要求。

② 面板。

因 $\frac{b_f}{t_f} = 140/14 = 10 \leqslant 15$，甲板纵桁面板满足屈曲强度要求。

对于上述计算实例，在校核结束后，应该回过头来重新思考所设计的结构在哪些区域可以优化。从计算出来的剖面模数、计算应力等与许用强度相比较，判断哪些结构可以从板厚或规格大小或材质上来优化。比如，从结构的材质的选择优化（从材料的屈服强度 235 MPa 变为 315 MPa 或 355 MPa）或从减少或增加结构的板厚或规格优化，确定优化结构，然后循环重复上述计算步骤，确认所有计算结果是否符合要求。

第 3 章
船体局部强度

船舶的主体结构主要由船底、甲板、舷侧和舱壁等板架组成,通常在外载荷的作用下,不但发生总纵弯曲变形,并且会发生局部变形、失稳或破坏。

3.1 船体局部强度的计算思路

本章主要在结构力学基础上,运用船体结构基础知识,在船中剖面设计基本完成、总纵强度校核已满足要求的前提下,对船体的主要板架、框架和连续梁等结构进行局部强度分析。最终可以确定船体结构布置原则和决定构件尺寸的方法。船体局部强度的计算思路见图 3-1。

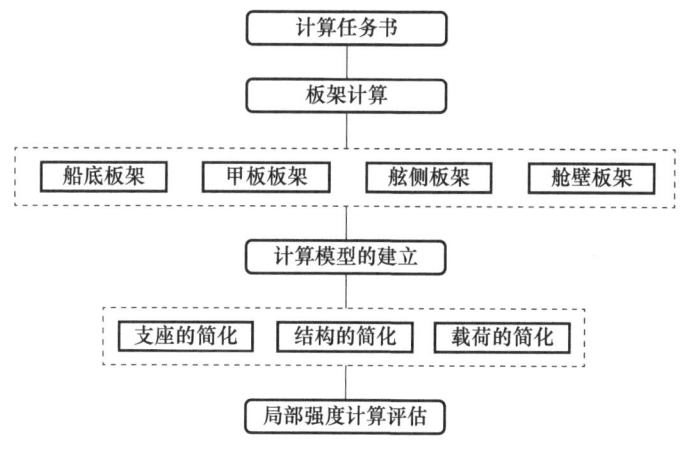

图 3-1 船体局部强度的计算思路

3.2 计算模型

现在进行船体结构的局部强度计算,首先,我们需要把船体分成各种板架进行结构分析和计算,根据实际受力情况与变形特点,把实际复杂的结构抽象和简化为可以用力学方法计算的简化模型,也称为计算模型,然后对计算模型采用力学分析的方法进行结构分析,并将结果用于结构设计。结构模型化是计算的前提和结构分析成败的关键,从强度考核的观点,偏于安全的简化是允许的,但偏于安全的简化往往会使结构材料增加,因此我们追求力学上能反映实际结构变形特征,计算上又不过于复杂的模型。也可以用有限元方法进行直接计算,以减轻船舶的重量,提高船舶性能。

(视频:8-模型简化原则)

(视频:9-计算模型简化的三要素)

3.2.1 支座的简化

船体属于超静定结构,超静定结构的受力状态,取决于各部分的相对刚度,计算模型的简化来源于刚度的简化,相对大的刚度简化成无穷大的刚度,相对小的刚度简化成零刚度。

根据相对刚度的大小,可以将计算模型的边界简化为刚性固定端、铰支座、滚动支座、弹性固定端以及弹性支座。选择支座类型时,要注意弹性支座与被支承构件的相对刚度;当弹性支座的弯曲刚度比构件的弯曲刚度大得多时,弹性支座可简化成刚性固定端;反之,应简化成铰支座。图3-2所示为肋骨框架,图3-2(a)中节点弯矩M_1及M_2分别是:

$$M_1 = \frac{\frac{1}{2}a_2q_2l_{12}^2\left(\frac{1}{5}a_2 + \frac{7}{10}a_1\right) - \frac{1}{4}a_2a_1q_1l_{23}^2}{(2+2a_2)(2+3a_1) - a_2^2} \quad (3-1)$$

$$M_2 = \frac{\frac{1}{2}a_2q_2l_{12}^2\left(\frac{8}{15} - \frac{3}{10}a_2\right) - \frac{1}{2}a_1q_1l_{23}^2(1+a_2)}{(2+2a_2)(2+3a_1) - a_2^2} \quad (3-2)$$

式中:$a_1 = \frac{I_{12}}{I_{23}} \cdot \frac{l_{23}}{l_{12}}$,$a_2 = \frac{I_{01}}{I_{12}} \cdot \frac{l_{12}}{l_{01}}$。

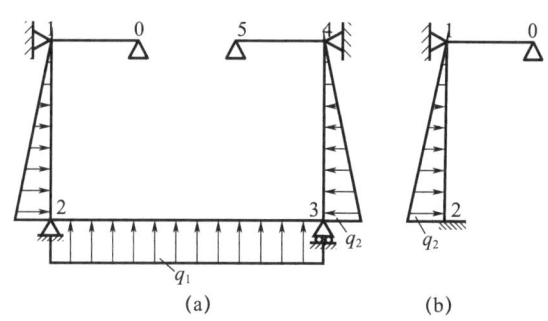

图 3-2 肋骨框架的支座简化

如 $I_{23} \gg I_{12}$ 计，将 $a_1 = 0$ 代入式（3-1）和式（3-2）中，得：

$$M_1 = \frac{\frac{1}{10}a_2^2 q_2 l_{12}^2}{4(1+a_2)-a_2^2} \tag{3-3}$$

$$M_2 = \frac{\frac{1}{2}a_2 q_2 l_{12}^2 \left(\frac{8}{15}-\frac{3}{10}a_2\right)}{4(1+a_2)-a_2^2} \tag{3-4}$$

式（3-3）和式（3-4）计算弯矩对应的计算图形是图 3-2（b）。故当 $I_{23} \gg I_{12}$ 时，图 3-2（b）可作为图 3-2（a）的计算模型。

由上述情况可以看出，当相邻结构刚度相差较大时，可按极限情况处来简化计算。船体结构中的肋骨框架各构件在节点处用肘板连接，节点刚性足以保证与之连接的各构件之间不发生相对角位移，这样的节点称为刚性节点，刚性节点能传递弯矩和剪力。只要连接两梁的弯曲刚度相比 20 倍以上，所得结果误差在 5% 以内。

3.2.2 结构的简化

船体结构是一个空间体系，采用传统方法对其进行力学分析比较困难，现在可以用有限元法进行结构分析。尽管如此，简化计算在结构设计的初期阶段仍然是行之有效的方法。传统的方法通常是把船体视为由许多平面结构单元组成，沿纵向可把船体视为由船底板架、甲板板架和舷侧板架组成；沿横向又可以把船体视为由舱壁板架和肋骨框架组成。其中，船底板架、舷侧板架、甲板板架和舱壁板架均为交叉梁系。

一个空间结构往往包含许多平面单元，而各平面单元之间又存在着空间联系。如果平面单元本身刚度大，而空间联系的刚度小，则可从空间结构中取出平面单元，按平面结构进行计算。如从船体中取出船底板架、舷侧板架、甲板板架、舱壁板架以及肋骨框架进行计算就是典型的例子。

为了校核横梁、肋骨的局部强度，必须进行肋骨框架计算。通常肋板弯曲刚度是肋骨弯曲刚度的 20 倍以上，根据相对刚度理论，对肋骨框架进行计算会发现，在舭部节点处的支持弯矩，几乎等于舷侧肋骨刚性固定在肋板上的弯矩，计算深舱肋骨时其底部可取为刚性固定，这样的计算模型对于计算可大为简化，见图 3-3。计算模型构件的纵向尺寸取构件的中和轴，横向尺寸需考虑带板的作用。

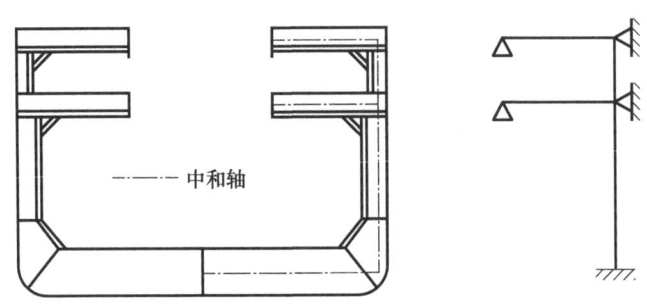

图 3-3　肋骨框架结构的简化

3.2.3　载荷的简化

计算模型中的载荷，通常以分布载荷的方式施加，分布载荷作用在计算模型的带板上。有些工况还需考虑集中载荷的作用。

图 3-4 为肋骨框架的计算模型。船舶在多种工况下工作，横梁和肋骨在不同载荷搭配情况下，应力和变形是各不相同的。于是在框架计算时，首先就有一个载荷搭配问题，对于不同位置的构件，计算荷重选择应以对其最为严重的载荷搭配为前提，见图 3-4。

（视频：10-刚架计算模型）

（1）计算货舱肋骨时，取横梁不承受载荷，下甲板也不承受载荷，肋骨承受水头等于波面高度，但不大于型深的载荷，见图 3-4（a）。

（2）计算上甲板横梁时，取上甲板横梁承受载荷，下甲板横梁不承受载荷，肋骨承受水头等于波面高度的载荷，见图 3-4（b）。

（3）计算下甲板横梁时，所有横梁均承受载荷，肋骨承受水头等于波面高度的载荷，见图 3-4（c）。

（4）校核货舱肋骨在静水中的强度，横梁不承受载荷，肋骨承受水头等于载重线水头高度的载荷，见图 3-4（d）。在实际计算时，该工况往往包含在第一种工况中。

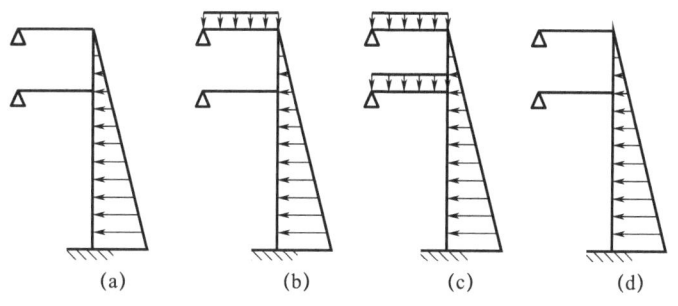

图 3-4 肋骨框架载荷的简化

3.3 板架计算

3.3.1 船底板架

船底是船体等直梁的下缘,受到很大的总纵弯曲应力;此外,还承受着机器重量、货物重量、压载水及舷外水等的作用产生局部弯曲;船舶在波浪中航行,艏 1/4 船长前会承受很大的砰击力。

1) 外底结构

船底板架的设计不仅应满足船体总纵强度的要求,而且要保证能够承受上述各种局部载荷的作用。

在横骨架式船底板上作用的正应力包含三部分:由船底总纵弯曲而产生的正应力 σ_1;由船底板架弯曲而产生的正应力 σ_2;由肋板之间板格局部弯曲而产生的正应力 σ_3。因为合成应力由上述三种应力所组成,所以横骨架式船底板属于第三类构件。

纵骨架式船底板上作用的正应力包含四部分:由船底总纵弯曲产生的正应力 σ_1;由船底板架弯曲而产生的正应力 σ_2;由肋板之间的纵骨弯曲产生的正应力 σ_3;在纵骨和肋板之间板格弯曲产生的正应力 σ_4。因为合成应力是由上述四种应力组成的,所以纵骨架式船底板属于第四类构件。

横骨架式主要校核外底板的强度与稳定性;纵骨架式除了外底板外,还需校核纵骨的强度与稳定性。

(1) 纵骨的强度。根据纵骨与相连肋板的相对刚度,可将其简化为两端刚性固定的计算模型。则纵骨的强度必须满足:

$$\sigma = \frac{pba^2}{12W} \leqslant [\sigma] \quad (3-5)$$

式中:p——作用在船底上与一般压载、重货均匀满载和轻货均匀满载对应的单位面积上的计算压力，N/mm²；

a——肋板间距，mm；

b——纵骨间距，mm；

W——包括带板的纵骨最小剖面模数，mm³。

对于普通结构钢 $[\sigma]=176\,\text{MPa}$，对于高强度钢还应考虑材料系数的影响。

(2) 外底板的强度。纵骨架式外底板的弯曲应力可按下式计算：

$$\sigma = \frac{6k_3 pb^2}{t^2} \leqslant [\sigma] \qquad (3-6)$$

式中：p——作用于底板上的计算压力，N/mm²；

t——外底板厚度，mm；

b——纵骨间距，mm；

k_3——数值系数，按图 3-5 查得。

对于普通结构钢沿船长方向 $[\sigma]=110\,\text{MPa}$，对于高强度钢还应考虑材料系数的影响。

横骨架式外底板的弯曲应力可按下式计算：

$$\sigma = \frac{6k_5 pa^2}{t^2} \leqslant [\sigma] \qquad (3-7)$$

式中：p——作用于底板上的计算压力，N/mm²；

t——外底板厚度，mm；

a——肋板间距，mm；

k_5——数值系数，按图 3-5 查得。

对于普通结构钢沿船长方向 $[\sigma]=110\,\text{MPa}$，对于高强度钢还应考虑材料系数的影响。

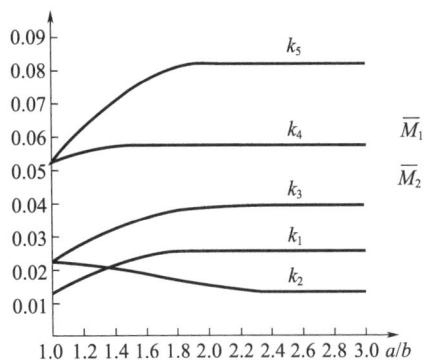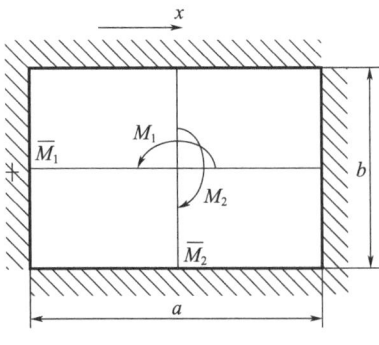

图 3-5 船底板计算模型

(3) 纵骨的稳定性。纵骨稳定性条件可以写成：

$$\sigma = \frac{pba^2}{12W} \leqslant \sigma_{cr} \quad (3-8)$$

$$\sigma_E = 0.001E \frac{I_a}{Al^2} \quad (3-9)$$

式中：σ_E——计算所得的欧拉应力，若欧拉应力超过材料的比例极限，则必须对理论欧拉应力进行修正，N/mm²；

σ_{cr}——临界屈曲应力，N/mm²。

为了不使纵骨过高，影响双层底的内部空间，可考虑在纵骨跨中安装垂直支撑，这时纵骨剖面尺寸可相应地减小一些。对于一般干货船的机、炉舱中的肋板间距，为保证船底有较大的刚性，规范规定至少每两个肋位上装设实肋板，其余区域里的实肋板间距不超过 3.5 m。

(4) 板的稳定性。纵骨架式外底板的稳定性见式（3-10）和式（3-11）：

$$\sigma = \frac{6k_3 pb^2}{t^2} \leqslant \sigma_{cr} \quad (3-10)$$

$$\sigma_E = 0.9 K_C E \left(\frac{t_b}{1000b}\right)^2 \quad (3-11)$$

式中：σ_E——计算所得的欧拉应力，若欧拉应力超过材料的比例极限，则必须对理论欧拉应力进行修正，N/mm²；

σ_{cr}——临界屈曲应力，N/mm²。

横骨架式外底板的稳定性见下式：

$$\sigma = \frac{6k_5 pa^2}{t^2} \leqslant \sigma_{cr} \quad (3-12)$$

$$\sigma_E = 0.9 K_C E \left(\frac{t_b}{1000a}\right)^2 \quad (3-13)$$

式中：σ_E——计算所得的欧拉应力，若欧拉应力超过材料的比例极限，则必须对理论欧拉应力进行修正，N/mm²；

σ_{cr}——临界屈曲应力，N/mm²。

2) 内底结构

船体内底虽然也参加船体总纵弯曲，可是因为其离中和轴较近，因此比外底受力小，并且也不经常承受很大的静水压力，只是外底破损时要求它不致破坏。另外，内底不受波浪冲击，搁浅破坏的可能性也小。因此，内底不必设计得像外底一样结实。

由于结构布置的关系,内底纵骨的跨距(肋板间距)应取得和外底一样。内底板应保证在计算载荷作用下的稳定性,纵骨应保证在极限弯矩作用下的稳定性,并且还要保证海损载荷条件下的强度。内底结构的强度与稳定性计算方法与外底结构一样,计算载荷一般取偶然性载荷,这种载荷通常就是高达通气管的水柱高度为计算水头的压力,计算应力不与总纵弯曲应力叠加。

3.3.2 甲板板架

上甲板是船体等直梁的上翼板,对保证船体总纵强度起重要作用。下甲板主要承受货物重量,首先应保证其局部强度。无论哪一层甲板均要承受均布的横向载荷。对于上层露天甲板如不用来载货的话,则认为承受的是波浪打上甲板堆积起来水的重量。

露天甲板的计算压头应符合表 3-1 的规定,对于船长小于 90 m 的船舶,可适当减小艏端和艉端区域主要构件的计算压头,但应不小于相同位置次要构件的计算压头。对于其他甲板的计算压头规范中有规定。

表 3-1 甲板板架计算压头

	甲板名称	位置	主要构件	次要构件	设计货物载荷/kPa
最小构件尺寸	露天甲板	$0.075L$ 以前	h_0+3	$1.5h_0$	8.5
		$0.075L \sim 0.15L$ 之间	h_0+2	$1.25h_0$	8.5
		$0.15L$ 以后	h_0	h_0	8.5
规定货物载荷	露天甲板	$0.075L$ 以前	$0.49p+h_0-1.2$	$0.49p+h_0-1.2$	p(>8.5)
		$0.075L \sim 0.15L$ 之间	$0.37p+h_0-1.2$	$0.37p+h_0-1.2$	p(>8.5)
		$0.15L$ 以后	$0.14p+h_0-1.2$	$0.14p+h_0-1.2$	p(>8.5)

表 3-1 中,h_0 应不小于按下式计算所得之值,且应不小于 1.2 m,也不必大于 1.5 m。

$$h_0 = 1.2 + \frac{2}{1000}\left(\frac{100+3L}{D-d} - 150\right) \quad (\text{m}) \tag{3-14}$$

式中:L——计算船长,m;

D——型深,m;

d——吃水,m。

1)横骨架式甲板板架

甲板板架承受总纵弯曲和横向载荷的双重作用,虽然这两种作用不一定会重叠,但一个板架应该具有承担这两种作用的能力。

对于具有大开口的甲板板架，自舱口纵围壁到舷边甲板连续部分是承力的主要部分，根据结构和受力特点，可以取这部分为代表，进行板架分析，认为横梁是弹性固定在甲板纵桁和舷侧上。见图3-6。

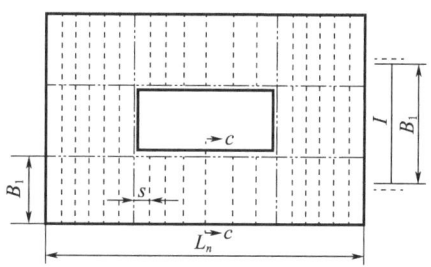

图3-6 横骨架式甲板横梁计算模型

因为甲板是横骨架式的，横向骨架较密，而这个局部板架的长度远大于自身的宽度，根据这个特点，可以把板架整体强度、稳定性条件化为甲板横梁的强度和稳定性条件。如果取横梁端部固定系数 $k=0.3$，则跨中计算弯矩为：

$$M_{中} = \frac{psB_1^2}{10} \tag{3-15}$$

式中：p——甲板上的计算压头，N/mm^2；

s——横梁间距，mm；

B_1——横梁跨度（舱口围板至舷边距离），mm。

（1）横梁的强度。横梁必须满足：

$$\sigma = \frac{psB_1^2}{10W} \leqslant [\sigma] \tag{3-16}$$

式中：对于普通结构钢 $[\sigma]=176 MPa$，对于高强度钢还应考虑材料系数的影响。

（2）甲板板的强度条件：

$$\sigma = \frac{6k_5 p a^2}{t^2} \leqslant [\sigma] \tag{3-17}$$

式中：p——作用于甲板板架上的计算压力，N/mm^2；

a——横梁间距，mm；

k_5——数值系数，按图3-5查得；对于普通结构钢沿船长方向 $[\sigma]=110 MPa$，对于高强度钢还应考虑材料系数的影响。

（3）横梁的稳定性：

$$\sigma = \frac{psB_1^2}{10W} \leqslant \sigma_{cr} \tag{3-18}$$

$$\sigma_E = 0.001E\frac{I_a}{Al^2} \qquad (3-19)$$

式中：σ_E——计算所得的欧拉应力，若欧拉应力超过材料的比例极限，则必须对理论欧拉应力进行修正，N/mm²；

σ_{cr}——临界屈曲应力，N/mm²。

（4）甲板板架的稳定性：

$$\sigma = \frac{6k_5 pa^2}{t^2} \leqslant \sigma_{cr} \qquad (3-20)$$

$$\sigma_E = 0.9K_c E \left(\frac{t_b}{1000a}\right)^2 \qquad (3-21)$$

式中：σ_E——计算所得的欧拉应力，若欧拉应力超过材料的比例极限，则必须对理论欧拉应力进行修正，N/mm²；

σ_{cr}——临界屈曲应力，N/mm²。

2）纵骨架式甲板板架

纵骨架式甲板板架的分析，包括甲板板格、甲板纵骨和甲板板架的强度与稳定性分析。如图3-7所示。

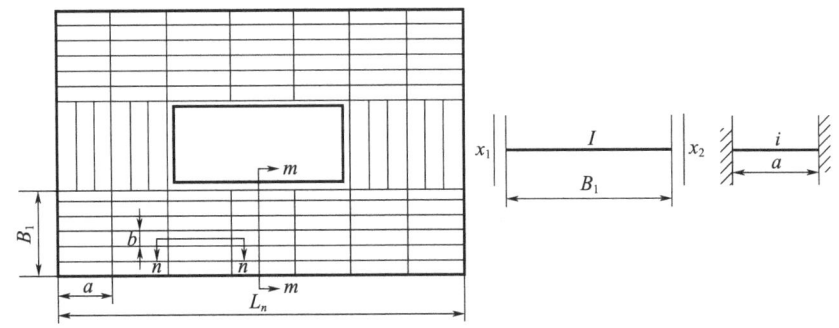

图3-7 纵骨架式甲板板架计算模型

（1）纵骨的强度条件：

$$\sigma = \frac{pba^2}{12W} \leqslant [\sigma] \qquad (3-22)$$

式中：对于普通结构钢 $[\sigma] = 176\text{ MPa}$，对于高强度钢还应考虑材料系数的影响；

W——包括带板的纵骨之最小剖面模数，mm³；

f——纵骨剖面积，mm²；

t——板的厚度，mm。

(2)甲板板的强度条件。甲板板的强度条件应满足:

$$\sigma = \frac{6k_3 pb^2}{t^2} \leqslant [\sigma] \quad (3-23)$$

式中:p——作用于甲板板上的计算压力,N/mm²;

b——纵骨间距,mm;

k_3——数值系数,按图3-5查得。

对于普通结构钢沿船长方向$[\sigma]=110$ MPa,对于高强度钢还应考虑材料系数的影响。

(3)纵骨的稳定性。因为甲板板架载荷远比船底载荷小,甲板板格设计条件可以从稳定性条件出发,将纵骨的稳定性条件写出来:

$$\sigma = \frac{pba^2}{12W} \leqslant \sigma_{cr} \quad (3-24)$$

$$\sigma_E = 0.001E \frac{I_a}{Al^2} \quad (3-25)$$

式中:σ_E——计算所得的欧拉应力,若欧拉应力超过材料的比例极限,则必须对理论欧拉应力进行修正,N/mm²;

σ_{cr}——临界屈曲应力,N/mm²。

(4)甲板板的稳定性:

$$\sigma = \frac{6k_3 pb^2}{t^2} \leqslant \sigma_{cr} \quad (3-26)$$

$$\sigma_E = 0.9 K_C E \left(\frac{t_b}{1000b}\right)^2 \quad (3-27)$$

式中:σ_E——计算所得的欧拉应力,若欧拉应力超过材料的比例极限,则必须对理论欧拉应力进行修正,N/mm²;

σ_{cr}——临界屈曲应力,N/mm²。

3.3.3 舷侧板架

舷侧和船底连接在一起,保证船具有一定的浮性。因此,应保证船体具有水密性和承受水压力的能力。

从舷侧板架的功用和受力特点来看,采用横骨架式为宜,横骨架式舷侧板架对建造工艺、扩大舱容以及防碰和传递垂向作用力等都是有利的。舷侧是船体梁的腹板,在总弯曲时只有离中和轴较远的上、下翼板处正应力稍大些。上翼板处的舷顶列板与下翼板处的舭列板通常比舷侧列板厚，强度和稳定性一般均不成问题。

应当注意，舷侧外板的厚度，不完全是由强度和稳定性条件确定的，与使用要求有密切关系。例如，水线附近，接近船体中和轴，局部弯曲和总弯曲应力均不大，但这个地方极易锈蚀，且易碰损和磨耗，板厚应有较大的裕度。

3.3.4 舱壁板架

1) 结构型式

舱壁是用来分隔船体内部空间，把船体隔成单独舱室供装货、载客和安装机电设备等用。

此外，为了保证安全航行，舱壁还要满足抗沉性的要求。

按舱壁在船体内部的布置方向，可划分成横舱壁和纵舱壁。对具有相当强度并保持水密性的舱壁称为主舱壁，主舱壁除了作为船底、甲板和舷侧板架的支承外，还起到船体横向加强的作用。与主舱壁相接的最上层甲板称为舱壁甲板。

舱壁结构型式分两种：一种是由舱壁板和扶强材组成的平面舱壁；另一种是将钢板压成槽形的皱折舱壁。

平面舱壁上的扶强材一般是沿着跨度最短的方向布置的。但有时考虑到甲板和船底竖向作用力的传递，在甲板和船底都是纵骨架式时，即使是垂直方向的尺度大于水平方向的尺度，扶强材仍沿着垂直方向布置。为了减少扶强材的跨度，可沿着横方向设置水平加强桁材。有时为了加强水平桁材，设置垂直加强桁材。这种由水平桁和竖桁加强的舱壁板架，实际上就是带有交叉构件的平面舱壁板架。在油船结构中，这种板架较多。

作用在舱壁上的载荷，有横向载荷和作用在舱壁平面内的力。保证破舱后船舶不沉性的主舱壁，作用在上面的载荷，应是量至舱壁甲板的水柱高度，载荷沿着高度方向线性分布并呈三角形或梯形分布。

对于液体舱壁，计算载荷取为隔壁是空舱时，该舱装液货所产生的静水压力应考虑作用于舱壁平面内的力。例如，船在坞中或下水时由船底板架传来的坞墩反力或下水架反力，这些力应根据船舶下水或进坞的计算资料确定。

2) 平面舱壁强度计算

平面舱壁承受横载荷时的强度计算，可以归结为舱壁扶强材的强度计算和舱壁板的强度计算。单甲板舱壁扶强材可视为单跨梁进行计算，多层甲板舱壁扶强材，如各层甲板的舱壁上下对齐，垂直布置的扶强材上下连接应视为连续梁进行计算。其端部固定情况，如船底和甲板均为横骨架式，扶强材在甲板和船底处是用肘板连接到横梁和肋板上。此时，扶强材下端可视为刚性固定，上端可视为弹性固定；如甲板和船底均非横骨架式，则扶强材末端作为弹性固定。

（1）扶强材的强度条件。当平面舱壁扶强材作为单跨梁进行计算时，在船底处可认为是刚性固定的，上端认为是弹性固定下端削斜者，两端都是弹性固定，见图 3-8、图 3-9。舱壁骨架的许用弯曲应力，可取为 176 N/mm²，对于高强度钢还应考虑材料系数的影响。

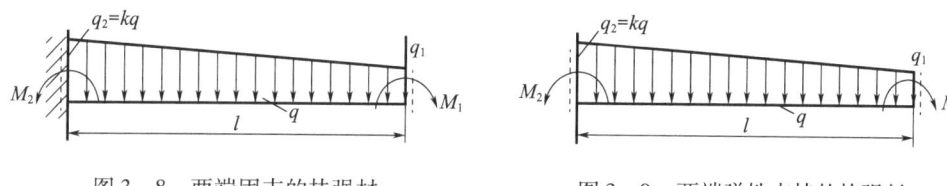

图 3-8　两端固支的扶强材　　　　图 3-9　两端弹性支持的扶强材

（2）舱壁板的强度条件。由扶强材支持的舱壁板，由于结构和载荷的对称性，变形呈筒形，故舱壁板可按端点固定的筒形弯曲计算。如果板条梁的跨度 b 与板的厚度 t 的比值不大于 60～70，则板可视为绝对刚性板，计算时不考虑平面应力的影响。

跨中应力可按下式计算：

$$\sigma = \frac{6k_5 p b^2}{t^2} \leqslant [\sigma] \tag{3-28}$$

式中：t——舱壁板厚度，mm；

b——扶强材间距，mm；

p——作用在舱壁上的计算压力，工程计算时可取均值，N/mm²；

$[\sigma]$——许用弯曲应力，$[\sigma]$ = 145 MPa，对于高强度钢还应考虑材料系数的影响。

（3）舱壁板的稳定性：

$$\sigma = \frac{6k_5 p b^2}{t^2} \leqslant \sigma_{cr} \tag{3-29}$$

$$\sigma_E = 0.9 K_C E \left(\frac{t_b}{1000 b}\right)^2 \tag{3-30}$$

式中：σ_E——计算所得的欧拉应力，若欧拉应力超过材料的比例极限，则必须对理论欧拉应力进行修正，N/mm²；

σ_{cr}——临界屈曲应力，N/mm²。

3）皱折舱壁强度计算

皱折舱壁的断面呈槽形或波形，这种结构形式在简化工艺和减轻重量等方面效果显著。近年来，一些大型散货船和液货船上采用的较多。

（1）皱折舱壁的几何要素。图3-10中各符号说明如下：

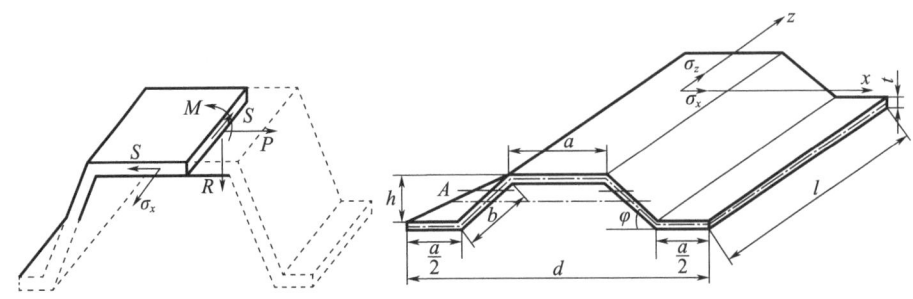

图3-10 皱折舱壁

d——波条宽度（未展开），mm；

h——波条高度，mm；

d_1——波条展开宽度，mm；

a——波条翼板宽度，mm；

φ——波条腹板与断面水平线的夹角，rad；

b——波条腹板长度，mm。

（2）皱折舱壁的强度计算。皱折舱壁的局部弯曲是将其化为单位宽度的折线板梁来进行计算的，在节点处是刚性支座，每个跨度分别等于相应组成板的宽度。这样一来，就可把上述折线梁当作支持在刚性支座上的连续梁进行计算，见图3-11。皱折舱壁的许用弯曲应力，可取为$[\sigma]=145\,\text{N/mm}^2$，对于高强度钢还应考虑材料系数的影响。

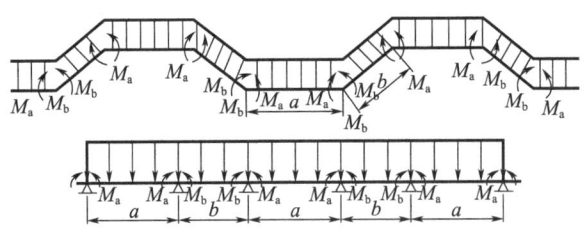

图3-11 皱折舱壁的计算模型

3.4 计算实例

试校核一化学品船船中区域甲板板架中板与纵骨的强度和稳定性。已知计算船长$L=108\,\text{m}$，型宽$B=18\,\text{m}$，型深$D=8.9\,\text{m}$，设计吃水$d=6.8\,\text{m}$，该化学品船甲板板架为纵骨架式，板格长边长度$a=2.8\,\text{m}$，短边长度$b=0.63\,\text{m}$，板厚$t=10\,\text{mm}$，纵骨尺寸为 HP180×40×9 钢材的弹性模量 $E = 2.06 \times 10^5 \text{ N/mm}^2$，对于普通结构钢钢板，沿船长方向 $[\sigma] = 110 \text{ MPa}$、船宽方向 $[\sigma] = 145 \text{ MPa}$；对于纵骨 $[\sigma] = 176 \text{ MPa}$。

【解】

1）强度校核

（1）计算压头。

根据《钢质海船入级规范》规定，构件上所受压力水头高度应不小于按下式计算所得之值，且应不小于 1.2 m，也不必大于 1.5 m：

$$h_0 = 1.2 + \frac{2}{1\,000}\left(\frac{100 + 3L}{D - d} - 150\right)$$

$$= 1.2 + \frac{2}{1\,000}\left(\frac{100 + 3 \times 108.0}{8.9 - 6.8} - 150\right)$$

$$= 1.3 \text{ (m)}$$

所以甲板上单位面积的压力：

$$p = 1.30 \times 10.25 = 1.34 \times 10^{-2} \text{ (N/mm}^2\text{)}$$

（2）计算甲板板架工作应力。

$$\sigma = \frac{6k_5 p b^2}{t^2}$$

$$= \frac{6 \times 5.7 \times 10^{-2} \times 1.34 \times 10^{-2} \times 630^2}{10^2}$$

$$= 18.19 \text{ (N/mm}^2\text{)}$$

所以，甲板板架满足强度要求。

（3）计算甲板纵骨工作应力。

甲板纵骨尺寸为 HP180×40×9，含带板的纵骨 $W = 191.23 \text{ cm}^3$，$A = 85.20 \text{ cm}^2$；对中和轴的惯性矩 $I = 2\,957.20 \text{ cm}^4$。则：

$$\sigma = \frac{pba^2}{12W}$$

$$= \frac{1.34 \times 10^{-2} \times 630 \times 2\,800^2}{12 \times 191\,230}$$

$$= 28.84 \text{ (N/mm}^2\text{)}$$

所以，甲板纵骨满足强度要求。

2）稳定性校核

（1）甲板板架。

$$\sigma = 18.19 < 30 \text{ (N/mm}^2\text{)}$$

所以,甲板板架满足稳定性要求。

(2) 甲板纵骨。

① 工作应力。

$$\sigma = 28.84 \text{ (N/mm}^2\text{)}$$

② 临界载荷。

$$\sigma_E = 0.001E\frac{I_a}{Al^2}$$

$$= 0.001 \times 2.06 \times 10^5 \times \frac{2\,957.20}{85.20 \times 2\,800^2}$$

$$= 911.99 \text{ (N/mm}^2\text{)}$$

$$\sigma_{cr} = \sigma_s\left(1 - \frac{\sigma_s}{4\sigma_E}\right)$$

$$= 235 \times \left(1 - \frac{235}{4 \times 911.99}\right)$$

$$= 219.86 \text{ (N/mm}^2\text{)}$$

因 $\sigma < \sigma_{cr}$,甲板纵骨满足稳定性要求。

第 4 章
船体纵向扭转强度

根据中国船级社《钢质海船入级规范》,凡符合下述任一条件的甲板开口均为大开口(图 4-1):

(1) $b/B_1 \geqslant 0.7$;

(2) $l_H/l_{BH} \geqslant 0.89$;

(3) $b/B_1 > 0.6$ 和 $l_H/l_{BH} > 0.7$。

式中:b——开口宽度,m,如有几个舱口并列,则 b 代表开口宽度之和,即 $b = b_1 + b_2$;

B_1——开口长度中点处包括开口在内的甲板最大宽度,m;

l_H——开口长度,m;

l_{BH}——舱口两端横向甲板条中心线之间的距离,m;如舱口前或后再无其他舱口时,则 l_{BH} 算到舱壁为止。

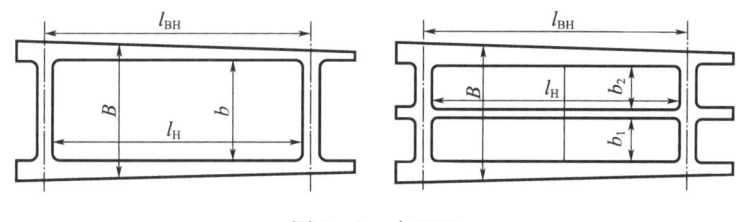

图 4-1 大开口

对属于上述规定的船舶,需进行纵向弯曲强度和纵向扭转强度校核。

4.1 船体纵向扭转强度的计算思路

通常货船结构并不需要考虑其纵向扭转强度,这是因为普通货船船体结构具有较强的抗扭性能,在满足纵向弯曲强度的条件下,扭转强度一般也

(视频:11-大开口船舶的条件)

能满足。但是，对于甲板上设计有大货舱开口的船舶，如集装箱船、矿砂船、某些多用途货船等，则必须考虑扭转强度。这是因为甲板上的大开口削弱了开口区域剖面的结构强度和刚度，使得这类船舶的纵向弯曲强度和纵向扭转强度处于同等重要的地位。船体局部强度的计算思路见图 4-2。

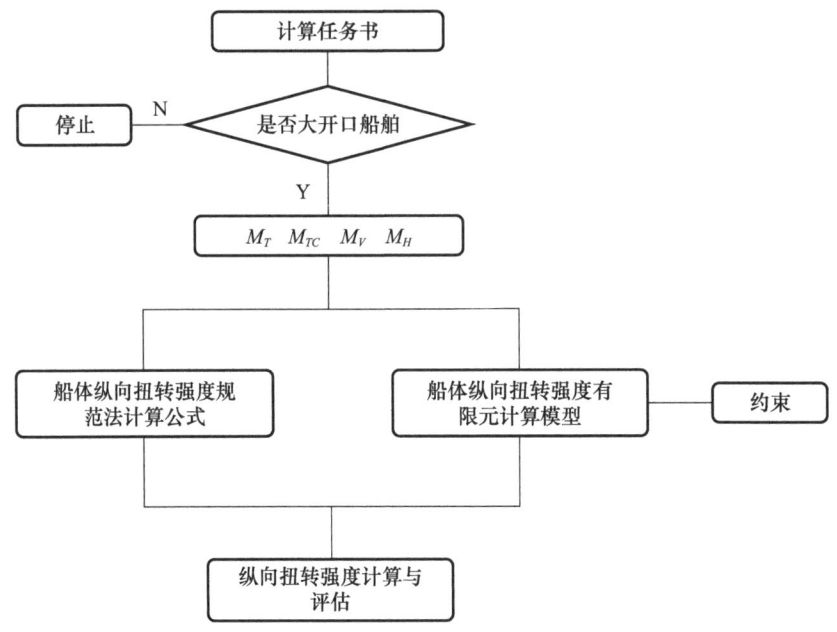

图 4-2　船体纵向扭转强度的计算思路

4.2　船体在斜浪中的波浪扭矩

船在斜浪中航行时，作用在船体左右两侧的波浪浮力不一致从而产生扭矩。

4.2.1　波浪扭矩产生的机理

波浪扭矩的发生与船和波浪的相对位置有关。当船航行的方向和波浪前进的方向之间有一角度 φ，φ 称为顶偏角，作用在船体左右两侧的波浪浮力不相等会形成扭转力矩，使船体沿其纵向发生扭转变形。

图 4-3 表示一艘船以顶偏角 φ 在斜浪中航行，假定船前进的速度在波浪传播方向的分速度与波浪前进的速度相等，且朝同一个方向，此时船与波浪处于相对静止状态。波长 λ 和船长 L 之间可建立如下关系：

$$\lambda = L\cos\varphi \tag{4-1}$$

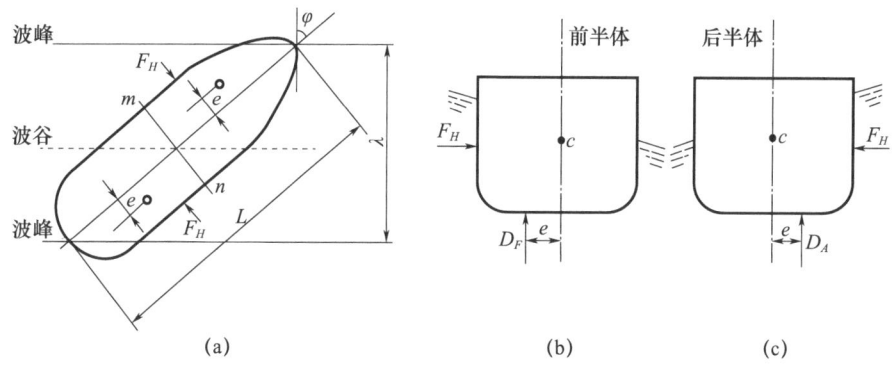

图 4-3 波浪扭矩发生机理

艏、艉位于波峰位置，船中位于波谷位置。当船舶在正浮状态时，其左右两舷的吃水是不相同的。船舶前半体左舷吃水要比右舷吃水大，见图 4-3（b）；船舶后半体左舷吃水要比右舷吃水小，见图 4-3（c）。前半体受到的浮力 D_F 作用在距船纵中剖面向左舷偏距离 e 处，e 的大小取决于船体左右两舷的吃水差，同时由左右两舷吃水差引起的横向力 F_H 作用在船体上，其方向自左舷指向右舷。后半体受到的浮

（视频：12-扭转船体微体的受力）

力 D_A 和横向力 F_H 与前半体正好相反。由前后半体吃水差引起的横向力 F_H 在船体各横剖面处将产生绕船体扭转轴的力矩，称为波浪扭转力矩，而其中以船中剖面处的扭转力矩为最大。

扭转中心简称为扭心。船体剖面在扭转力矩作用下发生扭转变形可以看作为剖面绕其扭心作微小角度的转动，因此，扭心的实际位置对于剖面扭矩的大小以及扭转变形的大小都起到重要影响。扭心位置与剖面的形状以及结构形式有关。扭心到基线的距离用 ε 表示，扭心在基线以下时 ε 为正，通常集装箱船的剖面 ε 为正，其值可达到 $5\sim7\mathrm{m}$。

4.2.2 波浪扭矩的理论表示

在船体梁坐标系中，取距尾端距离为 x 的剖面，其厚度为 $\mathrm{d}x$，见图 4-4。设单位长度船体的重力为 p，单位长度船体的浮力为 γu（γ 为水的密度，u 为单位长度船体的排水体积），因此作用在这微段剖面上的重力为 $p\mathrm{d}x$、浮力为 $\gamma u\mathrm{d}x$。因为船体置于

斜浪中，剖面左右两舷的吃水不等，所以重力 pdx 与浮力 γudx 不在同一条作用线上，相距为 e，并且作用在这微段剖面上的重力和浮力不相等，即 $pdx \neq \gamma udx$。

根据静力等效原理，可将作用在横剖面上的重力和浮力合并为一个力和力矩的组合。力 $(p - \gamma u)dx$ 垂直于静止的水面，力的作用线位于剖面对称中线，力矩 $\gamma uedx + fldx$，其中 f 为单位长度的横向力，将 f 沿船体纵向积分便是作用在船体上的横向力 F_H，力矩的方向由波面水线与船体剖面的相对倾斜位置确定。

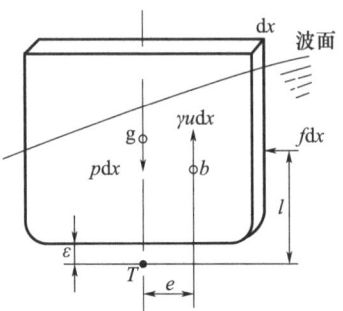

图 4-4 斜浪中的船体剖面浮力和重力

船舶静置于斜浪中，作用于船体的波浪垂向弯矩表示为：

$$M(x) = \int_0^x \int_0^x (p - \gamma u) dx dx = \int_0^x \int_0^x q(x) dx dx \quad (\text{kN} \cdot \text{m}) \tag{4-2}$$

作用于船体的扭矩表示为：

$$M_T(x) = \int_0^x (\gamma ue + fl) dx \quad (\text{kN} \cdot \text{m}) \tag{4-3}$$

对于扭矩 $M_T(x)$ 曲线也应满足船体梁力学封闭性，即艏、艉两端的扭矩为零：

$$M_T(0) = M_T(T) \tag{4-4}$$

4.2.3 波浪扭矩计算的标准状态

计算波浪扭矩时，需按如下规定的标准状态进行。

（1）船体处于直立状态，即处于静水时的正浮状态。
（2）波浪前进方向与船舶航行方向夹角 $\varphi = 45°$。
（3）波浪以坦谷波形计算，其有效波长等于船长，即 $\lambda/\cos 45° = \sqrt{2}\lambda = L$，波高 $h = \lambda/20$。
（4）船与波的相对位置是把船静置于斜浪中，以波峰或波谷在船中作为两种计算状态。

要说明的是，计算标准状态是为了进行强度比较而规定的，并不一定就是实际情况的极端状态。试验表明，在斜浪中当 $\varphi \approx 60°$ 时，波浪扭矩最大；规定取 $\varphi \approx 45°$，是一种近似的扭矩最大状态。

4.2.4 斜浪波浪扭矩的规范计算

1) 沿船长任一剖面处的水动力扭矩 $M_T(x)$

中国船级社《钢质海船入级规范》对集装箱船沿船长任一剖面处波浪扭矩的计算

公式为（图 4-5）：

$$M_T(x) = 9.81e^{-0.00295L}\frac{LB^3C_T}{20000}\left(1.75 + 1.5\frac{\varepsilon}{D}\right)\left(1 - \cos\frac{2\pi}{L}x\right) \text{ (kN·m)} \quad (4-5)$$

式中：$e = 2.7183$（自然对数底数）；

　　　L——计算船长，m；

　　　B——型宽，m；

　　　D——型深，m；

　　　$C_T = 13.2 - 43.4C_W + 78.9C_W^2$，其中 C_W 为水线面系数，此值不必大于 $0.165 + 0.95C_b$（C_b 为方形系数）；

　　　ε——从基线以下的剪切中心至船基线的距离，m；

　　　x——从任一剖面至艉垂线的距离，m。

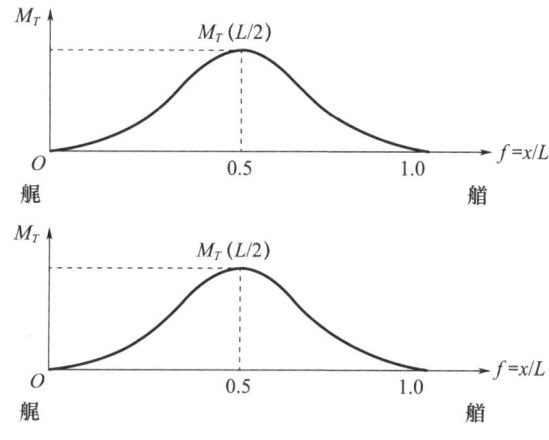

图 4-5　波浪扭矩的分布

2）货物扭矩

货物扭矩是由于货物重量、消耗品或压载的横向分布不均匀所引起的。如无其他指定装载情况，在船中剖面处的货物扭矩 M_{TC}，按式（4-6）计算：

$$M_{TC} = 15.7Bn_Bn_t \text{ (kN·m)} \quad (4-6)$$

式中：B——型宽，m；

　　　n_B——在船中部货舱内沿船宽方向的集装箱行数；

　　　n_t——在船中部货舱内的集装箱层数，不包括甲板上和舱口盖上的集装箱。

在船长两端处的 M_{TC} 为零，沿船长的 M_{TC} 为由船中向两端按直线分布。

4.2.5　斜浪波浪弯矩的规范计算

当船静置于斜浪中时，由于船体左右两部分浮力不均匀产生扭转力矩外，船在斜浪中的纵向波浪弯矩将由垂向波浪弯矩和水平波浪弯矩两部分组成。

引起船体纵向水平弯矩的原因是，在斜浪中船体左右两舷吃水差产生横向力 F_H 以及舷外海水阻止船体横移的水阻力 R_H 沿船长方向分布不均衡，使船体产生纵向水平弯曲，如图 4-6 所示。纵向水平弯矩在船中附近达到最大值，并向艏艉两端逐渐减小，在艏艉两端水平弯矩为零。

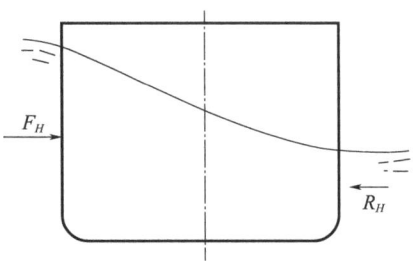

图 4-6 纵向水平弯曲

《钢质海船入级规范》对集装箱船在斜浪中的波浪弯矩给出了相应的计算公式。

1) 垂向波浪弯矩 M_V

$$M_V = 9.81 MKFL^2 B(C_b + 0.7) \times 10^{-2} \quad (\text{kN} \cdot \text{m}) \tag{4-7}$$

式中：L——计算船长，m；

　　　B——型宽，m；

　　　M——弯矩分配系数；

　　　C_b——方形系数，但不小于 0.6；

$$K = 4.47 \left(\frac{L}{1000} - 0.230 \right)^2 + 0.817 ;$$

F——系数，按下列各式计算：

$$F = \begin{cases} 9.4 - 0.95 \left(\dfrac{300 - L}{100} \right)^{3/2} & (L \leqslant 300 \text{ m}) \\ 9.4 & (300 \text{ m} < L < 350 \text{ m}) \\ 9.4 - 0.45 \left(\dfrac{L - 350}{100} \right)^{3/2} & (350 \text{ m} \leqslant L \leqslant 500 \text{ m}) \end{cases}$$

垂向波浪弯矩在船中 $0.4L \sim 0.65L$ 区域最大，并以直线分布形式向艏艉递减，至艏艉两端为零，见图 4-7。

2) 船中处最大水平波浪弯矩 M_H

$$M_H = 0.431 L^2 B \quad (\text{kN} \cdot \text{m}) \tag{4-8}$$

水平波浪弯矩在船中处达到最大值，并以直线分布形式向艏艉递减，至艏艉两端为零，见图 4-8。

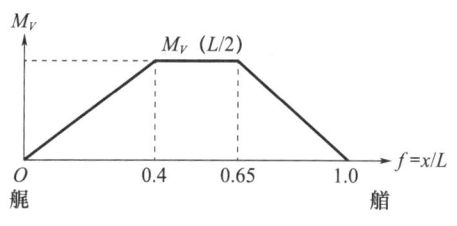

图4-7 垂向波浪弯矩的分布

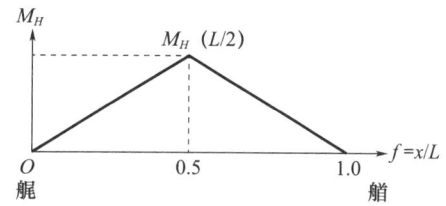

图4-8 水平波浪弯矩的分布

4.3 甲板具有长大开口的船体扭转变形

4.3.1 自由扭转变形和翘曲变形

在分析船体扭转时，需将船体看作薄壁梁，这时船体的甲板和外板看作中空梁的薄壁。根据薄壁梁扭转理论，扭转变形包含两种成分：一种称为自由扭转变形；另一种称为约束扭转变形。

自由扭转是薄壁梁的各个剖面分别绕其各自的扭心转动，剖面与剖面之间并不发生相互影响，因此，剖面间在转动后仍保持相互平行且垂直转动的轴线。由于沿着梁长度方向各个剖面的扭矩不一样，则各个剖面转过的角度不相等，从而引起整个梁的扭转变形。自由扭转变形，自梁的端点为零开始逐渐增大，到梁的中点处变形最大。

约束扭转时薄壁梁的端部存在约束，梁的剖面在转动时由于受到来自端部的限制而发生弯曲，这时各个剖面之间不但有相对的转动，而且发生相对位置的改变，从而整个船体发生歪斜变形。

在约束扭转变形中，离开约束端越远，船体发生的变形越大。约束扭转也称为翘曲。薄壁梁的自由扭转会在其剖面内产生剪切应力 τ_T，而翘曲不但产生剪切应力 τ_W，而且还会产生翘曲正应力 σ_W。

将船体看作薄壁的船体梁。取船长的中点为 x 坐标轴的原点，x 轴的正向指向艏，在外界扭转力矩作用下，船体梁扭转变形的力学方程可表示为：

$$GJ\frac{\mathrm{d}\varphi}{\mathrm{d}x} - EJ_W\frac{\mathrm{d}^3\varphi}{\mathrm{d}x^3} = M_{TS} \qquad (4-9)$$

式中：G——材料的剪切弹性模量，一般可取 $G = 8 \times 10^4 \text{ N/mm}^2$；

J——剖面自由扭转惯性矩，mm^4；

φ——剖面的相对扭转角，rad；

$\dfrac{\mathrm{d}\varphi}{\mathrm{d}x}$——单位长度的相对扭转角，也称为扭率，rad/m；

E——材料的拉压弹性模量，一般可取 $E = 2.06 \times 10^5 \text{ N/mm}^2$；

J_W——剖面的扇形惯性矩，mm^4；

M_{TS}——作用在薄壁船体梁上扭转外力矩的总和，$\text{kN} \cdot \text{m}$。

方程式（4-9）中的第一项表示为自由扭转的扭矩，第二项表示为使船体梁发生翘曲的扭矩，这两个扭矩之和应与外界的扭转力矩平衡，因此式（4-9）是力矩平衡方程式。

（视频：13-船体扭矩）

4.3.2 剖面扭转惯性矩计算

图 4-9 是一个计算剖面自由扭转惯性矩的模型，按照这个计算模型建立起来的计算公式，可以用来计算各种剖面结构形状的剖面自由扭转惯性矩，包括单壳船体和双壳船体。

1）剖面自由扭转惯性矩 J

$$J = \frac{1}{3}(Bt_b^3 + 2Dt_s^3 + 2Ct_d^3) \quad (\text{cm}^4) \tag{4-10}$$

式中：B——船体包括两舷侧板厚的实际宽度，m；

D——船体包括甲板板板厚和船底板板厚的实际型深，m；

C——甲板边板的宽度，m；

t_b——舷底板的板厚，mm；

t_s——舷侧板的板厚，mm；

t_d——甲板板的板厚，mm。

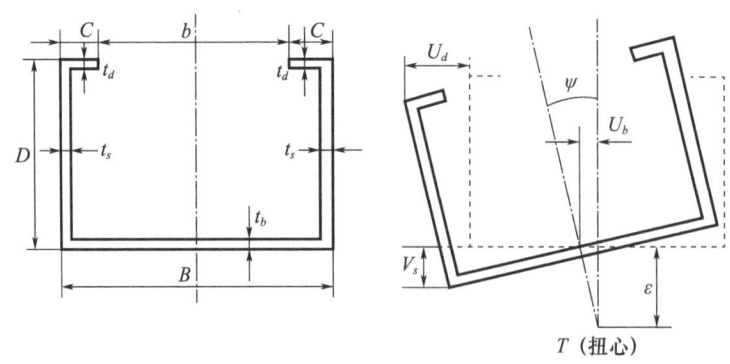

图 4-9　剖面自由扭转

2) 剖面的扇形惯性矩 J_W

$$J_W = \varepsilon^2 I_b + \frac{1}{2}B^2 \bar{I}_s + 2(D+\varepsilon)^2 \bar{I}_d \quad (\text{cm}^6) \quad (4-11)$$

式中：$I_b = \frac{1}{12}B^3 t_b$

$\bar{I}_s = I_s + \left(\frac{1}{2}D - \varepsilon\right)^2 A_s$，其中 $I_s = \frac{1}{12}D^3 t_s$，$A_s = D t_s$

$\bar{I}_d = I_d + \frac{B(D-\varepsilon)^2}{2(D+\varepsilon)} A_d$，其中 $I_d = \frac{1}{12}C^3 t_d$，$A_d = C t_d$

3) 剖面扭心 T 离船底基线的距离 ε

$$\varepsilon = \frac{B^2 D A_s + 2D(B^2 - C^2)A_d - 8D I_d}{2[B^2 A_s + (B-C)^2 A_d + 2I_b + 4I_d]} \quad (4-12)$$

下面是《船舶实用设计手册（结构分册）》中关于集装箱船假定成薄壁杆的计算公式：

（1）双底单舷侧结构。

$$\varepsilon = \frac{B^2 D A_s + 2D(B^2 - C^2)A_d - 8D I_d}{2[B^2 A_s + (B-C)^2 A_d + 2I_b + 4I_d]} \quad (4-13)$$

$$C = \frac{4GA^2}{\sum (b/t)} \quad (4-14)$$

$$\Gamma = \frac{E}{2}\left\{B^2(h^2 A_s + I_s) + 4D^2\left[\left(\frac{B+C}{2}\right)^2 A_d + I_d\right] - \varepsilon[B^2 h A_s + (B^2 + C^2)D A_d - 4D I_d]\right\}$$

$$(4-15)$$

式中：A_s，A_d——分别为舷侧外板和甲板（一舷）的剖面面积，cm^2；

I_s，I_d——分别为舷侧外板和甲板（一舷）在其平面内弯曲时对剖面中和轴的惯性矩，cm^4；

I_b——船底板及内底板在其平面内弯曲时对剖面中和轴的惯性矩，cm^4；

A——图中斜剖线阴影部分的剖面面积，cm^2；

$\Sigma(b/t)$——剖面中各板宽与板厚之比的总和；

N—N——船中剖面的水平中和轴。

（2）双壳结构。

$$\varepsilon = \frac{BhA_s}{B^2 A_s + 2I_b} \quad (4-16)$$

$$\Gamma = \frac{E}{2}[B^2(h^2 A_s + I_s) - \varepsilon B^2 h A_s] \quad (4-17)$$

扭转刚度 C 值按式（4-14）计算。上述各式中的 A_s，I_s 应计及纵舱壁和甲板板架。其他符号如图 4-10 所示。

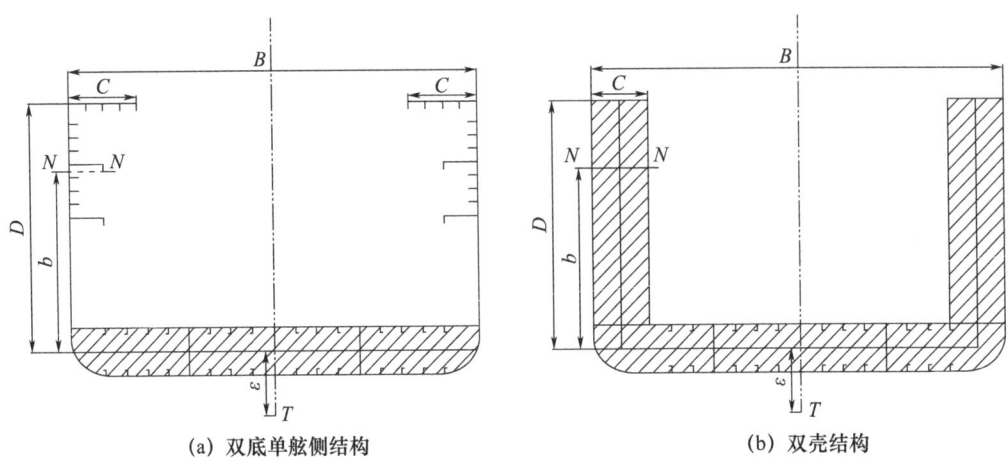

图 4-10　各符号示意

4.4　弯扭组合的合成正应力

《钢质海船入级规范》对集装箱船的各个正应力成分（翘曲产生的正应力除外）都给出了相应的计算式，这些公式可供其他甲板具有大开口的船舶参考使用。下面将列出正应力各成分的计算式和许用标准。

4.4.1　静水弯矩 M_S 产生的正应力

$$\sigma_S = \frac{M_S}{W_V} \times 10^3 \ (\text{N/mm}^2) \tag{4-18}$$

式中：M_S——作用在船体横剖面上的静水弯矩，kN·m；

　　　W_V——甲板处或船底处的垂向弯曲剖面模数，cm³；

计算所得的 σ_S 值在甲板和船底板处均不得大于 $88/K_L$，N/mm²，其中 K_L 为材料系数。

4.4.2　船舶处于迎浪状态时的垂向合成弯曲应力

$$\sigma_C = \frac{M_S + M_V}{W_V} \times 10^3 \ (\text{N/mm}^2) \tag{4-19}$$

在强力甲板处的许用垂向合成弯曲应力 σ_C，$[\sigma_C]$ 为 $157/K_L$，N/mm²，其中 K_L 为

材料系数；在龙骨处的许用垂向合成弯曲应力 $[\sigma_C]$ 为 $150/K_L$，N/mm^2，其中 K_L 为材料系数。

4.4.3 船舶处于斜浪状态时的合成应力

1) 垂向弯曲合成应力 σ_C

$$\sigma_C = \frac{M_S + 0.6M_V}{W_V} \times 10^3 \quad (N/mm^2) \qquad (4-20)$$

2) 水平弯曲应力 σ_H

按下式计算，在舱口长度范围内，甲板内缘和双壳体的内壳上缘各点的值：

$$\sigma_H = \frac{ZM_H}{I_H} \times 10^3 \quad (N/mm^2) \qquad (4-21)$$

式中：M_H——水平波浪弯矩，$kN \cdot m$；

Z——计算点距横剖面中心线的水平距离，m；

I_H——水平惯性矩，cm^4。

3) 翘曲正应力 σ_W

由水动力扭矩 M_T 及货物扭矩 M_{TC} 所产生的翘曲正应力。

在强力甲板处和船底处的许用合成应力均为 $157/K_L$，N/mm^2，其中 K_L 为材料系数。

4.5 计算实例

例：有一集装箱船，计算船长为 108 m，型宽为 18 m，型深为 8.9 m，$C_b = 0.6906$，$C_w = 0.806$，其船中剖面见图 4-11，各处构件尺寸如图所示。试求集装箱船中剖面波浪扭矩及沿船长分布的波浪垂向弯矩和波浪水平弯矩。

【解】

剖面扭心 T 离船底基线的距离 ε，按下式计算：

$$\varepsilon = \frac{B^2 D A_s + 2D(B^2 - C^2)A_d - 8DI_d}{2[B^2 A_s + (B-C)^2 A_d + 2I_b + 4I_d]} \quad (m)$$

式中：$I_b = \frac{1}{12}B^3 t_b$，$A_s = Dt_s$，$I_d = \frac{1}{12}C^3 t_d$，$A_d = Ct_d$

B——船体包括两舷侧板板厚的实际宽度，m；

D——船体包括甲板板厚和船底板板厚的实际型深，m；

C——甲板边板的宽度，m；
t_b——舷底板的板厚，mm；
t_s——侧板的板厚，mm；
t_d——甲板的板厚，mm。

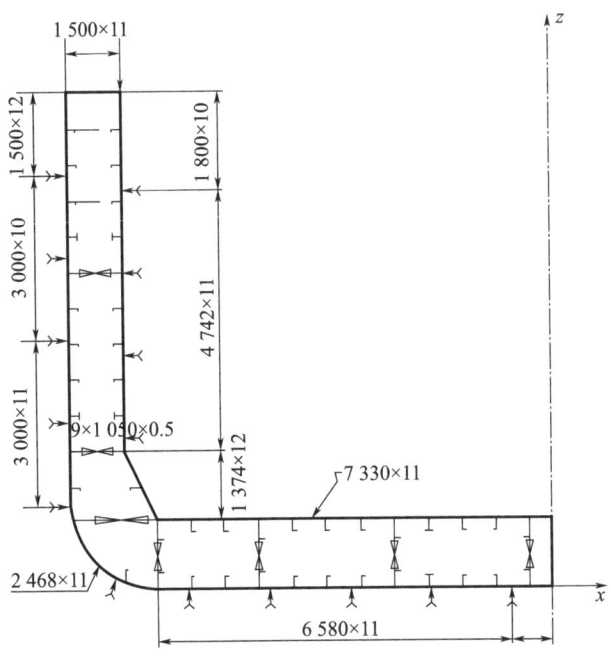

图 4-11 船中剖面

根据题意，$B=18\text{m}$，$D=8.9\text{m}$，$C=1.5\text{m}$，$t_b=11\text{mm}$，$t_s=10\text{mm}$，$t_d=11\text{mm}$，则：

$$I_b = \frac{1}{12}B^3 t_b = 5.346 \text{ (m}^4\text{)}$$

$$A_s = Dt_s = 0.089 \text{ (m}^2\text{)}$$

$$I_d = \frac{1}{12}C^3 t_d = 0.003 \text{ (m}^4\text{)}$$

$$A_d = Ct_d = 0.017 \text{ (m}^2\text{)}$$

所以，计算可得该剖面从船基线以下的剪切中心至船基线的距离为：

$$\varepsilon = \frac{B^2 D A_s + 2D(B^2 - C^2)A_d - 8DI_d}{2[B^2 A_s + (B-C)^2 A_d + 2I_b + 4I_d]} = 3985.00 \text{ (mm)}$$

1）船中剖面波浪扭矩

根据 CCS《钢质海船入级规范》规定，集装箱船沿船长任一剖面处的波浪扭矩的计算公式为：

$$M_T(x) = 9.81e^{-0.00295L}\frac{LB^3C_T}{20\,000}\left(1.75 + 1.5\frac{\varepsilon}{D}\right)\left(1 - \cos\frac{2\pi}{L}x\right) \quad (\text{kN}\cdot\text{m})$$

式中：$e = 2.7183$（自然对数底数）；

　　　L——计算船长，m；

　　　B——型宽，m；

　　　D——型深，m；

　　　$C_T = 13.2 - 43.4C_W + 78.9C_W^2$，其中 C_W 为水线面系数，此值不必大于 $0.165 + 0.95C_b$（C_b 为方形系数）；

　　　ε——从基线以下的剪切中心至船基线的距离，m；

　　　x——从任一剖面至艉垂线的距离，m。

所以，集装箱船中剖面波浪扭矩为（图 4 – 12）：

$$M_T\left(\frac{L}{2}\right) = 32\,189.89 \quad (\text{kN}\cdot\text{m})$$

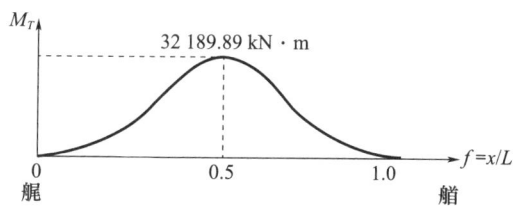

图 4 – 12　波浪扭矩

2）波浪垂向弯矩

$$M_V = 9.81MKFL^2B(C_b + 0.7) \times 10^{-2} \quad (\text{kN}\cdot\text{m})$$

式中：L——计算船长，m；

　　　B——型宽，m；

　　　M——弯矩分系数；

　　　C_b——方形系数，但不小于 0.6；

$$K = 4.47\left(\frac{L}{1000} - 0.230\right)^2 + 0.817 = 0.884$$

　　　F——系数，

$$F = 9.4 - 0.95\left(\frac{300 - L}{100}\right)^{3/2} = 6.873$$

所以，集装箱船中波浪垂向弯矩为（图 4 – 13）：

$$M_V\left(\frac{L}{2}\right) = 173\,913.70 \quad (\text{kN}\cdot\text{m})$$

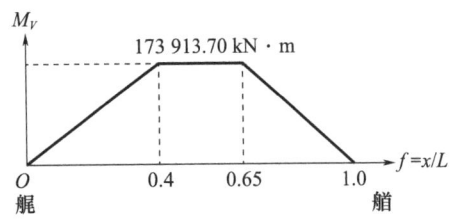

图 4-13 波浪垂向弯矩

3) 波浪水平弯矩

船中处最大水平波浪弯矩为：

$$M_H = 0.431L^2B \quad (kN \cdot m)$$

式中：L——计算船长，m；

B——型宽，m。

所以，集装箱船中波浪水平弯矩为（图 4-14）：

$$M_H(L/2) = 90489.31 \quad (kN \cdot m)$$

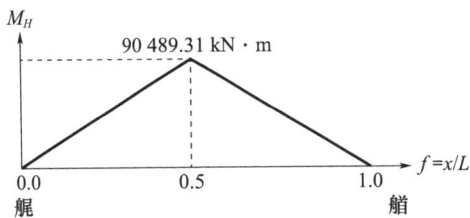

图 4-14 波浪水平弯矩

第 5 章
船体结构规范法设计

18世纪40年代以前,所有船舶都凭经验建造,实际运行中遭受了巨大的损失。后来,通过对建造实践和航行经验的总结与提高,逐渐形成了造船所应遵循的规范。规定建造规范的初步措施是俄罗斯政治家彼得大帝作出的,他于1723年颁布了《"关于按照新的船样建造河船"条例》。随着产业革命的兴起,贸易也发达起来,船舶建造越来越多,轮船保险商感到各船舶的吨位、建造日期、建造材料及船舶所有人等资料有集中的必要。于是,1760年成立了世界上第一个船级社——英国劳氏船级社,此后各航运事业发达的国家也都相继成立了船级社。起初,船级社的主要工作是对船舶登记注册,记载有关入级船舶的船体和轮机状况。直到1835年才出现第一本英国劳氏船级社颁布的《建造规范》,适用于170英尺长、100吨左右的木船,结构尺寸按吨位数字决定。随着造船材料、构件连接方式及船体强度理论的发展,于1855年和1888年相继出现了《铁船规范》《钢船规范》。

目前,世界上船级社很多,其中比较重要的有:中国船级社(CCS)、美国船检局(ABS)、英国劳氏船级社(LR)、挪威-德国劳氏船级社(DNV-GL)、日本海事协会(NK)、法国船级社(BV)、挪威船级社(DNV)、意大利船级社(RINA)、俄罗斯船舶登记局(RS)。

各国船级社都是非官方机构,船级社提供规范、审图、监造等各种服务,并允许船舶正式"入级",给所登记的船舶办理各种国际协定所要求的证书;此外,还对使用中的船舶做定期检查,以确定这些船舶是否仍保持在"级"内。各主要船级社在世界各地都有办事处,船级社代表几乎遍布世界各港口。

5.1 规范法设计的基本思路

5.1.1 规范设计步骤

规范设计法:根据船舶主尺度和结构形式及各种营运、施工要求,按船级社制定的船舶建造规范的有关规定，决定构件的布置与尺度，再进行总纵强度与局部强度、结构稳定性等校核。若有不合理之处，则修改原设计方案或按要求局部加强结构，重复校核，直至满足。但是规范中的简化公式未能充分考虑结构的详细应力分布、边界条件或结构布置，而为了获得较合理的构件尺寸，所以在规范中也规定了直接计算法，特别是超出规范适用范围的大型船舶和特殊船舶。

按规范进行结构设计的一般流程如图5-1所示。首先，根据对母型船的调查研究和所设计船的特殊要求、航行区域和船舶用途，分析设计船的船体强度要求，选择合适的建造规范。然后，根据型线图和总布置图，绘制船中剖面图、基本结构图和肋骨线型图等草图，并进行结构构件的初步布置。最后，按规范计算船体主要构件的尺寸，边计算、边绘图、边完善初始的结构布置方案。

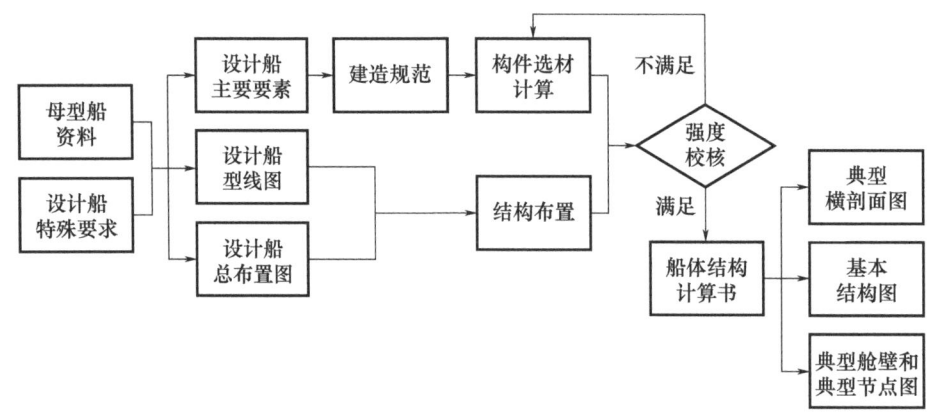

图5-1 规范法设计的基本思路

确定结构尺寸的一般顺序是：首先，选择合适的结构型式，确定肋骨间距。然后，可按外板、甲板、船底骨架、舷侧骨架、甲板骨架及支柱、舱壁、艏艉柱、艏艉结构、上层建筑及甲板室、机炉座、总纵强度校核等顺序，依照规范公式进行计算，并最后选定结构尺寸。

此外，规范规定的尺寸是保证船舶安全可靠的最低标准，最后选定的尺寸还要根据船舶的实际使用要求而适当调整。首先，要选择合适的船级社规范，确定肋骨间距、纵骨间距和强框架间距。

（视频：14-规范设计法设计步骤）

5.1.2 建造规范的选用

如今规范的种类繁多，按船舶的航行区域有：钢质海船入级规范和内河、湖泊船舶建造规范；按船舶类型有：商船、渔船、水翼船、气垫船、超高速船、军舰等建造规范或规则。因此，在结构设计之前，首先要根据设计船的建造材料、航行区域及船舶用途等选择合适规范。

规范一经确定，还要检验所设计船是否满足该规范的适用范围。规范是船舶建造经验和航行经验的总结，即当人们对船在海上受到的外力不完全了解的情况下，衡量船舶可靠性的唯一准则是把要衡准的船舶与已在航运中经过实践考验的同类船相比较。因此，现有规范不可能脱离已有的造船实践，这也是应用现有规范的最大局限性。

一般规范都在船型、船舶尺度与主要尺度比值和船型及船体结构的型式等方面规定了规范的适用范围。CCS《钢质海船入级规范》[11]中规定：

（1）规范不适用于军船、木质船、非营业性游艇、高速船、小水线面船、帆船和船长20 m以下的船舶；

（2）在总纵强度计算中，船型适用的主尺度比值范围为：$L/B > 5$、$B/D \leqslant 2.5$ 及 $C_b \geqslant 0.6$。关于船舶主要尺度的量度，各规范都有严格的定义；

（3）对于不满足条件（2）的船舶，总纵强度应予以特殊考虑，并应将相关的材料提交CCS审批。

同时，L/D 值也是衡量船体梁刚性的一个粗略量度，在允许范围内，一般来说，船体结构的强度与刚度具有良好的配合。至于 B/D 值的值，一般反映船体结构的横向强度，若 B/D 值超过规范的范围，则要特别留意横向强度的保证。

5.1.3 结构布置的一般原则

结构合理布置，将直接影响船体结构的强度、重量及工艺性等，必须高度重视。

1）结构的整体性原则

结构设计时，首先应遵循的基本原则：有关构件应布置在同一平面内，以组成封闭的整体框架结构来共同承受载荷的作用。例如，甲板纵桁—横舱壁竖桁—内龙骨或底纵桁，甲板纵骨—横舱壁垂直扶强材—内底纵骨—船底纵骨，肋板—肋骨—横梁，舷侧纵桁—横舱壁水平桁—纵舱壁水平桁等。

2）受力的均匀性和有效传递原则

结构构件的布置要尽可能均匀，以避免构件规格太多或是造成材料浪费。此外，结构应保证某一构件承受外力后，能有效地将力传递到邻近的构件上，以避免某一构件单独承受外力。例如，支柱的上、下端应固定在纵横强骨架交叉的节点上，并且上、下支柱应尽可能布置在同一垂直线上，使支柱所承受的力能有效地传递给甲板及船底结构。当甲板或船底为纵骨架式时，舷侧普通肋骨的端部应以肘板与邻近的甲板横梁及船底肋板相连；当舷侧采用普通肋骨与强肋骨的交替建造时，一般应设舷侧纵桁，使普通肋骨承受的载荷，能通过舷侧纵桁传递给强肋骨。

3) 结构的连续性和减少应力集中原则

构件的布置应力求保证其连续性，尽可能地避免构件突然中断。必须保证尽可能多的主要纵向构件连续贯通至艏和艉，如有困难，纵向强骨架应中断在横舱壁或横向强骨架上，并在横舱壁的另一边，设置至少延伸两个肋距的肘板。在同一船体横剖面内，不允许有超过 1/3 的甲板纵骨或船底纵骨中断；也不允许有大于两根的甲板或船底纵向强骨架中断；纵向构件中断的剖面彼此至少相距两个肋距；并要特别注意在大开口处的船体剖面上和高度应力集中的区域，绝对不允许中断船体纵向构件。在艏和艉由纵骨架式向横骨架式应逐渐过渡。

为减少应力集中，所有船体构件的剖面形状应有平顺的过渡。例如，在甲板、平台、内底板、纵舱壁间断处，应装设肘板或其他结构使剖面应力逐渐消失；骨架梁腹板高度变化时，应有一过渡区，该区段的长度一般应不小于相邻腹板高度差的 5 倍。

4) 局部加强原则

在设计过程中，对那些使用中要承受较大局部载荷的结构则进行适当的局部加强。例如，艏承受波浪砰击区域及艉部承受螺旋桨工作时，水动压力处的结构及船上吊杆、桅杆、救生艇架、系缆桩、炮座等与船体相连接处的结构，以及航行冰区的船舶承受冰块挤压和撞击区域的结构，均应做适当的加强。

5) 一些基本规定

各规范对结构布置都有一些具体规定，规定了船体主要结构的布置原则要求。例如，水密舱壁的布置，防撞舱壁的布置，艉尖舱及机器处所的舱壁和艉管的布置，水密舱壁和内部甲板上的开口、围壁通道的布置和水密性，舱壁甲板/干舷甲板以下外板上的开口和水密性，其他开口及其关闭装置，双层底（除液货船外）的布置，隔离舱的布置，艏部干舷甲板及防撞舱壁前舱室的布置，等等，具体详见《钢质海船入级规范》中的描述。

5.1.4 船体构件设计通则

1) 一般要求

(1) 除规范另有规定外,规范内所要求的构件剖面模数和惯性矩均为连同带板的最小要求值,且假定带板是与构件的腹板相垂直的。当构件的腹板与带板不垂直,且其腹板与带板的夹角小于75°时,其剖面特征(惯性矩、剖面模数和剪切面积)应相对于与带板平行的轴进行计算。当构件为轧制型材时,其实际剖面模数可按下式近似地确定:$W = W' \sin\alpha$,W'为假定构件的腹板垂直于带板时的构件实际剖面模数,α为构件的腹板与带板之间的夹角。

(2) 规范内所规定的各种构件,除另有规定外,不应任意开孔。

(3) 仅规定船中部及船端的构件尺寸时,则中间区域的构件尺寸应予逐渐变化。构件中断处,应有良好的过渡。

(4) 规范内各表列数值,除另有规定外,其中间值均可用内插法求得。

(5) 考虑到商品化的船用板材、轧制型材是尺寸不连续的产品系列,为了在保证结构强度的前提下提供经济、合理的结构要求,在根据规范内所要求的构件尺寸选取钢材产品时,其舍入容差按下述原则确定。

① 规范要求的板材厚度,如小于或等于 0.25 mm 可予不计;大于 0.25 mm 且小于 0.75 mm 时,应取为 0.5 mm;大于或等于 0.75 mm 时,应进为 1.0 mm。

② 对于采用轧制型材的构件,其包括有效带板的剖面模数可比规范要求的值小 3%。

③ 对于同一区域、位置相邻的一组采用轧制型材的同类构件,在建造中选用相同尺寸时,其包括有效带板的剖面模数应不小于该组各单独构件规范要求值的平均值,但这一平均值应不小于该组中单个构件最大规范要求值的 95%。

④ 上述原则②和原则③不可同时使用。

(6) 除规范另有规定外,规范内所规定的各种构件尺寸均系最小值。在营运中腐蚀和磨耗较严重的部分构件,设计时可适当增厚。

(7) 对于在使用中可能经常承受靠泊、顶推或拖带等外力的局部构件,应做适当的加强。

(8) 除规范另有规定外,按规范计算的船体构件已包含腐蚀余量。

2) 构件的带板

(1) 主要构件带板的有效剖面积 A 应按下列各式确定,但取值不小于面板剖面积。

① 安装在平板上:$A = 10 f b t_p$ (cm²)。

② 安装在槽形板上且与槽形平行：$A = 10at$（cm^2）。

③ 安装在槽形板上且与槽形呈直角：$A = 10b_f t_f$（cm^2）。

式中：f——系数，$f = 0.3(l/b)^{2/3}$，但不大于 1；

　　　b——主要构件所支承面板的平均宽度，m；

　　　l——主要构件所支承面板的长度，m；

　　　t_p——带板的平均厚度，mm；

　　　b_f——主要构件面板宽度，m；

　　　t_f——主要构件面板厚度，mm；

　　　a——槽形板平面部分的宽度，m；

　　　t——槽形板厚度，mm。

（视频：15 - 带板宽度）

(2) 次要构件的带板宽度，取为 1 个骨材间距。

3）构件的跨距点

(1) 除规范另有规定外，计算构件所取的计算跨距均为跨距点之间的有效跨距。

(2) 重要构件的跨距点应取距离构件末端为 b_e 的点（图 5-2）：

$$b_e = b_b\left(1 - \frac{d_w}{d_b}\right) \tag{5-1}$$

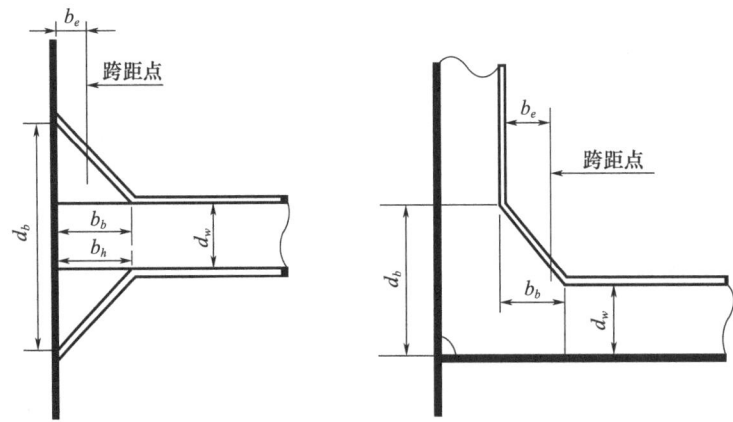

图 5-2　重要构件跨距点的选择

(3) 次要构件的跨距点，当设置端部肘板时，如图 5-3（a）所示；当不设置端部肘板时，跨距点取在该构件的端部，如图 5-3（b）所示。

(4) 当构件相对于垂向或水平轴向倾斜超过 10°时，其跨距应沿着构件量取。

(5) 如构件两端的支撑结构不能有效地防止转动和移动，则构件使用的有效跨距应另行考虑。

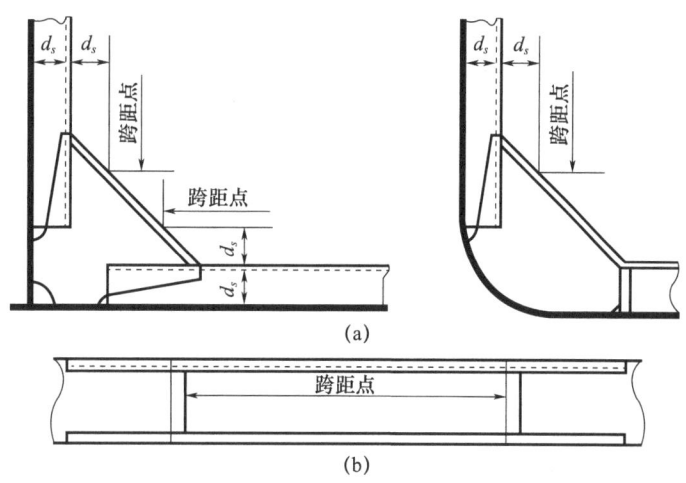

图 5-3　次要构件跨距点的选择

4）结构细则

(1) 主要构件的布置，应确保结构的有效连续性，避免剖面或高度的突然变化。当构件在舱壁或其他主要构件的两侧对接时，应保证其位置在同一直线上。液舱内的主要构件应构成一个连续性的支撑，并尽可能构成一个完整的环形框架。环形框架的接合处应做成具有足够半径的圆角。一般圆角半径应不小于邻接构件的腹板高度。

(2) 主要构件的腹板厚度 t_w 应小于 $0.01S_W$（mm），其中 S_W 为腹板上的水平扶强材间距或无扶强的腹板高度（mm）；在干货舱内 t_w 应不小于 7 mm，在液体舱内应不小于 8 mm；对船长小于 60 m 的船舶可减小 1 mm，对船长小于 40 m 的船舶可减小 2 mm。

(3) 主要构件面板的剖面积 A_f 一般应不超过 $d_w t_w/150$（cm²），其中 d_w 为腹板的高度（mm），t_w 为腹板的厚度（mm）。

(4) 主要构件应设置防倾肘板。当主要构件为对称剖面时，应每 4 个骨材间距设置 1 个防倾肘板；当主要构件为非对称剖面时，应每隔 1 根骨材间距设置 1 个防倾肘板；主要构件承受集中载荷处也应设置防倾肘板；在主要构件端肘板的趾端处，如腹板高度与其厚度之比大于 55 时，也应设置防倾肘板或加强筋。

防倾肘板的高度应伸至主要构件的面板，宽度应不小于其高度的 40%；当主要构件的面板或折边无支撑的宽度超过 15t（t 为主要构件面板的厚度）时，防倾肘板应与主要构件的面板或折边焊接；防倾肘板的厚度 t_b（mm）应不小于 $(5 + 0.025L)$，但不必大于主要构件的腹板厚度。当防倾肘板的自由边长 l_b（m）大于 $0.06 t_b$

时，则防倾肘板应有面板或折边，其面板或折边的截面积 A（cm^2），一般应不小于 $10l_b$。

（5）所有结构上的开口应尽量避开应力集中区域，如无法避开时应做相应的补偿，开口的角隅处均应有良好的圆角。构件与板材直接连接时应避免出现硬点。

（6）在船中 $0.4L$ 区域内，当强力甲板纵桁的腹板高度大于 $65t\sqrt{K}$（t 为腹板厚度，K 为材料系数）时，应设置平行于面板的水平加强筋。

5）次要构件的端部连接

（1）次要构件的端部一般应设置连接肘板，如图 5-4 所示。

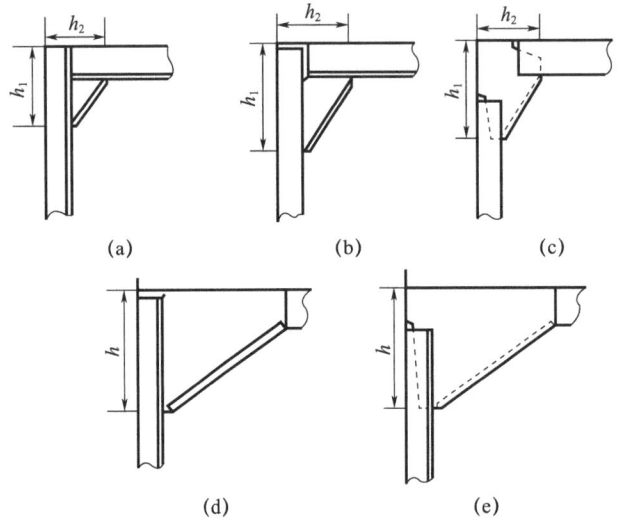

图 5-4 次要构件端部连接

（2）参与总纵弯曲的次要构件在舱壁或横向主要构件处切断时，应设置连接肘板以保证结构的纵向连续性。位于舱壁或横向主要构件两侧的肘板应对齐。

（3）确定肘板尺寸的骨材剖面模数，W 应按下述规定选取。

① 对次要构件连接到主要构件上的肘板，W 为次要构件的剖面模数。

② 肋骨端部的肘板，W 为肋骨的剖面模数。

③ 其他肘板，W 为连接构件中的剖面模数的较小者。

（4）肘板的厚度 t 应不小于骨材的腹板厚度，且应不小于按下式计算所得之值：

$$t = 0.25\sqrt{W} + 3.5 \text{（mm）} \tag{5-2}$$

式中：W——骨材剖面模数，cm^3；

对于液舱，肘板厚度应较上述增加 1 mm；对无折边的肘板，其厚度还应增加 1.5 mm。

（5）骨材的剖面模数 $W \geq 400$（cm^3），或肘板的自由边长大于肘板厚度的 40 倍时，肘板应有折边或面板。折边或面板宽度 b 应不小于按下式计算所得的值：

$$b = 0.04W + 40 \text{ (mm)}, \text{且不小于} 50 \text{ mm} \tag{5-3}$$

式中：W——骨材剖面模数，cm^3。

（6）肘板的臂长 h 应不小于2.2倍的骨材腹板高度［但当骨材端部焊接时可减为不小于2倍，见图5-4（a）］，且应不小于按下式计算所得的值：

$$h = 75\sqrt{\frac{W}{t-t_c}} \text{ (mm)} \tag{5-4}$$

式中：W——骨材剖面模数，cm^3；

t——肘板的厚度，mm；

t_c——腐蚀余量，mm。

（7）肘板的两臂长应尽可能相等。如肘板的两臂长不等时，应符合下述要求：

$$\begin{aligned} h_1 + h_2 &\geq 2h \\ h_1 &\geq 0.8h \\ h_2 &\geq 0.8h \end{aligned} \tag{5-5}$$

式中：h_1——肘板垂向臂的实际臂长，mm；

h_2——肘板水平臂的实际臂长，mm；

h——肘板的臂长，mm（图5-4）。

（8）当骨材与肘板的连接采用搭接时，搭接长度应不小于骨材腹板高度的1.25倍。

（9）当骨材用肘板与主要构件连接时，该肘板一般应延伸至主要构件的面板。

6）主要构件的端部连接

（1）主要构件的端部应设置连接肘板。当肘板连接两个主要构件时，肘板的尺寸可按剖面模数较小的主要构件的尺寸确定。

（2）包括主要构件腹板高度在内的端肘板臂长，应不小于2倍的主要构件的腹板高度，肘板的厚度应不小于主要构件腹板的厚度。肘板应有折边或面板，其尺寸一般与主要构件的面板相同。主要构件的腹板应与连接构件相焊接。当肘板无支撑的臂长大于 $100t$（t 为肘板的腹板厚度）时，应设置平行于肘板面板的加强筋。

（3）非液舱内的主要构件，采用整体式端肘板与舱壁连接时（即主要构件的腹板在端部逐渐升高），肘板臂长应不小于1.5倍的主要构件的腹板高度。主要构件的腹板应与舱壁相焊接，面板应连续延伸至舱壁。

（4）当甲板纵桁或强横梁与舱壁或外板上的垂直构件相连接时，为保证连接节点具有足够的抗转动刚度，可以要求增大垂直构件的尺度。

（5）为避免主要强力构件端部的应力集中，在大型肘板趾端处，其腹板厚度应适当加厚，肘板的面板应向端部削斜，图 5-5 为建议的大型肘板趾端结构型式。

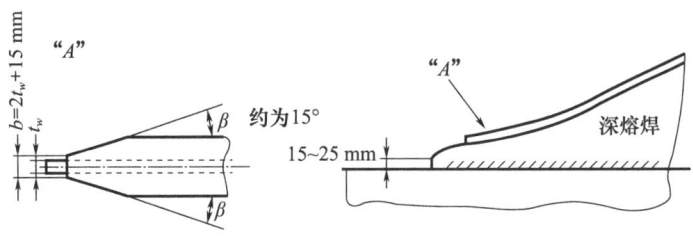

图 5-5　大型肘板趾端结构型式

7）骨材的标准间距

（1）肋骨、横梁或纵骨（舷侧、甲板、船底）的标准间距 S_b 应按下式计算：

$$S_b = 0.0016L + 0.5 \text{（m）}, \text{且不大于 } 0.7 \text{ m} \tag{5-6}$$

式中：L——计算船长，m。

（2）在艏艉尖舱内，肋骨或舷侧纵骨的标准间距 S_b 应为按上式计算所得值和 0.6 m 的较小者。

（3）在船端 0.05L 区域内，上层建筑及甲板室的甲板纵骨或横梁的标准间距 S_b 应为按上式计算所得值和 0.6 m 的较小者。

（视频：16 - 骨材的标准间距）

5.2　船体构件的基本材料

5.2.1　船体结构钢的材料系数 K

表 5-1　材料系数 K

屈服强度 R_{eh}/（N/mm²）	材料系数 K
235	1.0
315	0.78
355	0.72
390	0.68（0.66①）
460	0.62②

注：① 仅适用于板厚大于 50 mm 的集装箱船的舱口围板和强力甲板。
　　② 仅适用于集装箱船的强力甲板、舱口围板及其顶板且厚度 t 在 50 mm < t ≤ 100 mm 范围内的钢板。
　　③ 对于屈服强度不在表格之列的材料，其材料系数可特殊考虑。

5.2.2 正常气温下船体结构用钢的要求

（1）当船长大于等于 90 m 时，船体结构用钢应符合下述（2）的要求。当船长小于 90 m 时，船体结构用钢一般可以使用 A/AH 钢级。

（2）为了防止断裂，全船不同部位的船体构件按其所承受的应力情况分为 3 个类别，即次要类、主要类和特殊类。船体各强力构件的材料级别应不低于表 5-2 的规定。表内没有列入的构件一般可以使用 A/AH 钢级。

表 5-2 材料级别和钢级的使用

构件类别	构件名称	材料级别或钢级	
		船中 0.4L 内	船中 0.4L 外
次要类	（1）纵舱壁板，除主要类要求者外 （2）露天甲板板，除主要类和特殊类要求外 （3）舷侧板	Ⅰ	A/AH
主要类	（1）船底板，包括平板龙骨 （2）强力甲板板，不包括特殊类要求的甲板板 （3）强力甲板以上的纵向连续构件，不包括舱口围板 （4）纵舱壁最上一列板 （5）垂直列板（舱口纵桁）和顶边舱的最上一列斜板	Ⅱ	A/AH
特殊类	（1）强力甲板处的舷顶列板① （2）强力甲板处的甲板边板① （3）在纵舱壁处的甲板列板② （4）集装箱船和其他有类似舱口隅处与舷侧之间的强力甲板板③ （5）散货船、矿砂船、兼用船及其他有类似舱口的船舶在货舱口角隅处的强力甲板板④ （6）舭列板⑤⑥ （7）长度超过 0.15L 的纵舱口围板⑦ （8）纵向货舱舱口围板的端肘板和甲板室过渡⑦	Ⅲ	Ⅱ （船中 0.6L 外为Ⅰ）

注：①船长大于 250 m 的船舶，在船中 0.4L 范围内选用应不低于 E/EH 钢级；②不包括双壳船在内壳纵舱壁处的甲板板；③在货舱区域的长度范围内选用应不低于材料级别Ⅲ；④在船中 0.6L 区域内选用应不低于材料级别Ⅲ，在货舱区域的其余长度范围选用应不低于材料级别Ⅱ；⑤船长小于 150 m 且整个船宽范围内设有双层底的船舶，舭列板可以选用材料级别Ⅱ；⑥船长大于 250 m 的船舶在船中 0.4L 范围内，舭列板选用应不低于 D/DH 钢级；⑦选用应不低于 D/DH 钢级。

（3）对不同材料级别的船体构件，应根据船体构件所取的板厚按表 5-3 选用钢级。

（4）当板厚大于规范要求的厚度时，应根据建造的实际板厚按表 5-3 选用钢级。

表 5-3 各材料级别要求的钢级

材料级别	Ⅰ		Ⅱ		Ⅲ	
板厚/mm	低碳钢	高强度钢	低碳钢	高强度钢	低碳钢	高强度钢
$t \leq 15$	A	AH	A	AH	A	AH
$15 < t \leq 20$	A	AH	A	AH	B	AH
$20 < t \leq 25$	A	AH	B	AH	D	DH
$25 < t \leq 30$	A	AH	D	DH	D	DH
$30 < t \leq 35$	B	AH	D	DH	E	EH
$35 < t \leq 40$	B	AH	D	DH	E	EH
$40 < t \leq 50$	D	DH	E	EH	E	EH

注：A、B、D、E 指的是低碳钢材料钢级；AH、DH、EH 指的是高强度钢材料钢级。

（5）用于制造艉柱、舵、挂舵臂和艉轴架的板材一般应不低于由材料级别Ⅱ所对应的钢级。对于承受集中力的舵结构（如半平衡舵的下舵承或平衡舵的上部分）应取材料级别Ⅲ。

（6）在船中 0.4L 区域内，凡采用钢级 E/EH 或材料级别Ⅲ的单列板的宽度应不小于（800 + 5L）mm（L 为船长），但不必大于 1 800 mm。

（7）用于增强构件的材料级别，以及用于焊接连接件的材质（低碳钢或高强度结构钢），例如，流水沟的扁钢或舭龙骨通常应与该处的船体外板相同。当构件与圆弧形舷板连接时，对所需的钢级应做特殊考虑，并应注意到所需结构布置及连接的细则。

（8）船中 0.4L 区域内的甲板板、舷顶列板以及纵舱壁上列板的材料级别，在艉楼前端和桥楼两端处，也应保持不变。

（9）集装箱船的船中部 0.4L 区域内的强力甲板、舷顶列板及抗扭箱形结构所用的材料级别，在整个货舱区域内应保持不变。

（10）在具有艉楼的液货船上，艉楼前的强力甲板向前延伸至任何泵舱开口的周围，其材质应保持一致。

（11）在船体结构为"T"形或十字形接头，且使用全焊透焊接处和板材在板厚方向承受重大拉应力的构件，建议采用具有全厚度特性的 Z 向钢钢板。

5.2.3 冷藏舱室结构用钢的要求

当冷藏舱内结构的最低设计温度低于 0℃时，除符合表 5-1 和表 5-2 要求外，其甲板板架、甲板纵桁腹板、与甲板连接的纵舱壁上列板以及支承舱口盖的承梁及其面板，所选用的钢材级别一般应符合表 5-4 的规定。

表 5-4 冷藏舱内结构用钢的钢级

板厚/mm	-10~0℃		-25~-10℃		-40~-25℃	
	低碳钢	高强度钢	低碳钢	高强度钢	低碳钢	高强度钢
$t \leqslant 12.5$	B	AH	D	DH	E	EH
$12.5 < t \leqslant 25.5$	D	DH	E	EH	特殊考虑①	特殊考虑②
$t > 25.5$	E	EH	特殊考虑①	特殊考虑②	特殊考虑①	特殊考虑②

注：①一般可用奥氏体不锈钢；②一般可用 FH 钢级。

5.2.4 冰区航行船舶结构用钢的要求

（1）冰区航行的船舶应考虑环境温度的影响。具有 B1*、B1 和 B2 冰级的船舶，其冰带区域及以上的船体外板和强力甲板应采用比上述表 5-2 和表 5-3 要求高一级钢级的钢板。对 B3 和 B 冰级的船舶，其冰带区域内的船体外板，一般应采用比上述表 5-2 和表 5-3 要求高一级钢级的钢板。

（2）对于长期在低温中和冰区条件下航行的船舶（如北极和南极水域），船体露天结构用钢应按 5.2.4 节的规定选取。

5.2.5 暴露于低气温下船体结构用钢的要求

（1）船体结构用钢应根据设计温度 t_D 选取。设计温度是指船舶作业区域年内最低的日平均气温，气温值为不少于 20 年的统计平均值。

（2）最低压载水线（BWL）以上暴露于低气温下的船体结构用钢应不低于表 5-5 的规定，对于 BWL 以上非暴露于低气温下的船体结构用钢和 BWL 以下的船体结构用钢应满足上述 5.2.1 节的要求。

表 5-5 低气温下的材料级别

构件类别	构件名称	材料级别	
		船中 0.4L 内	船中 0.4L 外
次要类	通常的露天甲板 BWL 以上的横舱壁	I	I
主要类	强力甲板板① 强力甲板以上的纵向连续构件（不包括舱口围板） BWL 以上的纵舱壁 BWL 以上的顶边舱舱壁	II	I

续表

构件类别	构件名称	材料级别	
		船中 0.4L 内	船中 0.4L 外
特殊类	舷顶列板,包括圆弧形舷板② 强力甲板边板② 纵舱壁处的甲板板③ 纵向连续的舱口围板④	Ⅲ	Ⅱ

注:①大开口角隅处的强力甲板板应作特殊考虑。凡可能发生局部高应力处的强力甲板板应按材料级别Ⅲ或选用 E/EH 钢级;②船长大于 250 m 的船舶,在船中 0.4L 范围内,应选用不低于 E/EH 钢级;③船宽超过 70 m 的船舶,至少有 3 列甲板板应为材料级别Ⅲ;④应选用不低于 D/DH 钢级。

(3) 对不同材料级别的船体构件所要求的钢级,应根据船体构件所取的板厚和设计温度按表 5-6 选取。设计温度 $t_D < -55$℃时,其所用的钢级应经 CCS 特殊考虑。

(4) 凡采用钢级 E/EH 及 FH 或材料级别Ⅲ单列板的宽度应不小于 $(800+5L)$ mm (L 为船长,m),但不必大于 1 800 mm。

(5) 用于制造艉柱、舵、挂舵臂和尾轴架的板材应不低于表 5-2 和表 5-3 的要求。

表 5-6 低温下各材料级别要求的钢级

材料级别 Ⅰ

板厚/mm	$-25 \sim -20$℃		$-35 \sim -26$℃		$-45 \sim -36$℃		$-55 \sim -46$℃	
	低碳钢	高强度钢	低碳钢	高强度钢	低碳钢	高强度钢	低碳钢	高强度钢
$t \leq 10$	A	AH	B	AH	D	DH	D	DH
$10 < t \leq 15$	B	AH	D	DH	D	DH	D	DH
$15 < t \leq 20$	B	AH	D	DH	D	DH	E	EH
$20 < t \leq 25$	D	DH	D	DH	D	DH	E	EH
$25 < t \leq 30$	D	DH	D	DH	E	EH	E	EH
$30 < t \leq 35$	D	DH	D	DH	E	EH	E	EH
$35 < t \leq 45$	D	DH	E	EH	E	EH	—	FH
$45 < t \leq 50$	E	EH	E	EH	—	FH	—	FH

材料级别 Ⅱ

板厚/mm	$-25 \sim -20$℃		$-35 \sim -26$℃		$-45 \sim -36$℃		$-55 \sim -46$℃	
	低碳钢	高强度钢	低碳钢	高强度钢	低碳钢	高强度钢	低碳钢	高强度钢
$t \leq 10$	B	AH	D	DH	D	DH	E	EH
$10 < t \leq 20$	D	DH	D	DH	E	EH	E	EH
$20 < t \leq 30$	D	DH	E	EH	E	EH	—	FH
$30 < t \leq 40$	E	EH	E	EH	—	FH	—	FH
$40 < t \leq 45$	E	EH	—	FH	—	FH	—	FH
$45 < t \leq 50$	E	EH	—	FH	—	FH	—	FH

材料级别Ⅲ

续表

板厚/mm	−25 ~ −20℃		−35 ~ −26℃		−45 ~ −36℃		−55 ~ −46℃	
	低碳钢	高强度钢	低碳钢	高强度钢	低碳钢	高强度钢	低碳钢	高强度钢
$t \leqslant 10$	D	DH	D	DH	E	EH	E	EH
$10 < t \leqslant 20$	D	DH	E	EH	E	EH	—	FH
$20 < t \leqslant 25$	E	EH	E	EH	—	FH	—	FH
$25 < t \leqslant 30$	E	EH	E	EH	—	FH	—	FH
$30 < t \leqslant 35$	E	EH	—	FH	—	FH	—	FH
$35 < t \leqslant 40$	E	EH	—	FH	—	FH	—	FH
$40 < t \leqslant 50$	—	FH	—	FH	—	FH	—	FH

注：表中"—"为不适用。

5.3 规范对船体纵向强度的要求

《钢质海船入级规范》对船长大于等于 65 m，并满足 $L/B > 5$；$B/D \leqslant 2.5$；$Cb \geqslant 0.6$ 的船舶，规定船中最小基本剖面模数 W_0 不小于下式计算值：

$$W_0 = CL^2B(C_b + 0.7)K \text{ (cm}^3) \tag{5-7}$$

式中：C_b——船舶在设计夏季载重水线下的方形系数，但不得小于 0.60；

L——计算船长，m；

B——型宽，m；

C——系数，见式（1-29）；

K——材料系数。

船中剖面对水平中和轴的惯性矩 I 应不小于按下式计算所得的值：

$$I_0 = 3W_0L/K \text{ (cm}^4) \tag{5-8}$$

对上述 W_0 值，在 1 类航区内航行的船舶减小 5%；在 2 类航区内航行的船舶减小 10%；在 3 类航区内航行的船舶减小 15%。

（视频：17 - 规范对船体纵向强度的要求）

5.4 设计实例

现在以某化学品/成品油船的计算书为例，来说明规范计算。下文中的规范均指的是《钢质海船入级规范》（2021）和《散装运输危险液体化学品船舶构造与设备规范》(2016) 及其相应的修改通报。

为了更方便理解规范计算的内容，最好增加该船的中横剖面示意图和各区域的结构布置说明。

5.4.1 船体外板与甲板设计

1) 最小厚度（规范5.1.6.1）

（1）货油舱区域（包括边压载舱、货油舱两端或货油舱间的隔离空舱）内主要构件的腹板和面板以及外板、甲板、舱壁板、内壳板的最小厚度 t 应不小于按下式计算所得之值：

$$t = 6.5 + L/50 = 8.66 \text{ (mm)}$$

（视频：18 - 设计区域的划分）

（2）次要构件的最小厚度也应满足上述要求，但不必大于11 mm；

（3）泵舱、隔离空舱及其他空舱内构件的最小厚度（规范5.1.6.2）：

$t = 6.5 + L/50 - 1 = 7.66$ (mm)，且不小于7.5 mm。

2) 外板（规范2.3.1.3、规范5.2.2.1）

$$C = 10.75 - \left(\frac{300-L}{100}\right)^{\frac{3}{2}} = 8.09$$

$$h_1 = \min(0.26C, 0.2d) = 1.36 \text{ (m)}$$

$$h_W = 0.2B^{0.66} + \left(0.25 + \frac{0.82}{\sqrt{L}}\right)C = 4.01 \text{ (m)}$$

$$S_b = 0.0016L + 0.5 = 0.67 \text{ (m)} < 0.7 \text{ (m)}$$

$$h_2 = \min(0.5C, 0.36d) = 2.45 \text{ (m)}$$

（视频：19 - 公共数据的计算）

（1）船中0.4L区域内的船底板厚度。

$t_1 = 0.043s(L+230)\sqrt{\dfrac{F_b}{K}}$	$L = 108.0$ m $s = 0.7$ m $F_b = 1.0$ $K = 1.0$	$t_1 = 10.17$ mm	规范2.3.1.3
$t_2 = 5.6s\sqrt{(d+h_1)F_bK}$	$s = 0.7$ m $d = 6.8$ m $h_1 = 1.36$ m $F_b = 1.0$ $K = 1.0$	$t_2 = 11.20$ mm	规范2.3.1.3

续表

$t_3 = 0.052s(L_1 + 170)\sqrt{\dfrac{F_b}{K}}$	$L_1 = 108.0$ m $F_b = 1.0$ $K = 1.0$	$t_3 = 10.12$ mm	规范 5.2.2.1
$t_4 = 4.9s\sqrt{(h_W + 0.8d)K}$	$d = 6.8$ m $h_W = 4.01$ m $K = 1.0$	$t_4 = 10.54$ mm	规范 5.2.2.1

实取：$t = 12$ mm

（视频：20 - 船底外板设计）

（2）离船端 $0.075L$ 区域内的船底板最小厚度。

$t = (0.035L + 6)\sqrt{\dfrac{sK}{0.7}}$	$L = 108.0$ m $s = 0.7$ m，计算时应不小于 0.7 m	$t = 9.78$ mm	规范 2.3.1.4

实取：$t = 12$ mm（艏部加强区域 $t = 20$ mm）

（3）平板龙骨。

$b = 900 + 3.5L$	$L = 108.0$ m	$b = 1\,278.00$ mm	规范 2.3.2.1 规范 5.2.3.1
$t = t_0 + 2.0$	$t_0 = 12$ mm	$t = 14.00$ mm	规范 5.2.3.1 规范 2.3.2.2

实取：$1\,500$ mm $\times 14$ mm

（4）舭列板。

$t_1 = 0.043s(L+230)\sqrt{\dfrac{F_b}{K}}$	$L = 108.0$ m $s = 0.7$ m $F_b = 1.0$ $K = 1.0$	$t_1 = 10.17$ mm	规范 2.3.3.1
$t_2 = 5.6s\sqrt{(d+h_1)F_b K}$	$s = 0.7$ m $d = 6.8$ m $h_1 = 1.36$ m $F_b = 1.0$ $K = 1.0$	$t_2 = 11.20$ mm	规范 2.3.3.1
t_3	船中部 0.4L 区域内舭列板厚度应与船底板厚度相同	$t_3 = 12.00$ mm	规范 5.2.4.1
$t_4 \geqslant \dfrac{rF_b}{165K}$	$r = 1680$ mm $F_b = 1$ $K = 1.0$	$t_4 \geqslant 10.18$ mm	规范 2.3.3.2 规范 5.2.4.2

实取：$t = 12$ mm

（5）船中部 0.4L 区域内的纵骨架式舷侧外板厚度（由于干货船和油船划分范围不同，选择油船计算）。

① 距基线 3D/4 以上的舷侧外板厚度。

$t_1 = 0.058s(L+110)\sqrt{\dfrac{F_d}{K}}$	$s = 0.7$ m $L = 108.0$ m $F_d = 1$ $K = 1.0$	$t_1 = 8.85$ mm	规范 5.2.5.1
$t_2 = 7.1s\sqrt{h_W K}$	$s = 0.7$ m $h_W = 4.01$ m $K = 1.0$	$t_2 = 9.95$ mm	规范 5.2.5.1

实取：$t = 10$ mm

② 距基线 D/4 以下的舷侧外板厚度。

$t_1 = 0.06s(L+110)\sqrt{\dfrac{F_b}{K}}$	$s = 0.7$ m $L = 108.0$ m $F_b = 1$ $K = 1.0$	$t_1 = 9.16$ mm	规范 2.3.4.3 规范 5.2.5.1

续表

$t_2 = 5.45\sqrt{(d+h_1)F_bK}$	$s = 0.7\,\mathrm{m}$ $F_b = 1$ $d = 6.8\,\mathrm{m}$ $K = 1.0$ $h = 1.36\,\mathrm{m}$	$t_2 = 10.80\,\mathrm{mm}$	规范 2.3.4.3
$t_3 = 5.2s\sqrt{(h_W + 0.8d - 0.2D)K}$	$s = 0.7\,\mathrm{m}$ $d = 6.8\,\mathrm{m}$ $h_W = 4.01\,\mathrm{m}$ $D = 8.9\,\mathrm{m}$ $K = 1.0$	$t_3 = 10.06\,\mathrm{mm}$	规范 5.2.5.1

实取：$t = 11\,\mathrm{mm}$

③ 距基线 $D/4$ 以上与距基线 $3D/4$ 以下区域的舷侧外板厚度。

$t_1 = s[t_{11} + (t_{12} - t_{11})h]$	$t_{11} = \dfrac{t_{1,z=0.25d}}{s_{z=0.25d}}$ $t_{12} = \dfrac{t_{1,z=0.75d}}{s_{z=0.75d}}$	$t_1 = 8.85\,\mathrm{mm}$	规范 5.2.5.1
$t_1 = s[t_{11} + (t_{12} - t_{11})h]$	$t_{21} = \dfrac{t_{2,z=0.25d}}{s_{z=0.25d}}$ $t_{22} = \dfrac{t_{2,z=0.75d}}{s_{z=0.75d}}$	$t_1 = 9.95\,\mathrm{mm}$	规范 5.2.5.1

实取：$t = 10\,\mathrm{mm}$

（6）离船端 $0.075L$ 区域内的舷侧外板厚度。

$t = (0.035L + 6)\sqrt{\dfrac{sK}{0.7}}$	$L = 108.0\,\mathrm{m}$ $s = 0.7\,\mathrm{m}$ $K = 1.0$	$t = 9.78\,\mathrm{mm}$	规范 2.3.4.4

实取：$t = 12 \sim 14\,\mathrm{mm}$，并应使舷侧外板厚度逐渐向船端底部的加强外板厚度过渡

（7）舷顶列板。

$b_1 = 800 + 5L$	$L = 108.0\,\mathrm{m}$	$b_1 = 1340.00\,\mathrm{mm}$	规范 2.3.5.1 规范 5.2.6.1
$t_1 = 0.06s(L_1 + 110)\sqrt{\dfrac{F_d}{K}}$	$s = 0.7\,\mathrm{m}$ $L_1 = 108.0\,\mathrm{m}$ $F_d = 1$ $K = 1.0$	$t_1 = 9.16\,\mathrm{mm}$	规范 2.3.5.3 规范 5.2.6.2
$t_2 = 0.9s\sqrt{(L+75)K}$	$s = 0.7\,\mathrm{m}$ $L = 108.0\,\mathrm{m}$ $K = 1.0$	$t_2 = 8.52\,\mathrm{mm}$	规范 2.3.5.3 规范 5.2.6.2

实取：$12\,\mathrm{mm} \times 1500\,\mathrm{mm}$

(7) 艏楼舷侧外板。

$t = (0.028L + 5.5)\sqrt{\dfrac{sK}{S_b}}$	$L = 108.0\text{ m}$ $s = 0.7\text{ m}$ $S_b = 0.67\text{ m}$ $K = 1.0$	$t = 8.71\text{ mm}$	规范 2.17.4.2
实取：$t = 10\text{ mm}$			

(9) 艉楼舷侧外板。

$t = (0.025L + 5)\sqrt{\dfrac{sK}{S_b}}$	$L = 108.0\text{ m}$ $s = 0.7\text{ m}$ $S_b = 0.67\text{ m}$ $K = 1.0$	$t = 7.87\text{ mm}$	规范 2.17.4.2
实取：$t = 10\text{ mm}$			

3) 甲板板

(1) 船中部 $0.4L$ 区域内开口线以外强力甲板厚度。

$t_1 = 0.06s(L_1 + 110)\sqrt{F_d}$	$s = 0.7\text{ m}$ $L_1 = 108.0\text{ m}$ $F_d = 1$ $K = 1.0$	$t_1 = 9.16\text{ mm}$	规范 2.4.2.1 规范 5.3.2.1
$t_2 = 0.9s\sqrt{(L+75)K}$	$s = 0.7\text{ m}$ $L = 108.0\text{ m}$ $K = 1.0$	$t_2 = 8.52\text{ mm}$	规范 2.4.2.1 规范 5.3.2.1
实取：$t = 10\text{ mm}$			

(2) 船中部 $0.4L$ 区域内开口线以内强力甲板厚度。

$t = 0.9s\sqrt{(L+75)K}$	$s = 0.7\text{ m}$ $L = 108.0\text{ m}$ $K = 1.0$	$t = 8.52\text{ mm}$	规范 2.4.2.2 规范 5.3.2.1
$t_1 = 0.06s(L_1 + 110)\sqrt{\dfrac{F_d}{K}}$	$s = 0.7\text{ m}$ $L_1 = 108\text{ m}$ $F_d = 1$ $K = 1.0$	$t_1 = 9.16\text{ mm}$	规范 5.3.2.1
实取：$t = 10\text{ mm}$			

(3) 离船端 0.075L 区域内的强力甲板。

$t = 0.9s\sqrt{(L+75)K}$	$s = 0.7$ m $L = 108.0$ m $K = 1.0$	$t = 8.52$ mm	规范 2.4.2.2
实取：$t = 10$ mm			

(4) 船中部 0.4L 区域内的甲板边板。

$b = 800 + 5L$	$L = 108.0$ m	$b = 1340$ mm	规范 2.4.3.1
$t \geqslant t$（强力甲板）		$t \geqslant 10$ mm	规范 2.4.3.1
实取：12 mm × 1 500 mm			

(5) 艏楼甲板板。

$t = (0.02L + 6)\sqrt{\dfrac{sK}{S_b}}$	$L = 108.0$ m $s = 0.7$ m $S_b = 0.67$ m $K = 1$	$t = 8.34$ mm	规范 2.17.5.5
实取：$t = 9$ mm			

(6) 艉楼甲板板。

$t = (0.02L + C)\sqrt{\dfrac{sK}{S_b}} - t_c$	$L = 108.0$ m $s = 0.7$ m $S_b = 0.67$ m $C = 5.5$ $t_C = 0$ $K = 1$	$t = 7.83$ mm	规范 2.17.5.4
实取：$t = 9$ mm			

(7) 下层平台。

$t = 12s$	$s = 0.7$ m	$t = 8.40$ mm	规范 7.3.2.4
实取：$t = 9$ mm			

5.4.2 船体骨架设计

1) 双层底

(1) 中桁材。

在船体中纵剖面处应设置中桁材。中桁材高度 h_0 应不小于：

$h_0 = 25B + 42d + 300$,且不小于 760 mm	$B = 18.00$ m $d = 6.80$ m	$h_0 = 1\,035.60$ mm	规范 2.6.10.1
$t_1 = (0.007\,7h_0 + 4)\sqrt{K}$	$h_0 = 1\,035.60$ mm $K = 1.0$	$t_1 = 11.97$ mm	规范 2.6.10.1
$t_2 = (0.008h_0 + 1)\sqrt{K}$	$h_0 = 1\,035.60$ mm $K = 1.0$	$t_2 = 9.28$ mm	规范 5.4.2.4
实取:1 200 mm × 12 mm			

(2)旁桁材。

$t = (0.007\,7h_0 + 1)\sqrt{K}$,但不必大于 14 mm	$h_0 = 1\,035.60$ mm $K = 1.0$	$t = 8.97$ mm	规范 2.6.10.2 规范 5.4.2.6
实取:$t = 11$ mm			

(3)水密旁桁材。

$t = 0.007\,7h_0 + 2$	$h_0 = 1\,035.60$ mm	$t = 9.97$ mm	规范 2.6.10.2
$t = 3.95s\sqrt{\rho hK} + 2.5$	$h = 10.35$ m $\rho = 1.025$ t/m³ $s = 0.7$ m $K = 1.0$	$t = 11.50$ mm	规范 2.6.10.2 规范 5.4.2.6
实取:$t = 12$ mm			

(4)桁材的水平加强筋(两根)。

$W = 5.5shl^2K$	$t = 12$ m		规范 2.6.10.2
$I = 1.62l^2A$	$l = 1.4$ m $A = 72$ cm²	$I = 228.61$ cm⁴	规范 5.4.2.8
实取:10 mm × 120 mm,$I = 567.94$ cm⁴			

(视频:21-加强筋设计)

第5章 船体结构规范法设计

(5) 实肋板及垂直加强筋。

实肋板 $t_1 = 1.1(0.0077h_0 + 1)\sqrt{K}$ $t_2 = (0.007h_0 + 1)\sqrt{K}$	$h_0 = 1\,035.6$ mm $K = 1.0$	$t_1 = 9.87$ mm $t_2 = 8.25$ mm	规范 2.6.11.2 规范 5.4.3.3
垂直加强筋 非水密肋板垂直加强筋的厚度等于肋板厚度，宽度应不小于150 mm		10 mm × 150 mm	规范 2.6.11.2
实取：实肋板 $t = 10$ mm，垂直加强筋 10 mm × 150 mm			

(6) 水密肋板及垂直加强筋。

水密肋板 $t = t_实 + 2$，但一般不大于 15 mm	$t_实 = 10$ mm	$t = 12.00$ mm	规范 2.6.11.2
垂直加强筋 $W = 5.5shl^2K$	$h = 8.58$ m $l = 1.2$ m $s = 0.63$ m $K = 1.0$	$W = 42.81$ cm³	规范 2.6.11.2
实取：水密肋板 $t = 12$ mm，垂直加强筋 10 mm × 150 mm			

(7) 内底板。

在船中部 $0.4L$ 区域 $t_0 = (0.04L + 5s + 2.1)\sqrt{K}$ $t_1 = s/(70 \times \sqrt{K}) \times 10^3$ $t_2 = 4s\sqrt{hK} + 2.5$	$L = 108.0$ m $s = 0.7$ m $h = 7.95$ m $K = 1.0$	$t_0 = 9.92$ mm $t_1 = 10.00$ mm $t_2 = 10.39$ mm	规范 2.6.13.1 规范 5.4.6.1
在机舱区域 $t_0 = (0.055L + 4.8)\sqrt{K}$	$L = 108.0$ m $K = 1.0$	$t_0 = 10.74$ mm	规范 2.6.13.1
实取：液货舱区域 $t = 12$ mm，机舱区域 $t = 11$ mm			

(8) 双层底纵骨。

船底纵骨 $W_0 = \dfrac{8.5f}{1.73 - F_b}(d + h_1)sl^2K$ $W = 11.5sdl^2K$	$f = 0.52$ $d = 6.80$ m $h_1 = 1.36$ m $l = 2.8$ m $s = 0.63$ m $K = 1.0$	$W_0 = 244.03$ cm³ $W = 386.25$ cm³	规范 2.6.12.2 规范 5.4.5.2

续表

内底纵骨 $W = 0.85W_0$ $W = 8.4s(h+1.2)l^2K$	$d = 6.80$ m $W_0 = 244.03$ cm³ $s = 0.63$ m $l = 2.8$ m $h = 7.7$ m $K = 1.0$	$W = 207.43$ cm³ $W = 369.25$ cm³	规范 2.6.12.3 规范 5.4.6.3

实取：①内底纵骨 HP240×52×12。连同带板（厚度 12 mm，宽度 630 mm）内底纵骨的最小剖面模数为 $W = 424.31$ cm³ $> W = 369.25$ cm³，满足要求。

②船底纵骨 HP240×52×12。连同带板（厚度 12 mm，宽度 630 mm）船底纵骨的最小剖面模数为 $W = 424.31$ cm³ $> W = 386.25$ cm³，满足要求。

③距船中 1660 纵骨用 T 型材 $\perp \dfrac{12\times200}{16\times100}$ 替代。连同带板（厚度 12 mm，宽度 630 mm）纵骨的最小剖面模数 $W = 455.20$ cm³ $> W = 386.25$ cm³，满足要求。

（视频：22 - 双层底纵骨设计）

（9）垂直撑柱。

$A = 23.8 + 0.04W$	$W = 151.84$ cm³	$A = 29.87$ cm²	规范 2.6.12.2

实取：HP240×52×12。垂直撑柱的面积为 $A = 38.75$ cm² > 29.87 cm²，满足要求。

（10）底边舱斜板的厚度应不小于下式计算之值，且应不小于相邻的内壳板和内底板的厚度：

$t_1 = s/(70\times\sqrt{K})\times 10^3$ $t_2 = 4s(hK)^{1/2} + 2.5$	$s = 0.65$ m $h = 7.95$ m $K = 1.0$	$t_1 = 9.29$ mm $t_2 = 9.83$ mm	规范 5.4.7.1

实取：$t = 12$ mm。

（11）斜板纵骨的剖面模数应不小于下式计算之值，且应不小于相邻的内壳板纵骨的剖面模数：

$W = 8.4s(h+1.2)l^2K$	$h = 7.95$ m $l = 2.8$ m $s = 0.65$ m $K = 1.0$	$W = 391.68 \text{ cm}^3$	规范 5.4.7.2

实取：斜板纵骨 HP240×52×12。连同带板（厚度 12 mm，宽度 650 mm）斜板纵骨的最小剖面模数为 $W = 425.25 \text{ cm}^3 > W = 391.68 \text{ cm}^3$，满足要求。

2）舷侧骨架

（1）液货舱区舷侧纵骨（规范 5.5.3.1）。

$$W = 7.2s(h+1.2)l^2K \qquad (5-9)$$

序号	位置	s/m （带板宽度）	t/mm （带板厚度）	K	h/m	l/m	W/cm³	实取构件	W/cm³	是否满足
1	BL1850	0.65	11	1.0	7.05	2.80	302.70	HP220×48×11	309.58	满足
2	BL3150～BL5750	0.65	10	1.0	5.75	2.80	255.00	HP200×44×10	257.08	满足
3	BL6400 以上	0.65	10	1.0	2.50	2.80	135.76	HP160×36×8	181.18	满足

实取：①BL3150 纵骨实取 T 型材 $\perp \dfrac{12 \times 180}{12 \times 80}$。连同带板（厚度 10 mm，宽度 650 mm）舷侧纵骨的最小剖面模数为 $W = 285.55 \text{ cm}^3 > W = 255.00 \text{ cm}^3$，满足要求。

②BL6400 纵骨实取 T 型材 $\perp \dfrac{12 \times 180}{12 \times 80}$。连同带板（厚度 10 mm，宽度 650 mm）舷侧纵骨的最小剖面模数为 $W = 285.55 \text{ cm}^3 > W = 135.76 \text{ cm}^3$，满足要求。

（2）主肋骨。

在校核肋骨最小剖面模数时，带板厚度取舷侧外板的最小厚度 10 mm。

①艏部主肋骨 F144～F150。

$W = cc_1 sdl^2 K$ $c = \dfrac{2 + \dfrac{0.65d}{D}}{1.45 - \dfrac{\sqrt{D}}{l}}$	$d = 6.80$ m $D = 8.90$ m $l = 3.65$ m $c_1 = 1.0$ $s = 0.6$ m $K = 1.0$	$W = 214.50 \text{ cm}^3$	规范 2.7.2.1

续表

$I = 3.2Wl/K$	$W = 214.50 \text{ cm}^3$ $l = 3.65 \text{ m}$ $K = 1.0$	$I = 2505.37 \text{ cm}^4$	规范 2.7.2.7

实取：HP200×44×10。连同带板（厚度10 mm，宽度600 mm）艏部主肋骨的最小剖面模数为 $W = 255.78 \text{ cm}^3 \geqslant W = 214.50 \text{ cm}^3$，且 $I = 4210.05 \text{ cm}^4 > I = 2505.37 \text{ cm}^4$，满足要求。

② 艉尖舱主肋骨。

$W = 4.6sdDK$	$s = 0.60 \text{ m}$ $d = 6.8 \text{ m}$ $D = 8.90 \text{ m}$ $K = 1.0$	$W = 167.04 \text{ cm}^3$	规范 2.7.2.8
$I = 3.5Wl/K$	$W = 167.04 \text{ cm}^3$ $l = 3.65 \text{ m}$ $K = 1.0$	$I = 2133.87 \text{ cm}^4$	规范 2.7.2.8

实取：HP180×40×9。连同带板（厚度10 mm，宽度600 mm）艉尖舱主肋骨的最小剖面模数为 $W = 190.72 \text{ cm}^3 \geqslant W = 167.04 \text{ cm}^3$，且 $I = 2928.30 \text{ cm}^4 > I = 2133.87 \text{ cm}^4$，满足要求。

注：本船艉舱肋骨间距 s 为 0.6 m，其余部分肋骨间距为 0.70 m。

③ 机舱内主肋骨。

$W_0 = cc_1 sdl^2 K$ $c = \dfrac{2 + \dfrac{0.65d}{D}}{1.45 - \dfrac{\sqrt{D}}{l}}$	$d = 6.80 \text{ m}$ $D = 8.90 \text{ m}$ $l = 3.65 \text{ m}$ $c_1 = 1.0$ $s = 0.7 \text{ m}$ $K = 1.0$	$W_0 = 214.50 \text{ cm}^3$	规范 2.7.2.1
$I = 3.2Wl/K$	$W_0 = 214.50 \text{ cm}^3$ $l = 3.65 \text{ m}$ $K = 1.0$	$I = 2505.36 \text{ cm}^4$	规范 2.7.2.7

实取：HP200×44×10。连同带板（厚度10 mm，宽度600 mm）机舱内主肋骨的最小剖面模数为 $W = 255.78 \text{ cm}^3 \geqslant W = 214.50 \text{ cm}^3$，且 $I = 4210.05 \text{ cm}^4 > I = 2505.36 \text{ cm}^4$，满足要求。

(3) 平台与甲板间肋骨。

① 艏部主甲板以下甲板间肋骨。

$W = CC_1 sdl \sqrt{D} K$	$C = 0.7 + 4d/D = 3.76$ $C_1 = 1$ $s = 0.60$ m $d = 6.80$ m $l = 3.25$ m $D = 8.90$ $K = 1.0$	$W = 148.74$ cm³	规范 2.7.2.9

实取：HP180×40×9。连同带板（厚度 10 mm，宽度 600 mm）艏部主甲板以下甲板间肋骨的最小剖面模数为 $W = 190.72$ cm³ $\geqslant W = 148.74$ cm³，满足要求。

② 机舱内甲板间肋骨。

$W = CC_1 sdl \sqrt{D} K$	$C = 0.7 + 4d/D = 3.76$ $C_1 = 1.1$ $s = 0.70$ m $d = 6.80$ m $l = 3.25$ m $D = 8.90$ m $K = 1.0$	$W = 190.88$ m³	规范 2.7.2.9

实取：HP180×40×9。连同带板（厚度 10 mm，宽度 700 mm）机舱内甲板间肋骨的最小剖面模数为 $W = 192.25$ cm³ $\geqslant W = 190.88$ cm³，满足要求。

(4) 艏楼肋骨。

$W = CC_1 sdl \sqrt{D} K$	$C = 0.7 + 4d/D = 3.76$ $C_1 = 0.9$ $s = 0.60$ m $d = 6.80$ m $l = 2.50$ m $D = 8.90$ m $K = 1.0$	$W = 102.97$ cm³	规范 2.7.2.12

实取：HP140×35×9。连同带板（厚度 10 mm，宽度 600 mm）艏楼肋骨的最小剖面模数为 $W = 112.14$ cm³ $\geqslant W = 102.97$ cm³，满足要求。

(5) 艉楼肋骨。

$W = CC_1 sdl \sqrt{D} K$	$C = 0.7 + 4d/D = 3.76$ $C_1 = 0.8$ $s = 0.70$ m $d = 6.80$ m $l = 2.50$ m $D = 8.90$ m $K = 1.0$	$W = 106.79$ cm³	规范 2.7.2.12

实取：L125×80×8。连同带板（厚度 10 mm，宽度 700 mm）艏楼肋骨的最小剖面模数为 $W = 112.40$ cm³ $\geqslant W = 106.79$ cm³，满足要求。

(6) 强肋骨。

① 机舱甲板间强肋骨。

$W = 10Shl^2K$	$S = 2.8$ m $h = 4.9$ m $l = 3.25$ m $K = 1.0$	$W = 1449.18$ cm³	规范2.7.6.3

实取：$\perp \dfrac{10 \times 500}{14 \times 150}$。连同带板（厚度10 mm，宽度927.75 mm）机舱甲板间强肋骨的最小剖面模数为 $W = 1647.02$ cm³ $\geqslant W = 1449.18$ cm³，满足要求。

② 支持舷侧纵桁机舱内强肋骨。

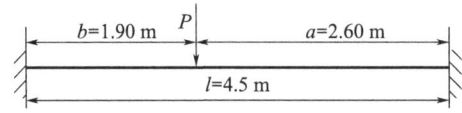

$M = M_{max} = \dfrac{2Pa^2b^2}{l^3}$ $W = \dfrac{M}{[\sigma]}$	压头 $p = \rho gh = 5.57 \times 10^4$（N/m²） 集中载荷 $P = 350910$ N $a = 2.6$ m $b = 1.9$ m $l = 4.5$ m $[\sigma] = 93.2$（N/mm²）	$M_{max} = 187950.00$（N·m） $W = 2016.60$ cm³	规范2.7.4.1

实取：$\perp \dfrac{10 \times 500}{16 \times 160}$。连同带板（厚度10 mm，宽度1012.78 mm）支持舷侧纵桁机舱内强肋骨的最小剖面模数为 $W = 1852.79$ cm³ $< W = 2016.60$ cm³，满足要求。

(7) 舷侧纵桁。

机舱区域 $t = 0.023L + 6$ $A = 0.14L + 1$	$L = 108.0$ m	$t = 8.48$ mm $A = 16.12$ cm²	规范2.7.3.4

实取：$\perp \dfrac{10 \times 500}{12 \times 150}$。舷侧纵桁的 $t = 10$ mm > 8.48 mm，且 $A = 68.00$ cm² > 16.12 cm²，满足要求。

3) 甲板骨架

(1) 计算压头。

续表

$h_0 = 1.20 + \dfrac{2}{1000}\left(\dfrac{100+3L}{D-d} - 150\right)$	$L = 108.0 \text{ m}$ $D = 8.9 \text{ m}$ $d = 6.80 \text{ m}$	$h_0 = 1.30 \text{ m}$	规范 2.8.1.1

（2）露天强力甲板纵骨。

$W = c_1 sh l^2 K$ $W = (c_2 sh + c_3 s l^2 L^2 \times 10^{-4}) K$ $W = c s l^2 K$	$l = 2.8 \text{ m}$ $s = 0.63 \text{ m}$ $h = 1.46 \text{ m}$ ($h \geqslant 22.6L/(1780-L)$) $c_1 = 10.5$ $c = \max(0.35L, 0.12L + 12.6) = 37.8$ $K = 1.0$ $c_2 = 40$ $c_3 = 5.5$	$W = 75.72 \text{ cm}^3$ $W = 68.48 \text{ cm}^3$ $W = 186.70 \text{ cm}^3$	规范 2.8.5.1 规范 5.6.3.1

实取：HP180 × 40 × 9。连同带板（厚度 10 mm，宽度 630 mm）露天强力甲板纵骨的最小剖面模数为 $W = 191.23 \text{ cm}^3 \geqslant W = 186.70 \text{ cm}^3$，满足要求。

注：此处 s 表示甲板纵骨材间距。

（3）货油舱连续甲板纵桁。

$W = 0.1 L b l^2 K$	$L = 108 \text{ m}$ $b = 2.25 \text{ m}$ $l = 14.7 \text{ m}$ $K = 1.0$	$W = 5250.99 \text{ cm}^3$	规范 5.6.3.1

实取：$\perp \dfrac{12 \times 750}{16 \times 280}$。连同带板（厚度 10 mm，宽度 2250 mm）货油舱连续甲板纵桁的最小剖面模数为 $W = 5068.62 \text{ cm}^3 < W = 5250.99 \text{ cm}^3$，满足要求。

（4）强横梁。

$W = CLS(l+1)K$ $I = 7.5Wl/K$	$C = 1.80$ $S = 2.8 \text{ m}$ $L = 108.0 \text{ m}$ $l = 7.55 \text{ m}$ $K = 1.0$	$W = 4653.94 \text{ cm}^3$ $I = 263529.13 \text{ cm}^4$	规范 5.6.2.2 规范 5.6.2.3

实取：$\perp \dfrac{12 \times 750}{16 \times 280}$。连同带板（厚度 10 mm，宽度 1627.32 mm）强横梁的最小剖面模数为 $W = 4954.39 \text{ cm}^3 \geqslant W = 4653.94 \text{ cm}^3$，且 $I = 263054.05 \text{ cm}^4 < I = 263529.13 \text{ cm}^4$，满足要求。

(5) 机舱及艉部甲板。

① 机舱横梁。

$W = (C_1 C_2 Dd + C_3 shl^2) K$	$C_1 = 2$ $C_2 = 0.54$ $C_3 = 0.36B = 6.48$ $l = 3.4 \text{ m}$ $s = 0.70 \text{ m}$ $h = 1.30 \text{ m}$ $D = 8.9 \text{ m}$ $d = 6.80 \text{ m}$ $K = 1.0$	$W = 133.53 \text{ cm}^3$	规范 2.8.2.1

实取：HP180×40×9。连同带板（厚度 10 mm，宽度 700 mm）机舱横梁的最小剖面模数为 $W = 192.25 \text{ cm}^3 \geqslant W = 133.53 \text{ cm}^3$，满足要求。

② 艉楼甲板横梁。

$W = (C_1 C_2 Dd + C_3 shl^2) K$	$C_1 = 1.33$ $C_2 = 0.14$ $C_3 = 0.36B = 6.48$ $l = 3.82 \text{ m}$ $s = 0.70 \text{ m}$ $h = 1.00 \text{ m}$ $D = 8.9 \text{ m}$ $d = 6.80 \text{ m}$ $K = 1.0$	$W = 77.46 \text{ cm}^3$	规范 2.8.2.1

实取：L125×80×7。连同带板（厚度 10 mm，宽度 700 mm）艉楼甲板横梁的最小剖面模数为 $W = 100.12 \text{ cm}^3 \geqslant W = 77.46 \text{ cm}^3$，满足要求。

(6) 艏部甲板横梁。

① 艏楼甲板（FR144 - 艏） $W = (C_1 C_2 Dd + C_3 shl^2) K$	$C_1 = 1.33$ $C_2 = 0.8$ $C_3 = 0.54$ $B = 9.72$ $l = 2.92 \text{ m}$		规范 2.8.2.1

续表

	$s = 0.6$ m $h = 1.5h_0 = 1.928$ m $D = 8.90$ m $d = 6.80$ m $K = 1.0$	$W = 160.26$ cm³	
② 艏部主甲板（FR144 – 艏） $W = (C_1C_2Dd + C_3shl^2)K$	$C_1 = 2$ $C_2 = 0.8$ $C_3 = 0.36B = 6.48$ $l = 3.18$ m $s = 0.6$ m $h = 1.25h_0 = 1.606$ m $D = 8.90$ m $d = 6.80$ m $K = 1.0$	$W = 159.98$ cm³	

实取：HP180×40×9。连同带板（厚度10 mm，宽度600 mm）艏部甲板横梁的最小剖面模数为 $W = 190.72$ cm³ ≥ $W = 160.26$ cm³，满足要求。

（7）机舱平台甲板横梁。

$W = (C_1C_2Dd + C_3shl^2)K$	$C_1 = 2$ $C_2 = 0.52$ $C_3 = 4.0$ $l = 2.52$ m $s = 0.7$ m $h = 2.6$ m $D = 8.90$ m $d = 6.80$ m $K = 1.0$	$W = 109.17$ cm³	规范2.8.2.1

实取：HP180×40×9。连同带板（厚度10 mm，宽度700 mm）机舱平台甲板横梁的最小剖面模数为 $W = 192.25$ cm³ ≥ $W = 109.17$ cm³，满足要求。

注：计算横梁时 s 表示为肋骨间距，本船船艏 $s = 0.60$ m，其余 $s = 0.70$ m。

（8）机舱甲板横骨架式支持强横梁的甲板纵桁。

① 机舱横骨架式支持强横梁的甲板纵桁。

$W = 4.75bhl^2K$ $I = 2Wl/K$	$b = 9$ m $h = 1.30$ m $l = 4.9$ m $K = 1.0$	$W = 1334.36$ cm³ $I = 13076.69$ cm⁴	规范2.8.3.2 规范2.8.3.5

续表

实取：$\perp \dfrac{10 \times 450}{12 \times 160}$。连同带板（厚度10 mm，宽度1 800.25 mm）机舱横骨架式支持强横梁的甲板纵桁的最小剖面模数为$W = 1\,416.95\text{ cm}^3 \geqslant W = 1\,334.36\text{ cm}^3$，且$I = 53\,724.52\text{ cm}^4 > I = 13\,076.69\text{ cm}^4$，满足要求。			

② 机舱横骨架式支持强横梁的甲板纵桁和舱口端纵桁。

$W = 4.75bhl^2K$ $I = 2Wl/K$	$b = 4.2$ m $h = 1.30$ m $l = 9.1$ m（按舱口端纵桁取） $K = 1.0$	$W = 2\,147.68\text{ cm}^3$ $I = 39\,087.73\text{ cm}^4$	规范2.8.3.2 规范2.8.3.5

实取：$\perp \dfrac{10 \times 450}{12 \times 160}$。连同带板（厚度10 mm，宽度2 109.75 mm）机舱横骨架式支持强横梁的甲板纵桁和舱口端纵桁的最小剖面模数为$W = 1\,426.44\text{ cm}^3 < W = 2\,147.68\text{ cm}^3$，且$I = 55\,306.34\text{ cm}^4 > I = 39\,087.73\text{ cm}^4$，满足要求。

③ 机舱横骨架式不支持强横梁的甲板纵桁。

$W = 4.75bhl^2K$ $I = 2Wl/K$	$b = 2.315$ m $h = 1.30$ m $l = 2.8$ m $K = 1.0$	$W = 112.07\text{ cm}^3$ $I = 627.61\text{ cm}^4$	规范2.8.3.2 规范2.8.3.5

实取：$\perp \dfrac{8 \times 450}{10 \times 150}$。连同带板（厚度10 mm，宽度788.39 mm）机舱二层平台横骨架式支持强横梁舱口端纵桁和甲板中纵桁的最小剖面模数为$W = 1\,262.92\text{ cm}^3 \geqslant W = 112.07\text{ cm}^3$，且$I = 47\,354.75\text{ cm}^4 > I = 627.61\text{ cm}^4$，满足要求。

（9）机舱二层平台横骨架式支持强横梁舱口端纵桁和甲板中纵桁。

$W = 4.75bhl^2K$ $I = 2Wl/K$	$b = 4.075$ m $h = 2.6$ m $l = 4.9$ m $K = 1.0$	$W = 1\,208.33\text{ cm}^3$ $I = 11\,841.67\text{ cm}^4$	规范2.8.3.2 规范2.8.3.5

① 实取：$\perp \dfrac{10 \times 500}{12 \times 150}$。连同带板（厚度10 mm，宽度1 382.38 mm）机舱二层平台横骨架式支持强横梁舱口端纵桁和甲板中纵桁的最小剖面模数为$W = 1\,567.26\text{ cm}^3 \geqslant W = 1\,208.33\text{ cm}^3$，且$I = 62\,992.96\text{ cm}^4 > I = 11\,841.67\text{ cm}^4$，满足要求。

② 不支持强横梁的甲板纵桁实取：$\perp \dfrac{8 \times 500}{10 \times 150}$。连同带板（厚度10 mm，宽度1 382.38 mm）机舱二层平台横骨架式支持强横梁舱口端纵桁和甲板中纵桁的最小剖面模数为$W = 1\,308.20\text{ cm}^3 \geqslant W = 1\,208.33\text{ cm}^3$，且$I = 54\,303.51\text{ cm}^4 > I = 11\,841.67\text{ cm}^4$，满足要求。

（10）艉部横骨架式支持强横梁的甲板中纵桁。

$W = 4.75bhl^2K$ $I = 2Wl/K$	$b = 3.12$ m $h = 1.30$ m $l = 7.6$ m $K = 1.0$	$W = 1112.80$ cm^3 $I = 16914.62$ cm^4	规范 2.8.3.2 规范 2.8.3.5

实取：$\perp \dfrac{8 \times 450}{10 \times 150}$。连同带板（厚度 10 mm，宽度 1694.53 mm）艉部横骨架式支持强横梁的甲板中纵桁的最小剖面模数为 $W = 1320.64$ cm$^3 \geqslant W = 1112.80$ cm^3，且 $I = 56476.73$ cm$^4 > I = 16914.62$ cm^4，满足要求。

（11）艉楼横骨架式支持强横梁的甲板中纵桁。

$W = 4.75bhl^2K$ $I = 2Wl/K$	$b = 2.72$ m $h = 4.30$ m $l = 3.6$ m	$W = 720.01$ cm^3 $I = 5184.04$ cm^4	规范 2.8.3.2 规范 2.8.3.5

① 实取：$\perp \dfrac{8 \times 400}{12 \times 120}$。连同带板（厚度 10 mm，宽度 983.66 mm）艉楼横骨架式支持强横梁的甲板中纵桁的最小剖面模数为 $W = 1086.24$ cm$^3 \geqslant W = 720.01$ cm^3，且 $I = 33878.01$ cm$^4 > I = 5184.04$ cm^4，满足要求。

② 不支持强横梁的甲板纵桁实取：$\perp \dfrac{8 \times 400}{10 \times 120}$。连同带板（厚度 10 mm，宽度 983.66 mm）艉楼横骨架式支持强横梁的甲板中纵桁的最小剖面模数为 $W = 976.48$ cm$^3 \geqslant W = 720.01$ cm^3，且 $I = 31068.40$ cm$^4 > I = 5184.04$ cm^4，满足要求。

（12）艉楼横骨架式强横梁。

对于支持甲板旁纵桁的强横梁，假定强横梁两端为刚性固定，并受甲板纵桁集中载荷，应力衡准 $[\sigma] = 124$ N/mm^2。

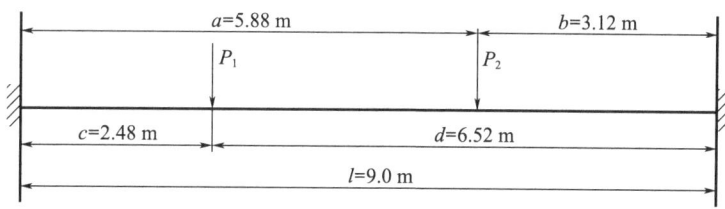

$M = M_{\max 1} + M_{\max 2}$ $= \dfrac{2P_1 a^2 b^2}{l^3} + \dfrac{2P_2 c^2 d^2}{l^3}$ $W = \dfrac{M}{[\sigma]}$ $I = 2Wl$	$P_1 = 7.06 a_1 b_1 h_1 = 124.95$ kN $a_1 = 2.94$ m $h_1 = 4.3$ m $b_1 = 1.4$ m $P_2 = 7.06 a_2 b_2 h_2 = 138.55$ kN $a_2 = 3.26$ m $h_2 = 4.3$ m $b_2 = 1.4$ m	$M = 214.76$ kN·m $W = 1731.94$ cm^3 $I = 31174.92$ cm^4	规范 2.8.4.1 规范 2.8.4.2

续表

实取：$\perp \frac{12 \times 480}{12 \times 180}$。连同带板（厚度 10 mm，宽度 1 400.00 mm）艏楼横骨架式强横梁的最小剖面模数为 $W = 1\,754.94\,\text{cm}^3 \geqslant W = 1\,731.94\,\text{cm}^3$，且 $I = 65\,959.37\,\text{cm}^4 > I = 31\,174.92\,\text{cm}^4$，满足要求。

（视频：23 - 艏楼横骨架式强横梁设计）

(13) 机舱及艉部主甲板强横梁。

对于支持甲板纵桁的强横梁，假定强横梁两端为刚性固定，并受甲板纵桁集中载荷，应力衡准 $[\sigma] = 124\,\text{N/mm}^2$。

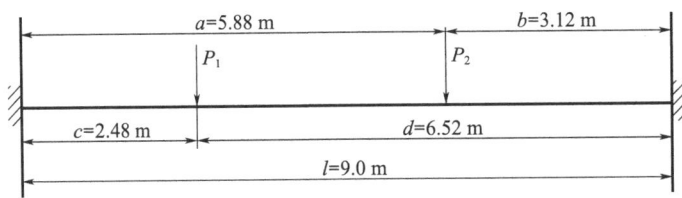

$M = M_{\max 1} + M_{\max 2}$ $= \frac{2P_1 a^2 b^2}{l^3} + \frac{2P_2 c^2 d^2}{l^3}$ $W = \frac{M}{[\sigma]}$ $I = 2Wl$	$P_1 = 7.06 a_1 b_1 h_1 = 75.55\,\text{kN}$ $a_1 = 2.94\,\text{m}$ $h_1 = 1.30\,\text{m}$ $b_1 = 2.8\,\text{m}$ $P_2 = 7.06 a_2 b_2 h_2 = 83.78\,\text{kN}$ $a_2 = 3.26\,\text{m}$ $h_2 = 1.30\,\text{m}$ $b_2 = 2.8\,\text{m}$	$M = 129.86\,\text{kN} \cdot \text{m}$ $W = 1\,047.22\,\text{cm}^3$ $I = 18\,849.95\,\text{cm}^4$	规范 2.8.4.1 规范 2.8.4.2

实取：$\perp \frac{10 \times 450}{12 \times 160}$。连同带板（厚度 10 mm，宽度 18 295.13 mm）机舱及艉部主甲板强横梁的最小剖面模数为 $W = 1\,308.20\,\text{cm}^3 \geqslant W = 1\,047.22\,\text{cm}^3$，且 $I = 53\,891.09\,\text{cm}^4 > I = 18\,849.95\,\text{cm}^4$，满足要求。

(14) 机舱平台强横梁。

对于支持平台纵桁的强横梁，假定强横梁两端为刚性固定，并受甲板纵桁集中载荷，应力衡准 $[\sigma] = 124\,\text{N/mm}^2$。

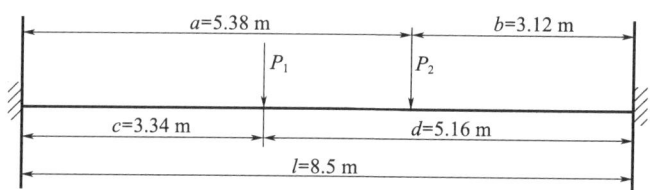

	$P_1 = 7.06a_1b_1h_1 = 138.26\ \text{kN}$		
$M = M_{max1} + M_{max2}$	$a_1 = 2.69\ \text{m}$		
$\quad = \dfrac{2P_1a^2b^2}{l^3} + \dfrac{2P_2c^2d^2}{l^3}$	$h_1 = 2.6\ \text{m}$		
	$b_1 = 2.8\ \text{m}$	$M = 235.14\ \text{kN}\cdot\text{m}$	规范 2.8.4.1
$W = \dfrac{M}{[\sigma]}$	$P_2 = 7.06a_2b_2h_2 = 132.6\ \text{kN}$	$W = 1896.30\ \text{cm}^3$	规范 2.8.4.2
$I = 2Wl$	$a_2 = 2.58\ \text{m}$	$I = 32237.08\ \text{cm}^4$	
	$h_2 = 2.6\ \text{m}$		
	$b_2 = 2.8\ \text{m}$		

实取：⊥ $\dfrac{12 \times 500}{14 \times 160}$。连同带板（厚度 10 mm，宽度 1 761.11 mm）机舱平台强横梁的最小剖面模数为 $W = 1\,909.07\ \text{cm}^3 \geqslant W = 1\,896.30\ \text{cm}^3$，且 $I = 77\,365.31\ \text{cm}^4 > I = 32\,237.08\ \text{cm}^4$，满足要求。

（15）机舱平台强横梁。

对于支持平台纵桁的舱口端强横梁 F22，假定强横梁两端为刚性固定，并受甲板纵桁集中载荷，应力衡准 $[\sigma] = 124\ \text{N/mm}^2$。

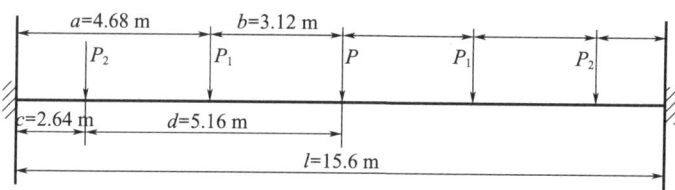

	$P = 7.06abh = 80.18\ \text{kN}$		
	$a = 3.12\ \text{m}$		
	$h = 2.6\ \text{m}$		
	$b = 1.4\ \text{m}$		
$M = \dfrac{Pl}{8} + \dfrac{P_2C^2}{l} + \dfrac{P_1a^2}{l}$	$P_1 = 7.06a_1b_1h_1 = 132.6\ \text{kN}$		
	$a_1 = 2.58\ \text{m}$	$M = 409.71\ \text{kN}\cdot\text{m}$	规范 2.8.4.1
$W = \dfrac{M}{[\sigma]}$	$h_1 = 2.6\ \text{m}$	$W = 3\,304.08\ \text{cm}^3$	规范 2.8.4.2
$I = 2Wl$	$b_1 = 2.8\ \text{m}$	$I = 103\,087.24\ \text{cm}^4$	
	$P_2 = 7.06a_2b_2h_2 = 120.26\ \text{kN}$		
	$a_2 = 2.34\ \text{m}$		
	$h_2 = 2.6\ \text{m}$		
	$b_2 = 2.8\ \text{m}$		

续表

实取：$\perp\dfrac{16\times600}{16\times160}$。连同带板（厚度 10 mm，宽度 2 639.92 mm）机舱平台强横梁的最小剖面模数为 $W = 3\,098.93\ \text{cm}^3 < W = 3\,304.08\ \text{cm}^3$，且 $I = 153\,122.73\ \text{cm}^4 > I = 103\,087.24\ \text{cm}^4$，满足要求。

4）支柱

（1）机舱平台上支柱。

$P = 7.06abh + P_0$ $A = \dfrac{P}{12.26 - 5.10\dfrac{l}{r}}$ $t = \dfrac{br}{40l}$ $t = \dfrac{b}{36}$	$a = 2.8$ m $b = 4.25$ m $h = 2.6$ m $P_0 = 0$ $l = 2.35$ m $r = 8.99$ cm	$P = 218.43$ kN $A = 19.51\ \text{cm}^2$ $t = 11.47$ mm $t = 3.33$ mm	规范 2.10.1.1 规范 2.10.2.1 规范 2.10.3.2

实取：$\perp\dfrac{16\times200}{2(14\times120)}$。机舱平台上支柱的 $A = 57.60\ \text{cm}^2 > A = 19.51\ \text{cm}^2$，满足要求。

（视频：24 - 立柱设计）

（2）机舱平台下支柱。

$P = 7.06abh + P_0$ $A = \dfrac{P}{12.26 - 5.10\dfrac{l}{r}}$ $t = \dfrac{br}{40l}$ $t = \dfrac{b}{36}$	$a = 2.8$ m $b = 4.25$ m $h = 2.6$ m $P_0 = 218.43$ kN $l = 3.28$ m $r = 9.43$ cm	$P = 436.87$ kN $A = 40.30\ \text{cm}^2$ $t = 10.79$ mm $t = 4.17$ mm	规范 2.10.1.1 规范 2.10.2.1 规范 2.10.3.2

实取：$\perp\dfrac{12\times200}{2(16\times150)}$。机舱平台下支柱的 $A = 72.00\ \text{cm}^2 > A = 40.30\ \text{cm}^2$，满足要求。

5) 舱壁

(1) 水密平面横舱壁（F9、F29）（规范 2.12.3.1、规范 2.12.3.2、规范 2.12.3.3）。

计算舱壁板厚和构件尺寸时，s 表示扶强材间距或者槽舱构件间距，本船横舱壁扶强材间距为 0.63 m，纵舱壁扶强材间距为 0.65 m，槽舱构件间距 1.98 m。

$$\text{水密平面横舱壁板 } t = 4s\sqrt{hK}$$

序号	位置	s/m	h/m	K	t/mm	实取厚度/mm	备注
1	F9	0.63	8.8	1.0	7.48	8	F9 横舱壁处与尾管相连处板厚 18 mm，舱壁下列板 9×1600。
2	F29	0.63	7.85	1.0	7.06	8	

① 扶强材（规范 2.12.4.1、规范 2.12.4.2）。

$$W = Cshl^2K$$

序号	位置	C	s/m	h/m	L/m	K	W/cm³	实取构件	是否满足
1	F9	3	0.63	2	3.2	1.0	38.71	HP160×36×8	连同带板（厚度 8 mm，宽度 630 mm）$W = 138.09 \text{ cm}^3 > W = 38.71 \text{ cm}^3$，满足要求。
2	F29 平台上	3	0.63	1.625	3.25	1.0	32.44	HP120×30×6.5	连同带板（厚度 8 mm，宽度 630 mm）$W = 67.31 \text{ cm}^3 > W = 32.44 \text{ cm}^3$，满足要求。
	F29 平台下	3	0.63	5.65	4.05	1.0	175.15	HP180×40×9	连同带板（厚度 8 mm，宽度 630 mm）$W = 187.15 \text{ cm}^3 > W = 175.15 \text{ cm}^3$，满足要求。

② 横舱壁垂直桁材（仅 F29）。

平台上 $W = 6.6bhl^2K$	$b = 2.52$ m $h = 1.575$ m $l = 3.15$ m $K = 1.0$	$W = 259.92 \text{ cm}^3$	规范 2.12.7.1

实取 $\perp \dfrac{8 \times 300}{10 \times 150}$。连同带板（厚度 8 mm，宽度 877.26 mm）$W = 622.92 \text{ cm}^3 > W = 259.92 \text{ cm}^3$，满足要求。

平台下 $W = 6.6bhl^2K$	$b = 2.52$ m $h = 5.425$ m $l = 4.55$ m $K = 1.0$	$W = 1867.96 \text{ cm}^3$	规范 2.12.7.1

续表

实取：$\perp \dfrac{12 \times 500}{14 \times 180}$。连同带板（厚度 8 mm，宽度 1 120.97 mm）$W = 1 935.17 \text{ cm}^3 > W = 1 867.96 \text{ cm}^3$，满足要求。

③ 垂直桁材作为纵桁的支持构件（取 F29），按支柱校核。

支柱载荷按机舱平台上支柱载荷 $P = 7.06abh + P_0$ $A = \dfrac{P}{12.26 - 5.10 \dfrac{l}{r}}$ $t = \dfrac{br}{40l}$ $t = \dfrac{b}{36}$	$a = 2.8$ m $b = 4.25$ m $h = 2.6$ m $P_0 = 0$ $l = 2.35$ m $r = 10.14$ cm	$P = 218.43$ kN $A = 19.30 \text{ cm}^2$ $t = 16.20$ mm $t = 4.17$ mm	规范 2.12.4.2 规范 2.12.4.5

实取：$\perp \dfrac{8 \times 300}{10 \times 100}$。垂直桁材的 $A = 34.00 \text{ cm}^2 > A = 19.30 \text{ cm}^2$，满足要求。

支柱载荷按机舱平台下支柱载荷 $P = 7.06abh + P_0$ $A = \dfrac{P}{12.26 - 5.10 \dfrac{l}{r}}$ $t = \dfrac{br}{40l}$ $t = \dfrac{b}{36}$	$a = 2.8$ m $b = 4.25$ m $h = 2.6$ m $P_0 = 218.44$ kN $l = 3.28$ m $r = 16.90$ cm	$P = 218.43$ kN $A = 19.30 \text{ cm}^2$ $t = 23.19$ mm $t = 5.00$ mm	规范 2.12.4.2 规范 2.12.4.5

实取：$\perp \dfrac{10 \times 500}{14 \times 180}$。垂直桁材的 $A = 75.20 \text{ cm}^2 > A = 19.30 \text{ cm}^2$，满足要求。

（2）① 深舱舱壁（平面舱壁 F37、F144、F147、F150）（规范 2.13.2.1、规范 2.13.2.2、规范 5.7.2.1）。

$$t_1 = 3.95s\sqrt{\rho hK} + 2.5$$

$$t_2 = 3.75s\sqrt{hK} + 2.5$$

序号	位置	s/m	ρ/(t/m³)	h/m	K	t_1/mm	t_2/mm	实取厚度/mm	备注
1	F144	0.63	1.025	7.8	1.0	9.54	9.10	10	舱壁下列板 11×1600
2	F147	0.63	1.025	7.8	1.0	9.54	9.10	10	
3	F150	0.63	1.025	7.8	1.0	9.54	9.10	10	

② 构成整体液货舱周界的平面油密横舱壁（F144）（规范 5.7.2.1、规范 A4.9.3.1、规范 A4.4.1）。

第5章 船体结构规范法设计

$$t = 3.75s\sqrt{hK} + 2.5$$

序号	位置	s/m	h/m	t/mm	实取厚度/mm
1	F144 下列板	0.63	7.7	9.05	11
2	F144 中列板	0.63	5.9	8.24	10
3	F144 上列板	0.63	3.56	7.00	10

$$t_1 = 3.95s\left[\rho h_1 + 100(P_u - 0.02)\right]^{\frac{1}{2}} + 2.5$$

$$t_2 = 2.8s(\rho h)^{\frac{1}{2}} + 2.5$$

$$t_3 = 2.9s(2.45 + h_1)^{\frac{1}{2}} + 2.5$$

$$t_4 = 6.5 + \frac{L}{40},\text{但不小于}7.5\text{mm}$$

序号	位置	L/m	s/m	h_1/m	h/m	ρ/(t/m³)	P_v/MPa	t_1/mm	t_2/mm	t_3/mm	t_4/mm	实取厚度/mm
1	F144 下列板	108	0.63	7.7	8.3	1.53	0.02	11.04	8.55	8.32	9.20	11
2	F144 中列板	108	0.63	5.9	6.5	1.53	0.02	9.98	8.06	7.78	9.20	10
3	F144 上列板	108	0.63	1.8	2.4	1.53	0.02	6.63	5.88	6.27	9.20	10

③ 横舱壁扶强材（规范 2.13.2.3、规范 5.7.3.7、规范 A4.9.5.1）。

$$W_1 = 8s\rho h l^2 K$$

$$W_2 = 7.2s(h + 1.2)l^2 K$$

序号	位置	s/m	h/m	K	ρ/(t/m³)	l/m	W_1/cm³	W_2/cm³	实取构件	W/cm³
1	F144 平台上	0.63	1.58	1.0	1.025	3.0	71.67	113.50	HP160×36×8	连同带板（厚度 10 mm，宽度 630 mm）$W = 140.99\text{ cm}^3 > W = 113.50\text{ cm}^3$，满足要求。
2	F144 平台下	0.63	6.4	1.0	1.025	2.0	129.02	137.90	HP160×36×8	连同带板（厚度 11 mm，宽度 630 mm）$W = 142.30\text{ cm}^3 > W = 137.90\text{ cm}^3$，满足要求。
3	F147	0.63	4.8	1.0	1.025	3.0	217.73	244.94	HP200×44×10	连同带板（厚度 10 mm，宽度 630 mm）$W = 256.58\text{ cm}^3 > W = 244.94\text{ cm}^3$，满足要求。
4	F150	0.63	4.8	1.0	1.025	3.0	217.73	244.94	HP200×44×10	连同带板（厚度 10 mm，宽度 630 mm）$W = 256.58\text{ cm}^3 > W = 244.94\text{ cm}^3$，满足要求。

④ 构成液货舱周界的 F144 平面油密横舱壁扶强材计算。

$W_1 = 7.2s\,(h+1.2)\,l^2 K\;(\text{cm}^3)$ $W_2 = 8s\rho h l^2 K\;(\text{cm}^3)$	$s = 0.63\,\text{m}$ $h = 6.4\,\text{m}$ $l = 2\,\text{m}$ $\rho = 1.025\,\text{t/m}^3$ $K = 1.0$	$W_1 = 137.89\,\text{cm}^3$ $W_2 = 132.25\,\text{cm}^3$	规范 5.7.3.7 规范 2.13.2.3
实取：HP160×36×8。连同带板（厚度 10 mm，宽度 630 mm）$W = 140.99\,\text{cm}^3 > W = 137.89\,\text{cm}^3$，满足要求。			
$W_1 = 8Ksl^2\,[\rho h_1 + 100\,(Pu - 0.02)]^{\frac{1}{2}}$ $W_2 = 4K\rho h s l^2$ $W_3 = 4.2Ksl^2\,(2.45 + h_1)$	$\rho = 1.53\,\text{t/m}^3$ $s = 0.63\,\text{m}$ $h_1 = 6.4\,\text{m}$ $P_u = 0.02\,\text{MPa}$ $h = 7.0\,\text{m}$ $l = 2\,\text{m}$ $K = 1$	$W_1 = 63.09\,\text{cm}^3$ $W_2 = 107.96\,\text{cm}^3$ $W_3 = 93.67\,\text{cm}^3$	规范 A4.9.5.1
实取：HP160×36×8。连同带板（厚度 10 mm，宽度 630 mm）$W = 140.99\,\text{cm}^3 > W = 107.96\,\text{cm}^3$，满足要求。			

⑤ 横舱壁垂直桁材（仅 F144）。

平台上 $W = 11.7b\rho h l^2 K$	$b = 2.52\,\text{m}$ $h = 1.575\,\text{m}$ $l = 3.15\,\text{m}$ $\rho = 1.025\,\text{t/m}^3$ $K = 1.0$	$W = 472.30\,\text{cm}^3$	规范 2.13.5.1
实取：⊥ $\dfrac{8 \times 300}{10 \times 150}$。连同带板（厚度 10 mm，宽度 877.26 mm）$W = 633.10\,\text{cm}^3 > W = 472.30\,\text{cm}^3$，满足要求。			
平台下 $W = 11.7b\rho h l^2 K$	$b = 2.52\,\text{m}$ $h = 6.4\,\text{m}$ $l = 2\,\text{m}$ $\rho = 1.025\,\text{t/m}^3$ $K = 1.0$	$W = 773.66\,\text{cm}^3$	规范 2.13.5.1
实取：⊥ $\dfrac{10 \times 350}{12 \times 150}$。连同带板（厚度 10 mm，宽度 648.05 mm）$W = 905.32\,\text{cm}^3 > W = 773.66\,\text{cm}^3$，满足要求。			

(3) 货液舱平面纵舱壁按深舱计算（规范 2.13.2.1、规范 5.8.2.1）。

① 货舱纵舱壁板厚。

$$t_1 = 3.95s\sqrt{\rho h K} + 2.5$$

$$t_2 = 3.75s\sqrt{hK} + 2.5$$

序号	位置	s/m	ρ/(t/m³)	K	h/m	t_1/mm	t_2/mm	实取厚度 t/mm
1	F37～F144 下列板	0.65	1.025	1.0	7.7	9.71	9.26	12
2	F37～F144 中列板	0.65	1.025	1.0	5.9	8.81	8.42	11
3	F37～F144 上列板	0.65	1.025	1.0	1.8/3.56	5.99	7.10	10

② 距甲板 0.1D 范围内的纵舱壁板厚度。

$$t = 3.75 s d^{\frac{1}{2}} + 2.5 = 9.35 \ (\text{mm})$$

实取：$t = 10 \text{ mm}$

③ 构成液货舱周界的纵舱壁（F37～F144）（规范 A4.9.5.1）。

$$t_1 = 3.95 s [\rho h_1 + 100(P_u - 0.02)]^{\frac{1}{2}} + 2.5$$

$$t_2 = 2.8 s (\rho h)^{\frac{1}{2}} + 2.5$$

$$t_3 = 2.9 s (2.45 + h_1)^{\frac{1}{2}} + 2.5$$

$$t_4 = 6.5 + \frac{L}{40}$$

序号	位置	L/m	s/m	h_1/m	h/m	ρ	P_v/MPa	t_1/mm	t_2/mm	t_3/mm	t_4/mm	实取厚度 t/mm
1	F37～F144 下列板	108	0.65	7.7	8.3	1.53	0.02	11.04	8.79	8.32	9.20	12
2	F37～F144 中列板	108	0.65	5.9	6.5	1.53	0.02	10.34	8.06	7.78	9.20	11
3	F37～F144 上列板	108	0.65	1.8	2.4	1.53	0.02	6.63	5.88	6.27	9.20	10

④ 纵舱壁水平扶强材（规范 2.13.2.3、规范 5.7.3.7）。

$$W_1 = 8 \rho s h l^2 K$$

$$W_2 = 7.2 s (h + 1.2) l^2 K$$

序号	位置	s/m	h/m	l/m	ρ/(t/m³)	K	W_1/cm³	W_2/cm³	实取构件	实取 W/cm³
1	F37～F144 下	0.65	7.05	2.8	1.025	1.0	294.60	302.70	HP220×48×11	连同带板（厚度 12 mm，宽度 650 mm） $W = 313.01 \text{ cm}^3 > W = 302.70 \text{ cm}^3$，满足要求。
2	F37～F144 中	0.65	5.75	2.8	1.025	1.0	240.28	255.00	HP200×44×10	连同带板（厚度 11 mm，宽度 650 mm） $W = 259.56 \text{ cm}^3 > W = 255.00 \text{ cm}^3$，满足要求。
3	F37～F144 上	0.65	2.6	2.8	1.025	1.0	108.65	139.40	HP180×40×9	连同带板（厚度 10 mm，宽度 650 mm） $W = 191.54 \text{ cm}^3 > W = 139.40 \text{ cm}^3$，满足要求。

⑤ 构成液货舱周界的 F37~F144 纵舱壁扶强材剖面模数计算（规范 A4.9.5.1）。

$$W_1 = 8Ksl^2[\rho h_1 + 100(P_u - 0.02)]^{\frac{1}{2}}$$

$$W_2 = 4K\rho h s l^2$$

$$W_3 = 4.2Ksl^2(2.45 + h_1)$$

序号	位置	l/m	s/m	h_1/m	h/m	ρ/(t/m³)	K	P_v/MPa	W_1/cm³	W_2/cm³	W_3/cm³
1	F37~F144 下	2.8	0.65	7.05	7.65	1.53	1.0	0.02	133.89	238.58	203.33
2	F37~F144 中	2.8	0.65	5.75	6.35	1.53	1.0	0.02	120.92	198.04	175.51
3	F37~F144 上	2.8	0.65	2.6	3.2	1.53	1.0	0.02	81.31	99.80	108.09

⑥ 构成液货舱周界的纵舱壁扶强材惯性矩（F37~F144）（规范 2.13.2.3）。

$$I = 2.3Wl/K$$

序号	位置	W/cm³	K	l/m	I/cm⁴	实取构件	实取 W/cm³ 实取 I/cm⁴
1	F37~F144 下	244.55	1.0	2.8	1574.90	HP220×48×11	连同带板（厚度 12 mm，宽度 650 mm）$W = 313.01$ cm³ $> W = 238.58$ cm³，$I = 5766.90$ cm⁴ > 1574.90 cm⁴，满足要求。
2	F37~F144 中	202.99	1.0	2.8	1307.26	HP200×44×10	连同带板（厚度 11 mm，宽度 650 mm）$W = 259.56$ cm³ $> W = 255.00$ cm³，$I = 4403.70$ cm⁴ > 1307.26 cm⁴，满足要求。
3	F37~F144 上	110.66	1.0	2.8	712.65	HP180×40×9	连同带板（厚度 10 mm，宽度 650 mm）$W = 191.54$ cm³ $> W = 108.09$ cm³，$I = 2975.38$ cm⁴ > 712.65 cm⁴，满足要求。

（4）液货舱槽形纵横舱壁（按深舱计算）。

① 槽形纵横舱壁尺寸（规范 2.13.3.1、规范 2.13.3.2）。

$$W = Cshl^2K$$

$$t \geq \frac{a}{70\sqrt{K}}$$

序号	位置	C	s/m	h/m	l/m	K	W/cm³	a/m	b/m	t_1/mm	t_2/mm
1	F37	13.6	1.98	3.85	7.7	1.0	6146.76	0.75	0.74	10.82	10.71
2	F41	13.6	1.98	3.85	7.7	1.0	6146.76	0.75	0.74	10.82	10.71
3	F61	13.6	1.98	3.85	7.7	1.0	6146.76	0.75	0.74	10.82	10.71
4	F82	13.6	1.98	3.85	7.7	1.0	6146.76	0.75	0.74	10.82	10.71
5	F102	13.6	1.98	3.85	7.7	1.0	6146.76	0.75	0.74	10.82	10.71
6	F123	13.6	1.98	3.85	7.7	1.0	6146.76	0.75	0.74	10.82	10.71
7	F37~F144	13.6	1.98	3.975	7.95	1.0	6765.12	0.75	0.835	11.92	11.93

② 槽形纵横舱壁尺寸（规范5.9.2.2、规范5.10.2.2）。

$$W = 8.8s(h+1.2)l^2 K$$
$$I = 28s(h+1.2)l^3/K$$

序号	位置	s/m	h/m	l/m	K	W/cm³	I/cm⁴	a/m	b/m	t_1/mm	t_2/mm
1	F37	1.98	3.85	7.7	1	5217.00	127816.46	0.75	0.74	10.82	10.71
2	F41	1.98	3.85	7.7	1	5217.00	127816.46	0.75	0.74	10.82	10.71
3	F61	1.98	3.85	7.7	1	5217.00	127816.46	0.75	0.74	10.82	10.71
4	F82	1.98	3.85	7.7	1	5217.00	127816.46	0.75	0.74	10.82	10.71
5	F102	1.98	3.85	7.7	1	5217.00	127816.46	0.75	0.74	10.82	10.71
6	F123	1.98	3.85	7.7	1	5217.00	127816.46	0.75	0.74	10.82	10.71
7	F37~F144	1.98	3.975	7.95	1	5698.92	144156.74	0.75	0.835	11.92	11.93

③ 构成液货舱周界的槽形纵横舱壁（规范A4.9.6.1）。

序号	位置	C	l/m	s/m	h_1/m	h/m	ρ/(t/m³)	K	P_u/MPa	d_w/m	$KCsl^2$ $(\rho h_1+100(P_u-0.02))$	$0.5KCs$ $\rho h l^2$	$0.53KCsl^2$ $(2.45+h_1)$
1	F37	13.6	7.7	1.98	3.85	4.45	1.53	1.0	0.02	5.2	9262.05	5435.09	5330.92
2	F41	13.6	7.7	1.98	3.85	4.45	1.53	1.0	0.02	5.2	9262.05	5435.09	5330.92
3	F61	13.6	7.7	1.98	3.85	4.45	1.53	1.0	0.02	5.2	9262.05	5435.09	5330.92
4	F82	13.6	7.7	1.98	3.85	4.45	1.53	1.0	0.02	5.2	9262.05	5435.09	5330.92
5	F102	13.6	7.7	1.98	3.85	4.45	1.53	1.0	0.02	5.2	9262.05	5435.09	5330.92
6	F123	13.6	7.7	1.98	3.85	4.45	1.53	1.0	0.02	5.2	9262.05	5435.09	5330.92
7	F37~F144	13.6	7.95	1.98	3.975	4.575	1.53	1.0	0.02	5.2	10350.63	5956.50	5795.45

④ 实取槽形舱壁模数和惯性矩（规范1.2.4.3）。

$$W = d_w t(a+b/3) \ (\text{cm}^3)$$
$$I = 1/20 d_w^2 t(a+b/3) \ (\text{cm}^4)$$

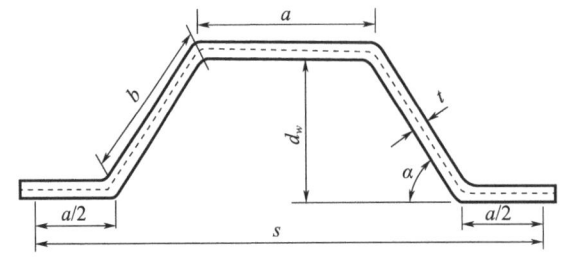

序号	位置	t	s/m	a/m	b/m	d_w/mm	α>40	W/cm³	I/cm⁴
1	F37	14	1.98	0.75	0.74	700	71	9767.33	341856.67
2	F41	14	1.98	0.75	0.74	700	71	9767.33	341856.67
3	F61	14	1.98	0.75	0.74	700	71	9767.33	341856.67
4	F82	14	1.98	0.75	0.74	700	71	9767.33	341856.67
5	F102	14	1.98	0.75	0.74	700	71	9767.33	341856.67
6	F123	14	1.98	0.75	0.74	700	71	9767.33	341856.67
7	F37~F144	12	1.98	0.75	0.835	800	73	9872.00	394880.00

5.4.3 上层建筑设计

根据规范，上层建筑围壁的前端壁、后端壁及侧壁的计算压头有差别，但离艏艉近的端壁计算压头最大。为了安全起见，本文选择离艏艉近的端壁作为计算压头。

1）艉楼

（1）计算压头（规范2.17.2）。

因为艉楼前端壁的 $L_1 = 108$ m、$L = 108$ m、$B_1 = 18$ m、$b = 18$ m、$X = 2.10$ m、$C_b = 0.8$、$\gamma = 3.75$ m，则：

$$\alpha = 0.0083L_1 + 2.0 = 2.91$$

$$\delta = 0.7\frac{b}{B_1} + 0.3 = 1.00$$

$$\beta = 1.0 + \left(\frac{x/L - 0.45}{C_b + 0.2}\right)^2 = 1.19$$

$$\lambda = \frac{L}{10}e^{-L/300} - 1 + \left(\frac{L}{150}\right)^2 = 7.05$$

故：

$$h = \alpha\delta(\beta\lambda - \gamma) = 13.50 \text{（m）}$$
$$h_{\min} = 0.01L + 2.5 = 3.58 \text{（m）}$$

实取：$h = 13.50$ m

式中：L——规范船长，结构吃水处首柱前缘到舵杆中心线的水平距离，m；

L_1——夏季载重水线长，m，L_1 取值不必大于 300 m；

X——艉垂线至所考虑舱壁的距离，m；

γ——自夏季载重线至扶强材跨距中点的垂直距离，m；

b——所考虑位置的甲板室宽，m；

B_1——船舶露天甲板在所考虑处的最大实际宽度，m。

（视频：25－上层建筑水头高度计算）

(2) 围壁板厚度。

艉楼甲板室围壁板的厚度 t 应不小于：

$t = 3s\sqrt{hK}$ 对最下层 $t_{min} = (0.01L_1 + 5.0)\sqrt{K}$	$s = 0.7$ m（扶强材间距） $h = 13.50$ m $K = 1.0$	$t = 7.72$ mm $t_{min} = 6.08$ mm	规范 2.17.3.1

实取：$t = 8$ mm

(3) 端壁与围壁扶强材。

艉楼甲板室围壁的扶强材剖面模数 W 应不小于：

$W = 3.5shl^2K$	$s = 0.7$ m $h = 13.50$ m $l = 2.0$ m（扶强材跨距） $K = 1.0$	$W = 132.30$ cm³	规范 2.17.3.2

实取：HP160×36×8。连同带板（厚度 8 mm，宽度 700 mm）扶强材的最小剖面模数为 $W = 138.82$ cm³ $> W = 132.30$ cm³，满足要求。

(4) 甲板厚度。

甲板板厚度 t 应不小于：

$t = (0.02L + C)\sqrt{\dfrac{sK}{S_b}} - t_c$ 且不小于 5 mm	$L = 108$ m $s = 0.7$ m $S_b = 0.67$ m $C = 5.5$ $t_c = 0$ $K = 1.0$	$t = 7.83$ mm	规范 2.17.5.4

实取：$t = 9$ mm

（5）甲板骨架。

甲板室甲板纵骨或横梁剖面模数 W 应不小于：

$W = 5shl^2K$	$s = 0.7\,\text{m}$ $h = 0.9\,\text{m}$ $l = 3.78\,\text{m}$（甲板横梁跨距） $K = 1.0$	$W = 45.01\,\text{cm}^3$	规范 2.17.5.2

实取：$L125 \times 80 \times 8$。连同带板（厚度 9 mm，宽度 700 mm）甲板骨架的最小剖面模数为 $W = 110.30\,\text{cm}^3 > W = 45.01\,\text{cm}^3$，满足要求。

2）艇甲板室

（1）计算压头。

因为艇甲板室后端壁的 $L_1 = 110\,\text{m}$、$L = 108\,\text{m}$、$B_1 = 18\,\text{m}$、$b = 13.47\,\text{m}$、$X = 4.2\,\text{m}$、$C_b = 0.8$、$\gamma = 6.3\,\text{m}$，则：

$$\alpha = 0.0083L_1 + 1.0 = 1.91$$

$$\delta = 0.7\frac{b}{B_1} + 0.3 = 0.82$$

$$\beta = 1.0 + \left(\frac{x/L - 0.45}{C_b + 0.2}\right)^2 = 1.17$$

$$\lambda = \frac{L}{10}e^{-L/300} - 1 + \left(\frac{L}{150}\right)^2 = 7.05$$

故：

$$h = \alpha\delta(\beta\lambda - \gamma) = 3.05\ (\text{m})$$

$$h_{\min} = 0.005L + 1.25 = 1.79\ (\text{m})$$

实取：$h = 3.50\,\text{m}$。

（2）端壁与围壁板厚度。

艇甲板室围壁板的厚度 t 应不小于：

$t = 3s\sqrt{hK}$ $t_{\min} = (0.01L + 4.0)\sqrt{K}$，且不小于 5 mm	$L = 108\,\text{m}$ $s = 0.7\,\text{m}$ $h = 3.50\,\text{m}$ $K = 1.0$	$t = 3.93\,\text{mm}$ $t_{\min} = 5.08\,\text{mm}$	规范 2.17.3.1

实取：$t = 7\,\text{mm}$。

（3）端壁及围壁板扶强材。

艇甲板室围壁的扶强材剖面模数 W 应不小于：

| $W = 3.5shl^2K$ | $s = 0.7$ m
$h = 3.50$ m
$l = 2.0$ m
$K = 1.0$ | $W = 34.30$ cm³ | 规范 2.17.3.2 |

实取：L90×56×6。连同带板（厚度 7 mm，宽度 700 mm）扶强材的最小剖面模数为 $W = 42.95$ cm³ $> W = 34.30$ cm³，满足要求。

（4）甲板厚度。

甲板板厚度 t 应不小于：

| $t = (0.02L + C)\sqrt{\dfrac{sK}{S_b}} - t_c$，且不小于 5 mm | $L = 108$ m
$s = 0.7$ m
$S_b = 0.67$ m
$C = 5.0$
$t_C = 1$
$K = 1.0$ | $t = 6.32$ mm | 规范 2.17.5.4 |

实取：$t = 7$ mm。

（5）甲板骨架。

艇甲板室甲板纵骨或横梁剖面模数 W 应不小于：

| $W = 5shl^2K$ | $s = 0.7$ m
$h = 0.6$ m
$l = 1.20$ m
$K = 1.0$ | $W = 17.64$ cm³ | 规范 2.17.5.2 |

实取：L90×56×6。连同带板（厚度 7 mm，宽度 700 mm）甲板骨架的最小剖面模数为 $W = 42.95$ cm³ $> W = 17.64$ cm³，满足要求。

3）居住甲板室 1

（1）计算压头。

因为居住甲板室 1 后端壁的 $L_1 = 110$ m、$L = 108$ m、$B_1 = 18$ m、$b = 10.88$ m、$X = 5.50$ m、$C_b = 0.8$、$\gamma = 8.35$ m，则：

$$\alpha = 0.0067L_1 + 0.5 = 1.24$$

$$\delta = 0.7\dfrac{b}{B_1} + 0.3 = 0.72$$

$$\beta = 1.0 + \left(\dfrac{x/L - 0.45}{C_b + 0.2}\right)^2 = 1.16$$

$$\lambda = \dfrac{L}{10}e^{-L/300} - 1 + \left(\dfrac{L}{150}\right)^2 = 7.05$$

故：

$$h = \alpha\delta(\beta\lambda - \gamma) = -0.15\,\mathrm{m}$$
$$h_{\min} = 0.005L + 1.25 = 1.79\,\mathrm{m}$$

实取：$h = 2.00\,\mathrm{m}$。

（2）端壁与围壁板厚度。

居住甲板室 1 甲板室围壁板的厚度 t 应不小于：

$t = 3s\sqrt{hK}$ $t_{\min} = (0.01L + 4.0)\sqrt{K}$，且不小于 5 mm	$s = 0.7\,\mathrm{m}$ $h = 2.0\,\mathrm{m}$ $K = 1.0$	$t = 2.97\,\mathrm{mm}$ $t_{\min} = 5.08\,\mathrm{mm}$	规范 2.17.3.1

实取：$t = 7\,\mathrm{mm}$

（3）围壁板扶强材。

居住甲板室 1 甲板室围壁的扶强材剖面模数 W 应不小于：

$W = 3.5shl^2K$	$s = 0.7\,\mathrm{m}$ $h = 2.0\,\mathrm{m}$ $l = 2.4\,\mathrm{m}$ $K = 1.0$	$W = 28.22\,\mathrm{cm}^3$	规范 2.17.3.2

实取：L75×50×6。连同带板（厚度 7 mm，宽度 700 mm）扶强材的最小剖面模数为 $W = 33.69\,\mathrm{cm}^3 > W = 28.22\,\mathrm{cm}^3$，满足要求。

（4）甲板厚度。

甲板板厚度 t 应不小于：

$t = (0.02L + C)\sqrt{\dfrac{sK}{S_b}} - t_c$，且不小于 5 mm	$L = 108\,\mathrm{m}$ $s = 0.7\,\mathrm{m}$ $S_b = 0.67\,\mathrm{m}$ $C = 4.5$ $t_C = 1$ $K = 1.0$	$t = 5.81\,\mathrm{mm}$	规范 2.17.5.4

实取：$t = 7\,\mathrm{mm}$

（5）甲板骨架。

甲板室甲板纵骨或横梁剖面模数 W 应不小于：

$W = 5shl^2K$	$s = 0.7\,\mathrm{m}$ $h = 0.45\,\mathrm{m}$ $l = 1.20\,\mathrm{m}$ $K = 1.0$	$W = 2.27\,\mathrm{cm}^3$	规范 2.17.5.2

续表

实取：L75×50×6。连同带板（厚度 7 mm，宽度 700 mm）甲板骨架的最小剖面模数为 $W = 33.69 \text{ cm}^3 > W = 2.27 \text{ cm}^3$，满足要求。

4）居住甲板室 2

（1）计算压头。

因为居住甲板室 2 后端壁的 $L_1 = 110 \text{ m}$、$L = 108 \text{ m}$、$B_1 = 18 \text{ m}$、$b = 10.88 \text{ m}$、$X = 11.76 \text{ m}$、$C_b = 0.8$、$\gamma = 10.67 \text{ m}$，则：

$$\alpha = 0.0067L_1 + 0.5 = 1.24$$

$$\delta = 0.7\frac{b}{B_1} + 0.3 = 0.72$$

$$\beta = 1.0 + \left(\frac{x/L - 0.45}{C_b + 0.2}\right)^2 = 1.12$$

$$\lambda = \frac{L}{10}e^{-L/300} - 1 + \left(\frac{L}{150}\right)^2 = 7.05$$

故：

$$h = \alpha\delta(\beta\lambda - \gamma) = -2.48 \text{ (m)}$$

$$h_{\min} = 0.005L + 1.25 = 1.79 \text{ (m)}$$

实取：$h = 2.00 \text{ m}$。

（2）端壁与围壁板厚度。

居住甲板室 2 甲板室围壁板的厚度 t 应不小于：

$t = 3s\sqrt{hK}$ $t_{\min} = (0.01L + 4.0)\sqrt{K}$，且不小于 5 mm	$s = 0.7 \text{ m}$ $h = 2.0 \text{ m}$ $L = 108 \text{ m}$ $K = 1.0$	$t = 2.97 \text{ mm}$ $t_{\min} = 5.08 \text{ mm}$	规范 2.17.3.1

实取：$t = 7 \text{ mm}$。

（3）围壁板扶强材。

居住甲板室 2 甲板室围壁的扶强材剖面模数 W 应不小于：

$W = 3.5shl^2K$	$s = 0.7 \text{ m}$ $h = 2.0 \text{ m}$ $l = 2.4 \text{ m}$ $K = 1.0$	$W = 28.22 \text{ cm}^3$	规范 2.17.3.2

续表

实取：L75×50×6。连同带板（厚度7 mm，宽度700 mm）扶强材的最小剖面模数为 $W = 33.69 \text{ cm}^3 > W = 28.22 \text{ cm}^3$，满足要求。

(4) 甲板厚度。

甲板板厚度 t 应不小于：

$t = (0.02L + C)\sqrt{\dfrac{sK}{S_b}} - t_c$，且不小于 5 mm	$L = 108 \text{ m}$ $s = 0.7 \text{ m}$ $S_b = 0.67 \text{ m}$ $C = 4.5$ $t_C = 1$ $K = 1.0$	$t = 5.81 \text{ mm}$	规范 2.17.5.4

实取：$t = 7 \text{ mm}$。

(5) 甲板骨架。

甲板室甲板纵骨或横梁剖面模数 W 应不小于：

$W = 5shl^2 K$	$s = 0.7 \text{ m}$ $h = 0.45 \text{ m}$ $l = 1.2 \text{ m}$ $K = 1.0$	$W = 10.08 \text{ cm}^3$	规范 2.17.5.2

实取：L75×50×6。连同带板（厚度7 mm，宽度700 mm）甲板骨架的最小剖面模数为 $W = 33.69 \text{ cm}^3 > W = 10.08 \text{ cm}^3$，满足要求。

5) 驾驶甲板室

(1) 计算压头。

因为驾驶甲板室后端壁的 $L_1 = 110 \text{ m}$、$L = 108 \text{ m}$、$B_1 = 18 \text{ m}$、$b = 16.10 \text{ m}$、$X = 11.76 \text{ m}$、$C_b = 0.8$、$\gamma = 13.3 \text{ m}$，则：

$$\alpha = 0.0067 L_1 + 0.5 = 1.24$$

$$\delta = 0.7 \frac{b}{B_1} + 0.3 = 0.93$$

$$\beta = 1.0 + \left(\frac{x/L - 0.45}{C_b + 0.2}\right)^2 = 1.10$$

$$\lambda = \frac{L}{10} e^{-L/300} - 1 + \left(\frac{L}{150}\right)^2 = 7.05$$

故：

$$h = \alpha\delta(\beta\lambda - \gamma) = -6.48 \text{ m}$$

$$h_{\min} = 0.005L + 1.25 = 1.79 \text{ m}$$

实取：$h = 1.79$ m。

（2）端壁与围壁板厚度。

甲板室围壁板的厚度 t 应不小于：

$t = 3s\sqrt{hK}$ $t_{\min} = (0.01L + 4.0)\sqrt{K}$，且不小于 5 mm	$s = 0.7$ m $h = 1.79$ m $L = 108$ m $K = 1.0$	$t = 2.81$ mm $t_{\min} = 5.08$ mm	规范 2.17.3.1

实取：$t = 7$ mm。

（3）端壁与围壁板扶强材。

驾驶甲板室围壁的扶强材剖面模数 W 应不小于：

$W = 3.5shl^2K$	$s = 0.7$ m $h = 1.79$ m $l = 2.4$ m $K = 1.0$	$W = 25.26$ cm³	规范 2.17.3.2

实取：L75×50×6。连同带板（厚度 7 mm，宽度 700 mm）扶强材的最小剖面模数为 $W = 33.69$ cm³ $> W = 25.26$ cm³，满足要求。

（4）甲板厚度。

甲板板厚度 t 应不小于：

$t = (0.02L + C)\sqrt{\dfrac{sK}{S_b}} - t_c$，且不小于 5 mm	$L = 108$ m $s = 0.7$ m $S_b = 0.67$ m $C = 4.5$ $t_C = 1$ $K = 1.0$	$t = 5.81$ mm	规范 2.17.5.4

实取：$t = 7$ mm。

（5）甲板骨架。

驾驶甲板室甲板纵骨或横梁剖面模数 W 应不小于：

$W = 5shl^2K$	$s = 0.7$ m $h = 0.45$ m $l = 1.20$ m $K = 1.0$	$W = 9.02$ cm³	规范 2.17.5.2

续表

实取：L75×50×6。连同带板（厚度 7 mm，宽度 700 mm）甲板骨架的最小剖面模数为 $W = 33.69\,\mathrm{cm}^3 > W = 9.02\,\mathrm{cm}^3$，满足要求。

6）罗经甲板室

（1）计算压头（规范 2.17.2）。

因为罗经甲板室后端壁的 $L_1 = 110\,\mathrm{m}$、$L = 108\,\mathrm{m}$、$B_1 = 18\,\mathrm{m}$、$b = 12.80\,\mathrm{m}$、$X = 13.96\,\mathrm{m}$、$C_b = 0.8$、$\gamma = 16.42\,\mathrm{m}$，则：

$$\alpha = 0.0067L_1 + 0.5 = 1.24$$

$$\delta = 0.7\frac{b}{B_1} + 0.3 = 0.80$$

$$\beta = 1.0 + \left(\frac{x/L - 0.45}{C_b + 0.2}\right)^2 = 1.10$$

$$\lambda = \frac{L}{10}e^{-L/300} - 1 + \left(\frac{L}{150}\right)^2 = 7.05$$

故：

$$h = \alpha\delta(\beta\lambda - \gamma) = -8.60\ (\mathrm{m})$$

$$h_{\min} = 0.005L + 1.25 = 1.79\ (\mathrm{m})$$

实取：$h = 1.79\,\mathrm{m}$。

（2）端壁与围壁板厚度。

甲板室围壁板的厚度 t 应不小于：

$t = 3s\sqrt{hK}$ $t_{\min} = (0.01L + 4.0)\sqrt{K}$，且不小于 5 mm	$s = 0.7\,\mathrm{m}$ $h = 1.79\,\mathrm{m}$ $L = 108\,\mathrm{m}$ $K = 1.0$	$t = 2.81\,\mathrm{mm}$ $t_{\min} = 5.08\,\mathrm{mm}$	规范 2.17.3.1

实取：$t = 7\,\mathrm{mm}$。

（3）围壁板扶强材。

驾驶甲板室围壁的扶强材剖面模数 W 应不小于：

$W = 3.5shl^2 K$	$s = 0.7\,\mathrm{m}$ $h = 1.79\,\mathrm{m}$ $l = 2.4\,\mathrm{m}$ $K = 1.0$	$W = 25.26\,\mathrm{cm}^3$	规范 2.17.3.2

续表

实取：L75×50×6。连同带板（厚度7mm，宽度700mm）扶强材的最小剖面模数为 $W=33.69\text{ cm}^3 > W=25.26\text{ cm}^3$，满足要求。

(4) 甲板厚度。

甲板板厚度 t 应不小于：

$t = (0.02L+C)\sqrt{\dfrac{sK}{S_b}} - t_c$，且不小于 5 mm	$L=108$ m $s=0.7$ m $S_b=0.67$ m $C=4.5$ $t_C=1$ $K=1.0$	$t=5.81$ mm	规范 2.17.5.4

实取：$t=7$ mm。

(5) 甲板骨架。

罗经甲板室甲板纵骨或横梁剖面模数 W 应不小于：

$W=5shl^2K$	$s=0.7$ m $h=0.45$ m $l=1.20$ m $K=1.0$	$W=2.27\text{ cm}^3$	规范 2.17.5.2

实取：L75×50×6。连同带板（厚度7mm，宽度700mm）甲板骨架的最小剖面模数为 $W=33.69\text{ cm}^3 > W=2.27\text{ cm}^3$，满足要求。

7) 舣楼

(1) 计算压头（规范 2.17.2）。

因为舣楼甲板前端壁的 $L_1=110$ m、$L=108$ m、$B_1=18$ m、$b=18.00$ m、$X=99.75$ m、$C_b=0.8$、$\gamma=3.78$ m，则：

$$\alpha = 0.0083L_1 + 2.0 = 2.94$$

$$\delta = 0.7\frac{b}{B_1} + 0.3 = 1.00$$

$$\beta = 1.0 + 1.5\left(\frac{x/L - 0.45}{C_b + 0.2}\right)^2 = 1.51$$

$$\lambda = \frac{L}{10}e^{-L/300} - 1 + \left(\frac{L}{150}\right)^2 = 7.05$$

故：

$$h = \alpha\delta(\beta\lambda - \gamma) = 16.45 \text{ (m)}$$

$$h_{\min} = 0.01L + 2.5 = 3.58 \text{ (m)}$$

实取：$h = 16.50 \text{ m}$。

(2) 端壁与围壁板厚度。

艏楼甲板围壁板的厚度 t 应不小于：

$t = 3s\sqrt{hK}$ $t_{\min} = (0.01L_1 + 5.0)\sqrt{K}$，且不小于 5 mm	$s = 0.60$ m $h = 16.50$ m $L = 108$ m $K = 1.0$	$t = 7.31$ mm $t_{\min} = 6.08$ mm	规范 2.17.3.1

实取：$t = 9$ mm。

(3) 围壁板扶强材。

艏楼甲板围壁的扶强材剖面模数 W 应不小于：

$W = 3.5shl^2K$	$s = 0.60$ m $h = 16.50$ m $l = 2.4$ m $K = 1.0$	$W = 199.60 \text{ cm}^3$	规范 2.17.3.2

实取：HP200×44×10。连同带板（厚度 9 mm，宽度 600 mm）扶强材的最小剖面模数为 $W = 252.97 \text{ cm}^3 > W = 199.60 \text{ cm}^3$，满足要求。

(4) 甲板厚度。

根据规范规定，艏楼甲板板厚度 t 应不小于：

$t = (0.02L + 6)\sqrt{\dfrac{sK}{S_b}}$	$L = 108$ m $s = 0.7$ m $S_b = 0.67$ m $K = 1.0$	$t = 8.34$ mm	规范 2.17.5.5

实取：$t = 9$ mm。

(5) 甲板骨架。

艏楼甲板甲板纵骨或横梁剖面模数 W 应不小于：

$W = 5shl^2K$ 且不小于 $W_{\min} = 25s$	$s = 0.6$ m $h = 0.9$ m $l = 1.2$ m $K = 1.0$	$W = 4.54 \text{ cm}^3$ $W_{\min} = 15.00 \text{ cm}^3$	规范 2.17.5.2

实取：HP180×40×9。连同带板（厚度 9 mm，宽度 700 mm）扶强材的最小剖面模数为 $W = 188.75 \text{ cm}^3 > W = 15.00 \text{ cm}^3$，满足要求。

第6章

应力集中

在船体结构中,构件的间断往往是不可避免的。间断构件在其剖面形状与尺寸突变处的应力,在局部范围内会产生急剧增大的现象,这种现象称为应力集中。

应力集中是导致结构损坏的一个重要原因,所以,结构设计工作者在设计中必须重视这个问题。通常用应力集中系数来表示应力集中的程度。应力集中区的最大应力 σ_{max} 或 τ_{max} 分别与所选基准应力 σ_0 或 τ_0 之比值,即:

$$k = \frac{\sigma_{max}}{\sigma_0} \text{ 或 } k = \frac{\tau_{max}}{\tau_0} \quad (6-1)$$

称为应力集中系数。基准应力不同,应力集中系数也不同。所以,给定应力集中系数时,应指明基准应力的取法。间断构件的应力变化规律以及应力集中系数的大小很大程度上决定于这些构件的形状。目前,已经能够确定各种形状间断构件的应力集中系数。

6.1 应力集中的计算思路

由于船体在波浪上的总纵弯曲具有交变特性,应力集中又具有三向应力特性,严重的应力集中更易于引起局部裂纹并逐渐扩展。第二次世界大战中和大战后,由于结构开口引起应力集中,从而产生裂缝导致船体折断的事故占整个船体结构海损事故总数中的极大部分。因此,在第二次世界大战后,关于船体结构应力集中问题,引起了造船界的普遍重视,开展了大量的研究工作。应力集中的计算思路见图6-1。

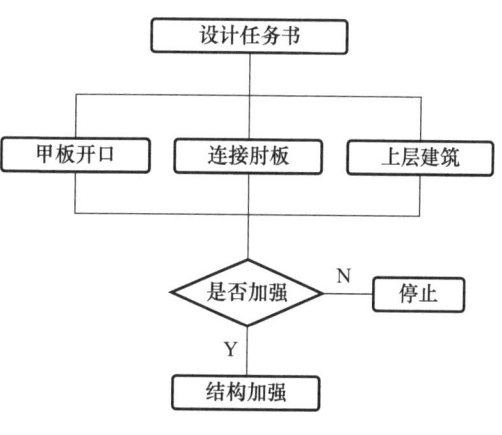

图6-1 应力集中的计算思路

6.2 甲板开口的应力集中

在大型船舶上，强力甲板上的货舱口、机舱口等大开口，都严重地破坏了船体结构的连续性。当船舶发生总纵弯曲时，在甲板开口角隅外的应力梯度急剧升高，引起应力集中，严重时造成船体结构的破坏。

6.2.1 应力集中系数

关于孔边的应力集中，可用具有小椭圆开孔的无限宽板受拉伸的情况来说明。如图 6-2 所示，应用弹性理论可求得 A、B 两点的应力分别为：

$$\left.\begin{array}{l}\sigma_A = \sigma\left(1 + 2\sqrt{\dfrac{a}{\rho}}\right) \\ \sigma_B = -\sigma\end{array}\right\} \quad (6-2)$$

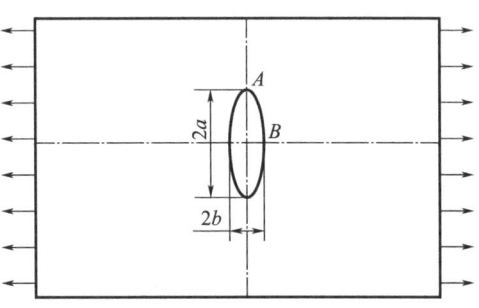

图 6-2 开口的应力集中

式中：σ——无限远处的拉伸应力，N/mm^2；

$\rho = b^2/a$——椭圆孔在 A 点的曲率半径，mm；

$2a$ 与 $2b$ 分别为垂直及平行于拉伸方向的椭圆主轴，mm。

若以离开椭圆孔无限远处的拉伸应力作为基准应力，则 A 点的应力集中系数为：

$$K_A = 1 + 2\sqrt{\dfrac{a}{\rho}} \quad (6-3)$$

式（6-3）可推广到圆形开孔，此时 $a = b$，故 $k = 3.0$。此外，还可推广应用到钢板中的裂缝，见图 6-3，假设在甲板上沿船宽方向出现裂缝，裂缝长为 a，宽为 $2b$，当 $a/b = 100$，$k_A = 201$，可见裂缝尖端处的应力集中系数非常大；因此，裂缝一经产生，必然继续蔓延扩大，直至结构破坏。若在裂缝尖端钻一小孔，直径约 18 mm，便可防止裂缝进一步蔓延，故称为止裂孔。

（视频：26-椭圆形开口的应力集中系数）

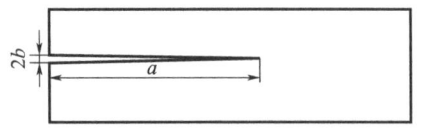

图 6-3 钢板裂缝的应力集中

6.2.2 甲板开口应力集中的影响因素

拉伸甲板开口角隅处的应力集中,主要受下列因素的影响。

(1) 开口宽度与整个船宽的比值。b/B 增大,应力集中系数增大。

(2) 开口长宽比 l_H/b 增大,应力集中系数降低。

(3) 开口角隅处的形状。开口角隅处的形状对应力集中系数影响最大。

如图 6-5 所示,角隅圆弧半径 r 与开口宽度 b 之比是影响应力集中的主要因素,$r/b < 0.1$ 时,应力集中系数急剧增大;但当 $r/b > 0.2$ 时,应力集中系数不再变化,这与光弹性试验结果也是一致的。

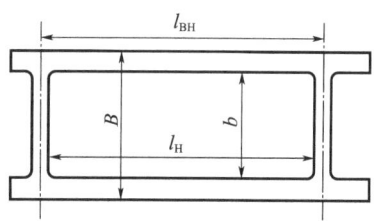

图 6-4 甲板开口的形状

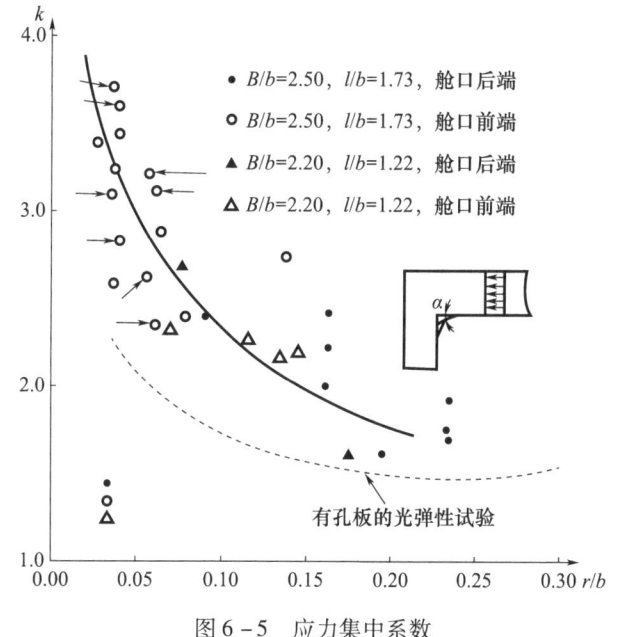

图 6-5 应力集中系数

舱口角隅采用椭圆形或抛物线形,且长轴沿船长方向,进一步能改善过渡方式,应力集中系数比采用圆弧形的应力集中系数低。在保持同样开口面积情况下,把圆弧改成椭圆或抛物线形状,应力集中系数可降低 12%~20%。因此,这两种形式的角隅不仅结构更合理,而且工艺更简单。

开孔板的受力情况不同,其应力集中也是不同的。货船的甲板开口应力集中主要以承受总纵弯曲的拉伸应力为对象;大开口船舶还必须考虑船体扭转产生舱口菱形变形所引起的应力集中。

6.2.3 甲板上开口的加强

1) 开口方位的布置

为防止应力集中引起结构的破坏，在高应力区域和已经存在较大应力集中的区域内，应尽量避免开口，尤其是强力甲板舱口边线外以及船中部桥楼和甲板室的端壁和货舱口角隅之间的强力甲板上应尽量避免开口。

在船中部 $0.5L$ 区域内，强力甲板舱口线外的开口，若开椭圆形孔，则要求开孔的长轴沿船长方向布置；在强力甲板边板上开供管子等用的开口，其开口外缘与舷侧或舱口纵壁之间的距离应不小于该开口的直径。管子和电缆穿过甲板的开孔，应避开舱口角隅和高应力区。

2) 开口形状的选择

在结构设计时必须充分注意舱口角隅处的结构细节，对强力甲板上的机炉舱口、货舱口，为降低角隅处的应力集中，可采取如下一些措施：

货舱开口的角隅是圆形时，角隅处要求加厚板，且角隅半径与舱口宽度之比不小于 1/20，但对于舱口围板处未设置甲板纵桁者不小于 1/10。如甲板伸进舱口围板内，圆形角隅的最小半径为 300 mm；如舱口围板以套环形式与甲板内缘焊接时，圆形角隅最小半径为 150 mm。角隅处加厚板的尺寸应符合图 6-6 的规定。

角隅处加厚板端接缝应与舱口围板的端接缝以及甲板骨架的角接焊缝错开，加厚板的厚度应较强力甲板增加 4 mm。

当强力甲板上机炉舱、货舱开口的角隅是抛物线形或椭圆形时，角隅处的甲板不需加厚板，但应符合图 6-7 的规定。

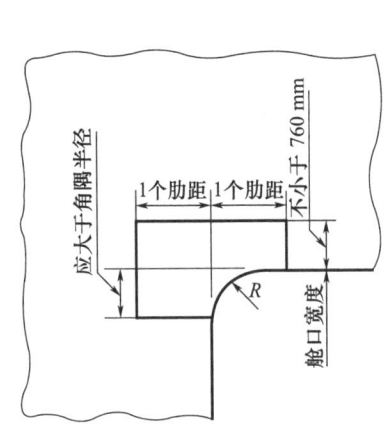
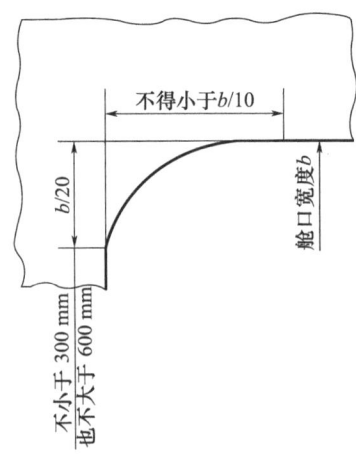

图 6-6 圆形角隅处加厚板的尺寸规定　图 6-7 抛物线形或椭圆形角隅处不加厚板的尺寸规定

椭圆角隅的最佳长短轴之比为 3.0~3.5，此时应力集中程度可比相应的圆弧角隅减少 23% 左右。对于易受疲劳损伤重要部位的椭圆形开口也应予以加强。应用断裂力学原理计算和试验表明：当角隅处存在一定长度的裂纹时，角隅形状对结构的强度几乎没有影响，而设置加厚板则明显增加了含裂纹构件的疲劳与断裂强度。

3）舱口边缘的甲板纵桁

舱口边缘的甲板纵桁对降低角隅处的应力集中有一定的作用。但是，若舱口围板在角隅处突然中断，会在围板端部产生新的应力集中，所以在舱口围板端部应当采用纵向肘板逐步过渡。至于舱口围板在角隅处是做成圆角还是直角，对角隅处的应力集中的影响差别不大。为简化工艺，故多用直角焊接。

4）开口间的甲板厚度

开口之间的甲板厚度是按局部强度要求决定的，比按总纵强度要求决定的开口线以外的甲板厚度要薄一些。减小开口间的甲板厚度，也就减小了开口间的甲板结构刚性，因而可降低角隅处的应力集中，但是要注意开口间的甲板结构，也有防止船体扭转产生舱口菱形变形的作用。

5）新型的"弹性角隅"

不是以角隅处的弧形变化来改善结构的连续性，而是在角隅处形成一个光滑的波形，使开口线以外的甲板和舱口间甲板部分的联系处于放松状态，即以放松高应力部位来降低应力集中。弹性试验和计算表明：弹性角隅的应力集中系数比同尺度的椭圆角隅的应力集中系数降低 15% 左右。但是，这种角隅的缺点是制造工艺复杂，其结构如图 6-8 所示。

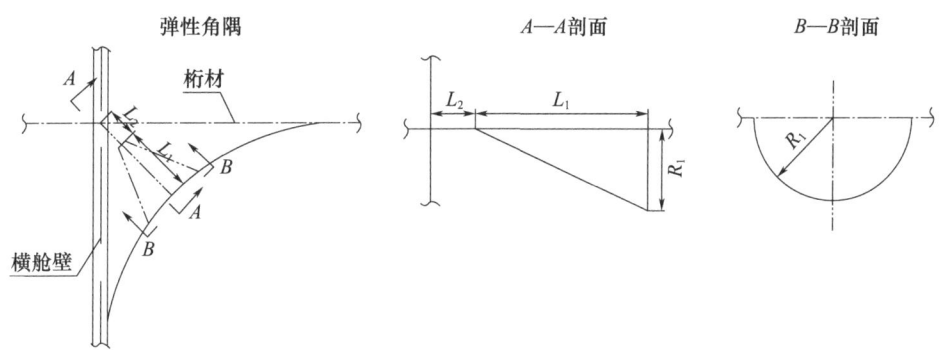

图 6-8 弹性角隅结构示意

6.2.4 下甲板开口的加强

（1）对于下甲板机舱、货舱开口的角隅，一般做成圆弧形就可以了。因为这些地方总纵弯曲应力较小，由应力集中引起的应力升高也不会很大。第 2 甲板机舱、货舱开口角隅处要求加厚板，厚度应增加 2.5 mm。第 3 甲板及以下甲板（包括平台甲板）的舱口角隅处一般不要求加厚板。

（2）舱口线外的开口应尽量避开舱口角隅处和其他高应力区域。对甲板上的各种小型开孔，则应根据具体情况予以处理。凡开口尺度相对船长来说很小，高应力只在局部的范围内分布，或者应力集中系数不大，这类开口可不予加强。这些开口如下。

① 直径不大于 20 倍板厚的圆形开口。

② 椭圆形开口的长轴沿船长方向布置，且开口长宽比不小于 2。

③ 其他形状的开口，如果试验证明其应力集中系数对一般强度钢小于 2，或者对高强度钢小于 1.5 的开口。

④ 强力甲板开口线以外，纵向长度不超过 2.5 m 及宽度不超过 1.2 m 或 0.04B（取小者）的甲板开口。

⑤ 在一个横剖面（Y-Y）上的开口宽度总和，如图 6-9 所示，阴影区域宽度 b_e 应符合式（6-4）要求：

$$b_e = 0.06(B - \sum b_i) \quad (6-4)$$

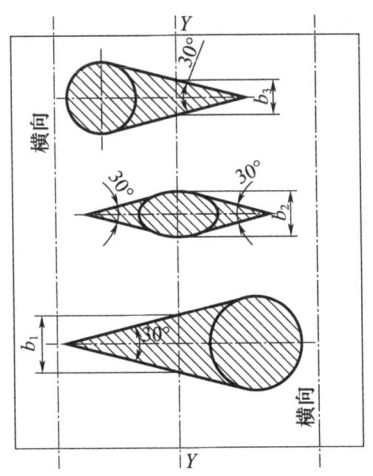

图 6-9 有效区域

式中：B——计算剖面处的船宽，m；

$\sum b_i$——计算剖面处所考虑的开口宽度的总和，m。

不符合上述要求的小型开口，则应予以加强，通常的补偿方法是加厚甲板，以便减小应力集中。对于不满足上述①和②者，且需要加强的圆形或椭圆形开口，《钢质海船入级规范》建议采用套环形式加强开口边缘，如图 6-10 所示。此时，圆环板的剖面积 A 应不小于按式（6-5）计算值：

$$A = 0.5rt \quad (\text{mm}^2) \quad (6-5)$$

式中：r——开口半径，mm，对椭圆形开口取开口宽度的一半；

t——甲板厚度，mm。

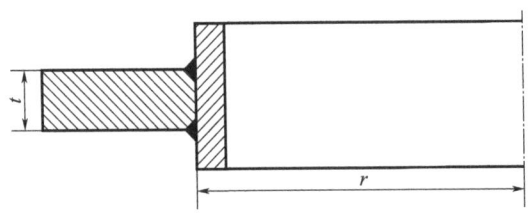

图 6-10 加强开口边缘

6.3 肘板的应力集中

在船体结构中，骨架端部主要是以肘板连接的。因此，关于肘板的强度及其应力集中问题，一直是结构研究的重要方面。

通常，普通骨材的端部多用三角形肘板，如梁肘板、纵骨及舱壁扶强材端部肘板等。这种形状肘板的端部为不连续点，产生应力集中。对常用的等边三角形的肘板，肘板的最大应力大约是梁理论计算值的 1.7 倍。因此，对强骨材间的连接，在不连续点处常以半径为 r 的小圆弧代替。对这类肘板的研究表明：若骨材腹板高度为 d，最大应力的大小主要决定于 r/d，而与肘板的大小无关。应力集中系数 k 可按式 (6-6) 近似确定：

$$k = \frac{\sigma_{\max}}{\sigma_0} = 1 + 0.112 \frac{d}{r} \tag{6-6}$$

式中：σ_0——强骨材在圆弧半径 r 终止处的弯曲应力，N/mm^2。

由式 (6-6) 可知，当 $r/d > 2$ 时，肘板的应力集中程度较小。因此，肘板尺寸的大小能保证 $r/d > 2$ 便已足够。肘板的形状以圆弧形为最好。增大圆弧半径可以降低应力集中系数，但当圆弧半径超过骨材腹板高度时，再增大圆弧半径其降低应力集中的效果就不明显了。

肘板尺寸较大时，如舭肘板上可以开圆形减轻孔，但孔缘任何地方的板宽均应不小于舭肘板宽度的 1/3。此时，除开孔附近外，肘板内的应力分布与不开孔时无太大变化。

6.4 上层建筑端部的应力集中

6.4.1 应力集中系数

在上层建筑端部，由于断面形状突然中断，使该主体结构中产生极大的应力集中。

当船体梁发生弯曲变形时，在主体与上层建筑的连接线上产生了水平剪力 $q(x)$，其分布如图 6-11 所示。

在上层建筑端部，主体结构中的应力集中系数，可近似地由式 (6-7) 计算：

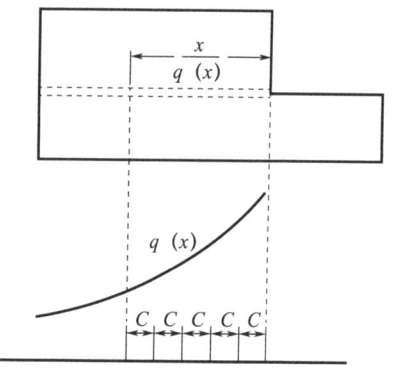

图 6-11 主体与上层建筑连接线处的水平剪力分布

$$k = 1 + 0.3\sqrt{\frac{h}{r}} \qquad (6-7)$$

式中：h——上层建筑高度，m；

r——端部的圆弧半径，m。

6.4.2 端部应力集中的加强

在上层建筑与甲板室端部由于应力集中而造成的损坏是经常发生的。因此，在结构设计中必须采取多种措施来减缓该处的应力集中程度。

1）设置端部弧形过渡板，减缓上层建筑端部应力集中

船楼端部与主体呈直角相交时，无论采取什么措施，理论上该处的应力集中总是无穷大。因此，应在船楼端部设置弧形板，使端部舷侧板逐渐过渡到主体舷顶列板，并用加强肘板支持。由于弧形板的刚性由大逐渐变小，沿这部分连接线上的水平剪力也逐渐由大变小，于是在弧形板端点主体结构中的应力就不再无限增大。增大过渡板圆弧半径可以有效地降低应力集中系数。

为了降低舷侧无内缩的上层建筑端部主船体结构中的应力集中，上层建筑的舷侧外板应延伸至上层建筑端部以外，且其高度逐步减小至主船体的舷顶列板，过渡应光顺，延伸板的自由边缘一般应做成长轴为水平布置的椭圆状（图6-12）。延伸板应用加强肘板支持，上缘应用相同厚度而宽度不小于10倍厚度的面板加强。延伸板应满足下述要求：

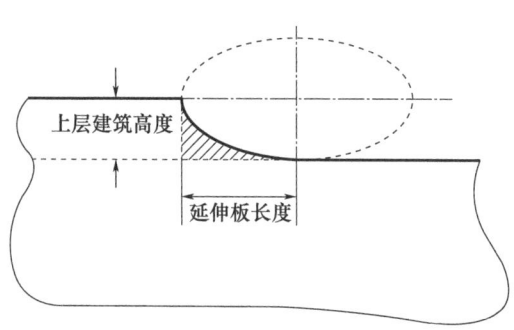

图6-12 端部弧形过渡板

（1）当上层建筑端壁位于船中部0.5L区域内，延伸板的长度应不小于1.5倍的上层建筑高度，延伸板的厚度应增加25%；

（2）当上层建筑端壁位于离船端0.2L区域内，延伸板的长度应不小于上层建筑高度，延伸板的厚度可不增加；

（3）当上层建筑端壁位于离船端

（视频：27-端部弧形过渡板）

$0.2\sim0.25L$ 区域内，延伸板的长度和厚度的增加值应按内插法求得。

2) 局部增加主体结构板厚

为减缓上层建筑端部应力集中，采用增加船楼端部区域的舷顶列板及甲板边板的厚度，也可采用降低过高的局部应力，因此，规范对增厚的大小及范围都作了具体规定。《钢质海船入级规范》规定从上层建筑端壁向内至少两个肋距至舷侧外板延伸部分端点外两个肋距之间区域，上甲板的甲板边板和舷顶列板应按下列要求增加厚度（图 6-13）：

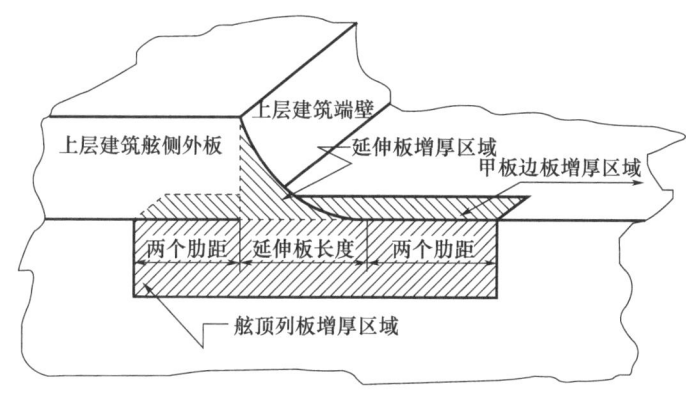

图 6-13 局部增加主体结构板厚

(1) 当上层建筑端壁位于船中部 $0.5L$ 区域内，甲板边板和舷顶列板的增厚区域厚度应增加 20%；

(2) 当上层建筑端壁位于离船端 $0.2L$ 区域内，甲板边板和舷顶列板的增厚区域厚度可不增加；

(3) 当上层建筑端壁位于离船端 $0.2\sim0.25L$ 区域内，甲板边板和舷顶列板的增厚区域厚度增加值应按内插法求得。

3) 甲板室端部减缓应力集中的措施

为减少甲板室端部角隅处的应力集中，通常其侧

（视频：28-局部增加主体结构板厚）

壁与端壁的连接应做成圆角，形成带圆角的围壁。同时，设法降低围壁与甲板连接处的抗剪刚性系数（特别是降低接缝的抗剪刚性系数），使连接处的剪应力减少。在我国实船建造中，还采用了图 6-14 所示的连接型式。一般来说，围壁下加复板的形式较好；此时，复板不能太薄，也不能太厚，可建议取围壁与甲板板厚之和的一半；同时，复板不能用塞焊，否则就失去其应有的作用了。

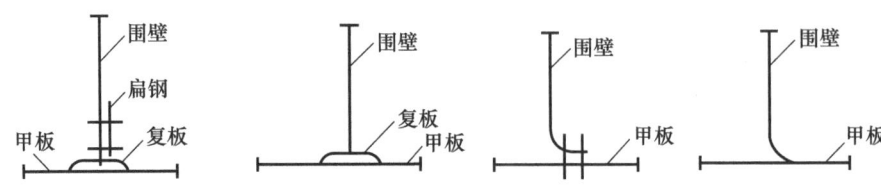

图 6-14 甲板室角隅处围壁与甲板的连接型式

另外，在船中部 $0.5L$ 区域内的甲板室端部应尽量减少侧壁开口的数量和尺寸。所有门窗开口需设计成圆角，在门或类似开口的上下面应有足够的连续围壁板。

4）其他加强措施

近年来，由于主机功率的增大，上层建筑因振动而发生的损坏情况大大增加。这可能是由于船体总振动而诱发的上层建筑的共振（图 6-15），也可能是由于上层建筑的固有频率与激振力耦合而产生的振动。因此，在设计阶段以足够的精度计算出上层建筑振动响应峰值频率是很重要的。在决定机舱及上层建筑结构的布置与尺寸时，要保证船上的振动量级是可以接受的。

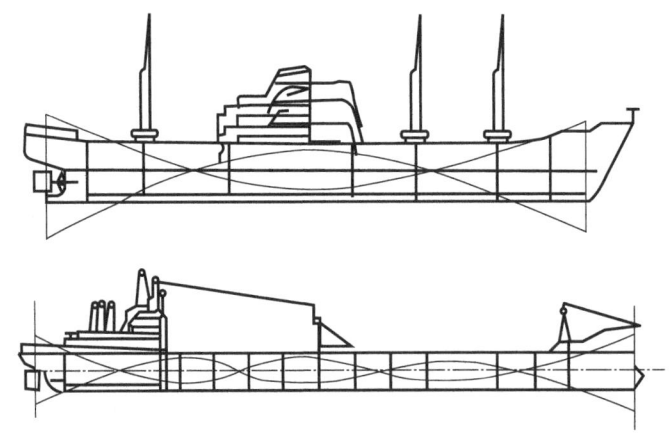

图 6-15 由船体振动引起的上层建筑振动

为了增大结构的刚性，传递竖向力，通常应按下述要求进行加强设计。

（1）在船楼或甲板室端部的下面均应设置支柱、隔壁、舱壁或其他强力构件，以支持上层建筑，承受竖向力。

（2）船楼内强肋骨或局部舱壁应尽可能地设置在与其下面的水密舱壁或其他强力构件在同一垂直平面内。

（3）在最下层长甲板室端壁和侧壁上，一般应设置间距为 9 m 的局部舱壁或垂直桁材，并尽可能地与其下面舱室的加强构件在同一平面内。

第 7 章

波浪载荷计算

波浪载荷指的是船舶航行于波浪中,作用于船体浸湿表面的水动压力以及由此引起的船体包括弯矩、剪力和扭矩等在内的横剖面载荷。由于水动压力与船体的运动密切相关且实际波浪是随机的,因此,波浪载荷具有随机动态的特性。航行于海上的船舶,在其整个服役期中,可能会以各种不同的航速、不同的航向角和不同的装载状况遭遇各种不同的海况。波浪载荷的预报是以规则波中的波浪载荷响应为基础,通过相应的理论计算,从而确定船型在给定时间运行于实际海况中的波浪载荷变化特性。如何准确地估算船体表面水动压力和波浪诱导载荷的剖面弯矩、剪力和扭矩,一直是船型设计关注的问题。

7.1 波浪载荷计算的基本思路[36]

假定结构是连续的、线弹性的,材料是线性的,结构相对于其平衡位置做微幅运动和变形。利用三维有限元法将船体结构离散为有限个自由度的系统,其动力学基本方程为:

$$[M]\{\ddot{U}\} + [C]\{\dot{U}\} + [K]\{U\} = \{P\} + \{F\} + \{q\} \quad (7-1)$$

式中:$[M]$——系统的质量阵,根据结构的边界条件可以是正定的或者是半正定的;

$[C]$——系统的阻尼阵;

$[K]$——系统的刚度阵,根据结构的边界条件可以是正定的或者是半正定的;

$\{P\}$——流体压力;

$\{F\}$——集中力;

$\{q\}$——重力的等效节点力;

$\{U\}$——系统总节点位移列阵。

用于描述固有振动的独立变量称为主坐标。因为主坐标相互独立,所以可以进行线性叠加。采用模态叠加法，选择较小频率段 m 阶模态相加来求解系统振动。

利用线性系统模态叠加方法，节点位移 $\{U\}$ 可以表示为：

$$\{U\} = [D]\{p\} = \sum_{r=1}^{m} \{D_r\} p_r(t) \quad (7-2)$$

式中：$\{p\}$——广义主坐标列阵；

$p_r(t)$——相应于其中第 r 阶主模态的主坐标分量。

同样，结构中任意节点的位移可以表示为：

$$\{u\} = \sum_{r=1}^{m} p_r(t)\{u_r\} \quad (7-3)$$

式中：$\{u_r\}$——$\{u_r\} \in \{D_r\}$，为第任意个节点对应的位移模态列向量。

通过上述变换，以总节点位移列阵 $\{U\}$ 为待定变量的运动方程式（7-1）转换成了以广义主坐标 $\{p\}$ 为待定变量的运动方程，大大地缩减了系统运动方程的维数，从而为数值计算带来了很大的便利。以广义坐标为变量的运动方程如下：

$$[a]\{\ddot{p}\} + [b]\{\dot{p}\} + [c]\{p\} = \{Z\} + \{\Delta\} + \{Q\} \quad (7-4)$$

$$[a] = [D]^T[M][D]$$

$$[b] = [D]^T[C][D]$$

$$[c] = [D]^T[K][D]$$

$$\{Z\} = [D]^T\{P\} = \{Z_1, Z_2, \cdots, Z_m\}$$

$$\{\Delta\} = [D]^T\{F\} = \{\Delta_1, \Delta_2, \cdots, \Delta_m\}$$

$$\{Q\} = [D]^T\{q\} = \{Q_1, Q_2, \cdots, Q_m\}$$

式中：$[a]$——结构广义质量阵；

$[b]$——结构广义阻尼阵；

$[c]$——结构广义刚度阵；

$[Z]$——广义流体力列阵；

$[\Delta]$——广义集中力列阵；

$[Q]$——广义重力列阵。

对前六阶刚体运动而言，其广义质量矩阵为：

$$[a] = \begin{bmatrix} \Delta & 0 & 0 & 0 & 0 & 0 \\ 0 & \Delta & 0 & 0 & 0 & 0 \\ 0 & 0 & \Delta & 0 & 0 & 0 \\ 0 & 0 & 0 & I_{11} & I_{12} & I_{13} \\ 0 & 0 & 0 & I_{21} & I_{22} & I_{23} \\ 0 & 0 & 0 & I_{31} & I_{32} & I_{33} \end{bmatrix} \quad (7-5)$$

式中：Δ——浮式海洋结构物的排水量；

I_{ij}——结构对原点在重心处坐标系 x、y、z 的质量惯性矩，质量惯性矩下标数字 1、2 和 3 分别对应于坐标 x、y 和 z。

确定了运动方程中作用于系统之上的广义力的量值或广义力与主坐标响应之间的相互关系，则通过求解该运动方程，即可获得系统各模态的主坐标响应。同时，结构上任意一点的动态位移、弯矩、应变和应力可以表示为：

$$\begin{cases} \vec{u} = \sum_{r=1}^{m} \vec{u}_r p_r(t) \\ M = \sum_{r=7}^{m} M_{ijr} p_r(t) \\ \varepsilon_{ij} = \sum_{r=7}^{m} \varepsilon_{ijr} p_r(t) \\ \sigma_{ij} = \sum_{r=7}^{m} \sigma_{ijr} p_r(t) \end{cases} \qquad (7-6)$$

式中：$\vec{u}_r$——该点上的位移矢量；

M_{ijr}——该点上的弯矩；

ε_{ijr}——该点上的应变；

σ_{ijr}——该点上的应力张量模态。

7.2 三维势流理论

7.2.1 坐标系的定义

建立 3 个坐标系：空间固定坐标系 $O_0 x_0 y_0 z_0$、随体坐标系 $Ox'y'z'$、平衡坐标系 $Oxyz$。图 7-1 示出了空间固定坐标系和平衡坐标系，图中 β 为浪向角，随浪时浪向角为 0°，迎浪时浪向角为 180°。3 个坐标系的关系如下：

（1）空间固定坐标系 $O_0 x_0 y_0 z_0$ 在水平面上，$O_0 z_0$ 垂直向上，原点为船体位于平衡位置时过重心的垂线与静水面的交点；

（2）随体坐标系 $Ox'y'z'$ 固结于船体，当船体位于平衡位置时，该坐标系与平衡坐标系重合，随船体移动而改变原点位置，随船体的转动而改变方向；

（3）平衡坐标系 $Oxyz$ 随船体以其航速沿 x 方向运动，在初始时刻与 $O_0 x_0 y_0 z_0$ 重合，且在船体运动过程中保持轴 Ox 与 $O_0 x_0$ 轴重叠；当船体在平衡位置做运动变形而

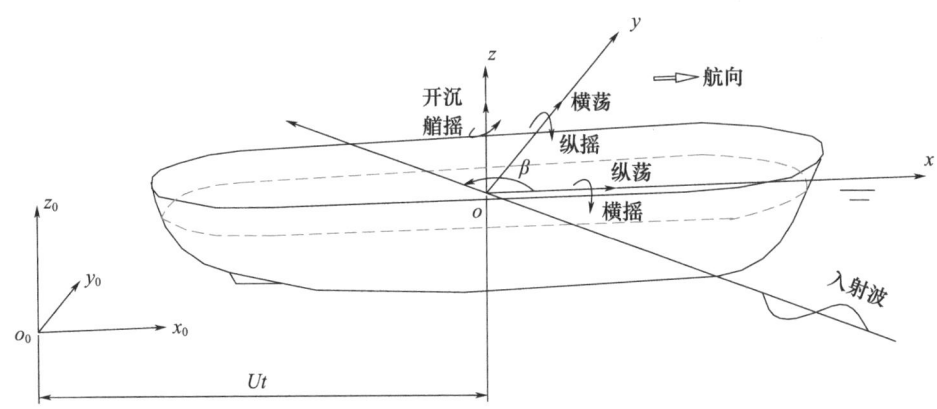

图 7-1 坐标系统的定义

其平衡位置沿 O_0x_0 以速度 U 前进时，$Oxyz$ 坐标系随着其平衡位置做速度为 $\vec{Ui}$ 的惯性运动，若航速为零时，平衡坐标系与空间固定坐标系相重合。

在平衡坐标系中观察流场的运动状态时，流场内任一物理量的局部导数满足 Lorentz 变换：

$$\frac{\partial}{\partial t} A_0(x_0,y_0,z_0,t) = \left(\frac{\partial}{\partial t} - U\frac{\partial}{\partial x}\right) A(x,y,z,t) \tag{7-7}$$

在平衡坐标系和空间固定坐标系中，哈密顿算子保持一致，即：

$$\nabla_0 = \vec{i}\frac{\partial}{\partial x_0} + \vec{j}\frac{\partial}{\partial y_0} + \vec{k}\frac{\partial}{\partial z_0} = \vec{i}\frac{\partial}{\partial x} + \vec{j}\frac{\partial}{\partial y} + \vec{k}\frac{\partial}{\partial z} = \nabla \tag{7-8}$$

式中：$\vec{i}$——沿平衡坐标系（或空间固定坐标系）x 坐标轴的单位矢量；

$\vec{j}$——沿平衡坐标系（或空间固定坐标系）y 坐标轴的单位矢量；

$\vec{k}$——沿平衡坐标系（或空间固定坐标系）z 坐标轴的单位矢量。

7.2.2　速度势的分解及边界条件

根据流场的假定，在空间固定坐标系中，船体周围流场速度势可表示为：

$$\Phi(x,y,z,t) = U\overline{\Phi}(x,y,z) + \Phi_t(x,y,z,t) \tag{7-9}$$

式中：$U\overline{\Phi}(x,y,z)$——$U\overline{\Phi}(x,y,z) = -Ux + U\overline{\Phi}(x,y,z)$ 为船体以恒定速度 U 向前航行所诱导的船体周围稳态流场的速度势；

$\overline{\Phi}(x,y,z)$——单位航速时对应的扰动速度势；

当无航速时，(7-9) 式简化为 $\Phi(x,y,z,t) = \Phi_t(x,y,z,t)$，

$\Phi_t(x,y,z,t)$——由波浪入射波、绕射波速度势分量及物体振动响应（包括刚体模态和弹性体变形模态的动响应）所诱导的辐射波组成的

非稳态流场速度势。

对非定常部分稳态流场速度势来说，求解线性问题可用叠加原理分解为：

$$\Phi_t(x,y,z,t) = \Phi_I(x,y,z,t) + \Phi_D(x,y,z,t) + \sum_{r=1}^{m} \Phi_r(x,y,z,t) \quad (7-10)$$

式中：$\Phi_I(x,y,z,t)$——入射波速度势；

$\Phi_D(x,y,z,t)$——绕射波速度势；

$\Phi_r(x,y,z,t)$——船体结构所诱导的辐射波速度势。

由于入射波为规则波，因此，为了获得稳态解，可以把时间因素和空间因素分离：

$$\Phi_t(x,y,z,t) = \left[\varphi_I(x,y,z) + \varphi_D(x,y,z) + \sum_{r=1}^{m} p_r\varphi_r(x,y,z)\right]e^{i\omega_e t} \quad (7-11)$$

式中：$\varphi_I(x,y,z)$——空间入射波速度势分量；

$\varphi_D(x,y,z)$——空间绕射波速度势分量；

$\varphi_r(x,y,z)(r=1,\cdots,m)$——空间辐射波速度势分量（其为当船体以第 r 阶干模态作频率为 ω_e 的单位主坐标振幅振荡时所诱导的流场运动速度势），以后省略空间两字简称速度势；

p_r——第 r 阶模态响应主坐标复数幅值。

ω_e——为船体的遭遇频率，其表达式为：

$$\omega_e = \omega\left(1 - \frac{U\omega}{g}\cos\beta\right) \quad (7-12)$$

式中：ω——波浪频率。当船体航速为零时，$\omega_e = \omega$。

流场边界由浮体物面 S、流体自由面 S_F、海底 S_B 和无穷远处柱面 S_∞ 构成。为方便表示流场中的边界条件，现对浮体所处流场边界作图 7-2 所示定义，即：

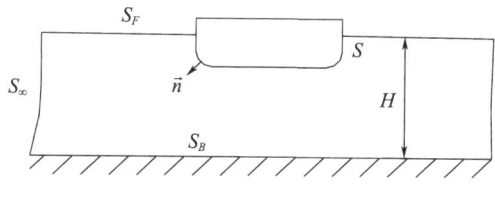

图 7-2 流场边界的定义

本节研究的波是具有恒定波幅 a 的正弦波，那么有限水深水域的长峰简谐入射波的速度势在平衡坐标系中可表示为：

$$\varphi_I = \frac{iag}{\omega}\frac{\cosh k(z+H)}{\cosh kH}\exp[-ik(x\cos\beta - y\sin\beta) + i\omega t] \quad (7-13)$$

式中：H——水深；

g——重力加速度；

ω——波浪圆频率；

k——波数，满足色散关系：

$$k\tanh(kH) = \frac{\omega^2}{g} \quad (7-14)$$

当船体无航速且有限水深时，各速度势应满足拉普拉斯方程、线性自由面 S_F 条件、物体湿表面 S 条件、底部边界 S_B 条件以及无穷远处 S_∞ 条件。定解条件的定义如下：

（1）空间部分绕射势 φ_D 定解条件：

$$\nabla^2 \varphi_D(x,y,z) = 0 \qquad 拉普拉斯方程 \quad (7-15)$$

$$-\omega^2 \varphi_D + g\frac{\partial \varphi_D}{\partial z} = 0, z = 0 \qquad 线性自由面 S_F 条件 \quad (7-16)$$

$$\frac{\partial \varphi_D}{\partial n} = -\frac{\partial \varphi_I}{\partial n} \qquad 物体平均湿表面 \overline{S} 条件 \quad (7-17)$$

$$\frac{\partial \varphi_D}{\partial z} = 0, z = -H \qquad 底部边界 S_B 条件 \quad (7-18)$$

$$\lim_{R\to\infty}\sqrt{R}\left(\frac{\partial \varphi_D}{\partial r} - ik\varphi_D\right) = 0 \qquad 无穷远处 S_\infty 条件 \quad (7-19)$$

（2）空间部分辐射势 φ_r 定解条件：

$$\nabla^2 \varphi_r(x,y,z) = 0 \qquad 拉普拉斯方程 \quad (7-20)$$

$$-\omega^2 \varphi_r + g\frac{\partial \varphi_r}{\partial z} = 0, z = 0 \qquad 线性自由面 S_F 条件 \quad (7-21)$$

$$\frac{\partial \varphi_r}{\partial n} = i\omega\, \dot{\vec{u}}_r \cdot \vec{n}_r \qquad 物体平均湿表面 \overline{S} 条件 \quad (7-22)$$

$$\frac{\partial \varphi_r}{\partial z} = 0, z = -H \qquad 底部边界 S_B 条件 \quad (7-23)$$

$$\lim_{R\to\infty}\sqrt{R}\left(\frac{\partial \varphi_r}{\partial r} - ik\varphi_r\right) = 0 \qquad 无穷远处 S_\infty 条件 \quad (7-24)$$

以上边界条件中 $R = \sqrt{x^2 + y^2}$，$n_r = (n_1, n_2, n_3, n_4, n_5, n_6)$ 表示船体湿表面的单位法线向量，方向指向流体内部，其中 $\vec{n} = (n_1, n_2, n_3)$ 为船体湿表面的法向量，$\vec{n} \times \vec{r} = (n_4, n_5, n_6)$。$\dot{\vec{n}}$ 表示第 r 阶模态的速度，其中 $\dot{\vec{n}}|_s = \vec{n}|_s + \Omega \times \vec{n}|_s + \sum_{r=7}^{m} p_r(t)\vec{\theta}_r \times \vec{n}|_s$。

湿表面 S 的位置是随时间变化的，往往是待定的。只有船体的平均湿表面 $\bar{S}$ 与时间无关时，S 与 $\bar{S}$ 之间的距离才是一阶无穷小。因此，当把瞬时湿表面上的流体法向速度改为平均湿表面上相应点的流体法向速度，其差别为高阶小。所以，在处理线性问题时，通常采用平均湿表面作为物面湿表面边界。

7.2.3 奇点分布边界积分方法

对于势流问题，边界积分方法与三维流场网格方法（包括有限元法、有限差分法等）相比有比较突出的优点。

(1) 边界积分法是在曲面上而不是在三维流场内求解，空间维数降了一阶。

(2) 避免三维网格点交于表面以内。

(3) 选取合适的格林函数形式，对于边界条件所描述的线性问题，边界积分可简化为仅在流固交界处进行，从而避免了自由表面边界积分在有限区域截取所带来的不确定性。

本节采用边界积分法来求船体的绕射势 φ_D 和辐射势 φ_r。对三维空间中的有界区域 τ，由高斯公式推得的格林第二公式为：

$$\iint_S \left(\varphi \frac{\partial \psi}{\partial n} - \psi \frac{\partial \varphi}{\partial n} \right) \mathrm{d}S = \iiint_\tau (\varphi \nabla^2 \psi - \psi \nabla^2 \varphi) \mathrm{d}\tau \qquad (7-25)$$

式中：S——体积 τ 的充分光滑的边界面；

$\vec{n}$——曲面 S 的单位外法线矢量；

$\varphi(x,y,z)$——在 τ 上有二阶偏导数的任意函数；

$\psi(x,y,z)$——S 上有二阶偏导数的任意函数。

设绕射势 φ_D 与辐射势 φ_r 之和为欲求速度势 $\varphi(x,y,z)$，为一个调和函数；$\psi(P,Q)$ 称为基本解，是为满足特定数学要求从而可起到特定的数学作用而设定的一个工具函数；$P(x,y,z)$，$Q(\xi,\eta,\zeta)$ 分别代表域内场点与源点。

令泊松方程的一个特解 $\psi(P,Q) = -\dfrac{1}{4\pi r}$，该函数代表 Q 点放置的单位强度点源在 P 点的诱导速度，而 $\dfrac{\partial \psi}{\partial n}$ 则表示极矩在 $\vec{n}$ 方向的单位偶极子诱导的速度势，$r = \sqrt{(x-\xi)^2 + (y-\eta)^2 + (z-\zeta)^2}$。$\psi(P,Q)$ 除了 $P=Q$ 点外处处 $\nabla^2 \psi = 0$。

对于内域问题，按场点位置不同可以推导出格林第三公式：

$$\iint_S \left[\varphi \frac{\partial}{\partial n}\left(\frac{1}{r}\right) - \frac{1}{r}\frac{\partial \varphi}{\partial n} \right] \mathrm{d}S = \begin{cases} -4\pi\varphi & P \in \tau \\ -2\pi\varphi & P \in S \\ 0 & P \notin \tau + S \end{cases} \qquad (7-26)$$

因为 $\psi(P,Q) = -\dfrac{1}{4\pi r}$ 仅是泊松方程的一个特解,因此,$\psi(P,Q)$ 不是唯一的。需要建立一个合适的格林函数 $G(P,Q)$,满足拉普拉斯方程以及除物面条件外的其他边界条件。

则式(7-26)又可写作:

$$\iint_S \left[\varphi \frac{\partial G}{\partial n} - G \frac{\partial \varphi}{\partial n} \right] \mathrm{d}S = \begin{cases} -4\pi\varphi & P \in \tau \\ -2\pi\varphi & P \in S \\ 0 & P \notin \tau + S \end{cases} \quad (7-27)$$

如果有一个船体结构处于流场中,可以在 S 内虚构一个流场,则对内、外流场分别有:

$$\iint_S \left[\varphi_i \frac{\partial G}{\partial n_e} - G \frac{\partial \varphi_i}{\partial n_e} \right] \mathrm{d}S = \begin{cases} 0 & P \in \tau_e \\ 2\pi\varphi_i & P \in S \\ 4\pi\varphi_i & P \notin \tau_e + S \end{cases} \quad (7-28)$$

$$\iint_S \left[\varphi_e \frac{\partial G}{\partial n_e} - G \frac{\partial \varphi_e}{\partial n_e} \right] \mathrm{d}S = \begin{cases} -4\pi\varphi_e & P \in \tau_e \\ -2\pi\varphi_e & P \in S \\ 0 & P \notin \tau_e + S \end{cases} \quad (7-29)$$

式中:下标 e——表示外流场问题;

下标 i——表示内流场问题。

令边界面上 $\varphi_i = \varphi_e$,并记作:

$$\frac{\partial \varphi_e}{\partial n_e} - \frac{\partial \varphi_i}{\partial n_i} \equiv \sigma(Q) \quad (7-30)$$

式中:$\sigma(Q)$——为边界上的源强分布,合适的源强分布由边界条件确定。

式(7-28)减去式(7-29)得:

$$\varphi(P) = \frac{1}{4\pi} \iint_S \sigma(Q) G(P,Q) \mathrm{d}S \quad (7-31)$$

以上公式可以看出,只要已知边界上的源强分布 $\sigma(Q)$ 与基本解 $G(P,Q)$ 即可以确定域内任一点的速度势 $\varphi(x,y,z)$。

格林函数解法中,对于一个处于流场中的浮体结构,其边界面为 $S + S_F + S_B + S_\infty$。如果基本解 $G(P,Q)$ 构造得当,对于零航速问题可以使式(7-31)的积分在 S_F、S_B、S_∞ 均为零,即积分只需对湿表面 S 进行。

为了求解分布源密度 $\sigma(Q)$,在式(7-31)两端取法向导数,并令点 P 沿着法向趋向于物面点,可以得到:

$$\frac{\partial \varphi(P)}{\partial n} = \frac{1}{2}\sigma(P) + \frac{1}{4\pi}\iint_S \sigma(Q) \frac{\partial G(P,Q)}{\partial n} \mathrm{d}S \quad (P \in S) \quad (7-32)$$

式中：$\frac{\partial \varphi(P)}{\partial n}$（$P \in S$）——由物面条件确定的已知参数。

积分方程式（7-32）都可在船体物面离散化后，化成代数方程组求解。首先，将船体物面 S 离散成 N 块面元，假定每一块面元上分布等强度的源，即在标号为 i（$i=1,2,\cdots,N$）面元上 $\sigma_i(P_i)$ 为常数；并且在每一块面元上选一控制点 P_i，在这些控制点上满足边界条件。方程式（7-32）离散化成一组线性代数方程组：

$$\frac{\partial \varphi(P_i)}{\partial n} = \frac{1}{2}\sigma_i(P_i) + \frac{1}{4\pi}\sum_{j=1 \& j \neq i}^{N} \sigma_i \iint_{\Delta S_j} \frac{\partial G(P_i,Q_j)}{\partial n} \mathrm{d}S_j \quad (i=1,2,\cdots,N) \quad (7-33)$$

式（7-33）中，控制点 P_i 确定后，可以求出面元上 ΔS_j 上的积分，其中 Q_j 是面元上的点。通过式（7-33）即可确定不同运动模态时相应的源强分布 σ_i，从而确定场内各点（包括物面）的速度势。

7.3 流体压力和广义水动力

7.3.1 流体压力

根据 Bernoulli 方程，并根据扰动位移及非稳态扰动速度势均为小量的假定，忽略二阶小量，在平衡坐标系中，作用于船体平均湿表面 $\overline{S}$ 上的压力为：

$$p(x,y,z,t)\big|_{S(t)} = -\rho\left(\frac{\partial \varphi}{\partial t} + gz' + gw\right)\bigg|_{\overline{S}} \quad (7-34)$$

式中：ρ——流体密度；

z'——船体表面任一点在随体坐标系中垂向坐标。

7.3.2 广义水动力

式（7-4）中作用于流体的广义流体分布力的第 r 阶分量可写成（Newman,1962；Wu,1984）：

$$Z_r = -\iint_S \vec{n} \cdot \vec{u}_r p \mathrm{d}S \quad (7-35)$$

将式（7-4）、式（7-28）代入式（7-29），得：

$$Z_r = (F_r + E_r + R_r)\mathrm{e}^{\mathrm{i}\omega t} + \overline{R}_r \quad (7-36)$$

式中：F_r——广义波浪激励力；

E_r——广义辐射力；

R_r——广义恢复力；

$\overrightarrow{R_r}$——广义静态力。

并分别表示为：

$$F_r = \rho \iint_S \mathrm{i}\omega\vec{n}\cdot\vec{u}_r(\varphi_I + \varphi_D)\mathrm{d}S \cdot \mathrm{e}^{\mathrm{i}\omega t} \qquad r = 1, 2, \cdots, m \qquad (7-37)$$

$$E_r = \rho \iint_S \mathrm{i}\omega\vec{n}\cdot\vec{u}_r \sum_{k=1}^m p_k(t)\varphi_k \mathrm{d}S \cdot \mathrm{e}^{\mathrm{i}\omega t} \qquad r = 1, 2, \cdots, m \qquad (7-38)$$

$$R_r = \rho \iint_{\overline{S}} gw\vec{n}\cdot\vec{u}_r \mathrm{d}S \qquad r = 1, 2, \cdots, m \qquad (7-39)$$

$$\overrightarrow{R_r} = \rho \iint_S gz'\vec{n}\cdot\vec{u}_r \mathrm{d}S - \iiint_\Omega \rho_b g w_r \mathrm{d}\Omega \qquad r = 1, 2, \cdots, m \qquad (7-40)$$

7.3.3　广义波浪激励力

对于规则波，广义波浪激励力可以表示为：

$$F_r(t) = F_r \mathrm{e}^{\mathrm{i}\omega t} = (F_{Ir} + F_{Dr})\mathrm{e}^{\mathrm{i}\omega t} \qquad r = 1, 2, \cdots, m \qquad (7-41)$$

式中：F_{Ir}——可看作是不计物体的存在对入射波压力分布影响而求得的 Froude-Krylov 力；

F_{Dr}——考虑浮体的存在对入射波的绕射而产生的绕射力。

它们可分别表示为：

$$F_{Ir} = \rho \iint_{\overline{S}} \mathrm{i}\omega\vec{n}\cdot\vec{u}_r\varphi_I \mathrm{d}S \qquad r = 1, 2, \cdots, m \qquad (7-42)$$

$$F_{Dr} = \rho \iint_{\overline{S}} \mathrm{i}\omega\vec{n}\cdot\vec{u}_r\varphi_D \mathrm{d}S \qquad r = 1, 2, \cdots, m \qquad (7-43)$$

7.3.4　附加质量和附加阻尼系数

当求解正弦激励的非稳态响应时，广义辐射力可以写成：

$$E_r = \sum_{r=1}^m p_k T_{rk} \mathrm{e}^{\mathrm{i}\omega t} \qquad r = 1, 2, \cdots, m \qquad (7-44)$$

其中：

$$T_{rk} = \omega^2 A_{rk} - \mathrm{i}\omega B_{rk} \qquad (7-45)$$

$$A_{rk} = \frac{\rho}{\omega_e^2} R_e \iint_{\overline{S}} \mathrm{i}\omega\vec{n}\cdot\vec{u}_r\varphi_k \mathrm{d}S \qquad (7-46)$$

$$B_{rk} = -\frac{\rho}{\omega_e} I_m \iint_{\overline{S}} i\omega \overline{n} \cdot \vec{u}_r \varphi_k \mathrm{d}S \qquad (7-47)$$

式中：R_e——复数的实部；

I_m——复数的虚部；

A_{rk}——与加速度同相位，称为附加质量系数；

B_{rk}——与速度同相位，称为附加阻尼系数。

7.3.5 恢复力系数

由式（7-33）得：

$$R_r = -\sum_{k=1}^{m} p_k C_{rk} e^{i\omega t} \qquad r = 1, 2, \cdots, m \qquad (7-48)$$

式中：

$$C_{rk} = -\rho \iint_{\overline{S}} g w_k \vec{n} \cdot \vec{u}_r \mathrm{d}S \qquad r = 1, 2, \cdots, m \qquad (7-49)$$

当 $r = 1, 2, \cdots, 6$，$k = 1, 2, \cdots, 6$ 时，C_{rk} 为刚体的恢复力系数，其恢复力矩阵可表示为：

$$C_R = \begin{bmatrix} 0 & 0 & 0 & 0 & 0 & 0 \\ 0 & 0 & 0 & 0 & 0 & 0 \\ 0 & 0 & \rho g s_{11} & \rho g s_2 & -\rho g s_1 & 0 \\ 0 & 0 & \rho g s_2 & \rho g [s_{22} + \nabla(z_B - z_G)] & -\rho g s_{12} & 0 \\ 0 & 0 & -\rho g s_1 & -\rho g s_{12} & \rho g [s_{11} + \nabla(z_B - z_G)] & 0 \\ 0 & 0 & 0 & 0 & 0 & 0 \end{bmatrix} \qquad (7-50)$$

式中：$s_j = \iint_{S_W} x_j' \mathrm{d}x' \mathrm{d}y'$；

$s_{jk} = \iint_{S_W} x_j' x_k' \mathrm{d}x' \mathrm{d}y'$；

$(x', y', z') = (x_1', x_2', x_3')$；

(x_B', y_B', y_B')——浮心坐标；

(x_G', y_G', y_G')——重心坐标。

而弹性变形模态和刚体运动的耦合交叉项为：

$$\begin{cases} C_{rk} = -\rho g \iint_{\bar{S}} n_r w_k \mathrm{d}S & r = 1,2,3 \quad r = 7,8,\cdots m \\ C_{4k} = -\rho g \iint_{\bar{S}} [n_3(y'-y'_G) - n_2(z'-z'_G)] w_k \mathrm{d}S & r = 7,8,\cdots m \\ C_{5k} = -\rho g \iint_{\bar{S}} [n_3(z'-z'_G) - n_2(x'-x'_G)] w_k \mathrm{d}S & r = 7,8,\cdots m \\ C_{6k} = -\rho g \iint_{\bar{S}} [n_3(x'-x'_G) - n_2(y'-y'_G)] w_k \mathrm{d}S & r = 7,8,\cdots m \\ C_{rk} = 0 & r = 1,2,6 \quad r = 7,8,\cdots m \\ C_{r3} = -\rho g \iint_{\bar{S}} \vec{n} \cdot \vec{u}_r \mathrm{d}S & r = 7,8,\cdots m \\ C_{r3} = -\rho g \iint_{\bar{S}} \vec{n} \cdot \vec{u}_r (y'-y'_G) \mathrm{d}S & r = 7,8,\cdots m \\ C_{r3} = -\rho g \iint_{\bar{S}} \vec{n} \cdot \vec{u}_r (x'-x'_G) \mathrm{d}S & r = 7,8,\cdots m \end{cases} \quad (7-51)$$

上式表明，浮体结构的弹性变形会对结构的刚体运动产生额外的恢复力，反之亦然。作用在浮体结构上的系泊力等有时也会产生额外的恢复力，有：

$$\Delta C_{rk} = -\sum_i \{u_r\}^T [H_i] \{u_k\} \quad r = 1, 2, \cdots, m, \quad k = 1, 2, \cdots, m \quad (7-52)$$

式中：$[H_i]$——第 i 根系缆的恢复力矩阵。

7.4 计算实例

现在以中国近海航区海船的 7800DWT 散货船为例来说明波浪载荷的直接计算。

7.4.1 模型建立

根据中国船级社《国内航行海船建造规范》[12]（2021）[以下简称《规范》（2021）]第二篇第二章 2.2.1.2 节的规定，7800DWT 散货船的长宽比为 $L/B = 4.886 < 5$，宽深比 $B/D = 3.182 > 2.5$，故需按照《规范》（2021）2.2.9 节的要求对波浪载荷应采用直接计算方法确定。所用到的图纸为总布置图、型线图、各种装载情况及稳性计算书。

第7章 波浪载荷计算

表7-1 7800DWT散货船主尺度

总长/m	109.80	设计水线长/m	109.80
计算船长/m	106.51	垂线间长/m	107.50
上甲板梁拱/m	0.3	型宽/m	21.80
型深/m	6.85	设计吃水/m	4.60
肋距/mm	600/650	结构吃水/m	4.95
方形系数	0.8590	站距/m	5.375

计算工况按照装载手册选取。取 LC01-压载出港、LC02-压载到港、LC03-满载均质货物出港、LC04-满载均质货物到港、LC11-满载均质货物出港加结冰 5 种状态下对应的实际工况进行计算。具体计算工况见表7-2。

表7-2 计算状态参数

工况	状态	排水量/t	重心纵向位置（距艉垂线）/m	修正后的重心高度/m	艏吃水/m	艉吃水/m
LC01	压载出港	6116.9	52.581	4.391	2.394	3.790
LC02	压载到港	5909.5	54.046	4.365	2.571	3.420
LC03	满载均质货物出港	10245.1	54.114	4.817	4.725	5.155
LC04	满载均质货物到港	10037.7	55.008	4.810	4.864	4.855
LC11	满载均质货物出港加结冰	10283.7	54.123	4.830	4.748	5.167

本书所使用的波浪载荷直接计算方法基于三维线性势流理论，该方法是参照国际船级社协会（IACS）推荐和认可的波浪载荷直接计算方法，使用软件为 DNV 的 SESAM 软件。

本书波浪载荷直接计算采用的波浪谱是 P-M 双参数谱，波浪资料是 IACS 推荐波浪长期统计资料（IACSRec. No.34），波浪载荷设计计算值取为 10^{-8} 概率水平（代表设计寿命为 20 年）。计算结果为沿船长的垂向波浪弯矩和垂向波浪剪力分布值。

1）湿表面模型

坐标系统采用右手坐标系，原点位于艉垂线与基线交点，X 轴向艏为正方向，Y 轴向左舷为正方向，Z 轴垂直向上为正方向，湿表面模型如图7-3所示。

2）质量模型

各装载状态下实船的质量分布用沿船长方向分布的 21 根质量棒和 42 个质量点模拟。质量模型见图7-4，各状态的重量和重心位置与各种装载情况完整稳性计算书一致。

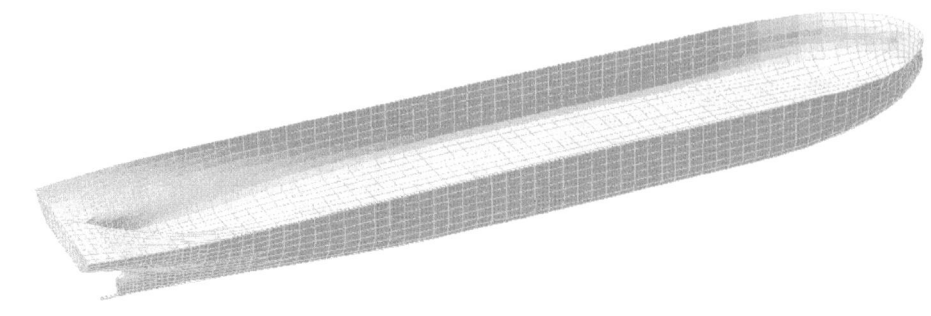

图 7-3 湿表面模型

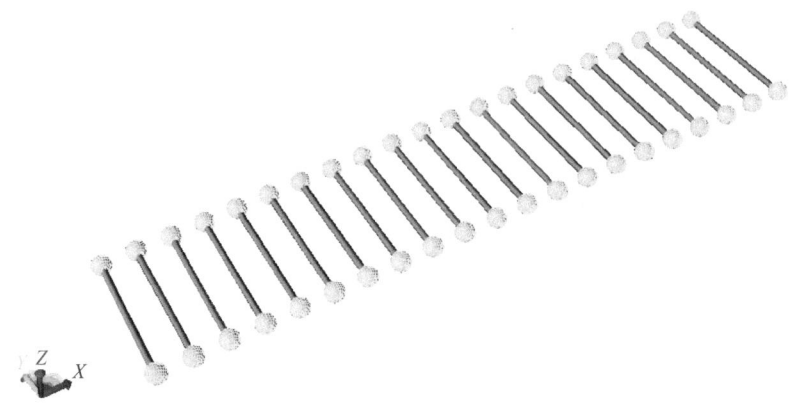

图 7-4 质量模型

3) 计算条件和参数选择

(1) 计算截面

沿船长方向选择 21 个计算截面,各计算截面的位置见表 7-3 和图 7-5。

表 7-3 21 个参考横截面位置

序列	坐标位置 (距尾垂线)/m	序列	坐标位置 (距尾垂线)/m	序列	坐标位置 (距尾垂线)/m
SEC101	0	SEC108	37.625	SEC115	75.250
SEC102	5.375	SEC109	43.000	SEC116	80.625
SEC103	10.750	SEC110	48.375	SEC117	86.000
SEC104	16.125	SEC111	53.750	SEC118	91.375
SEC105	21.500	SEC112	59.125	SEC119	96.750
SEC106	26.875	SEC113	64.500	SEC120	102.125
SEC107	32.250	SEC114	69.875	SEC121	107.500

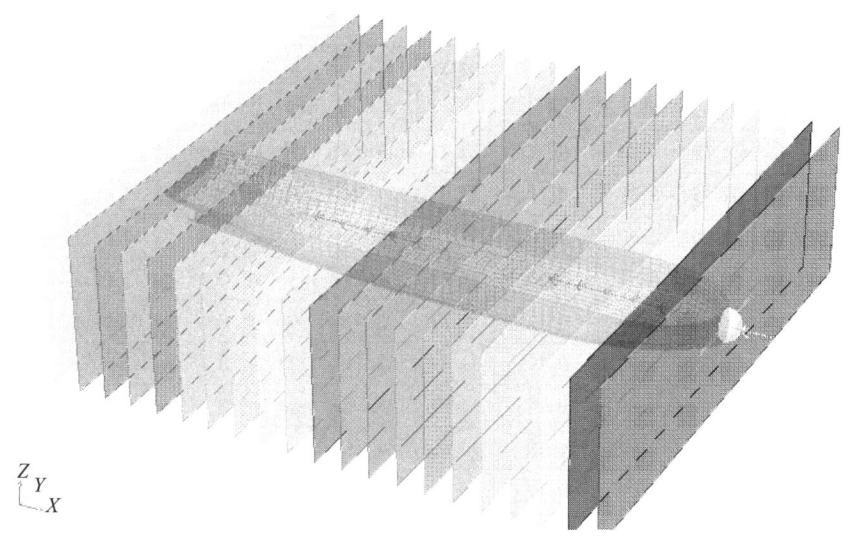

图 7-5 计算截面位置

(2) 浪向角

计算船体在不同浪向角的波浪作用下的波浪诱导载荷，浪向角选取 0°~180°，间隔 15°，共 13 个浪向。浪向角的方向定义为：沿船长方向从艉指向艏为 0°，从船艏指向船艉为 180°，从右舷指向左舷为 90°，如图 7-6 所示。

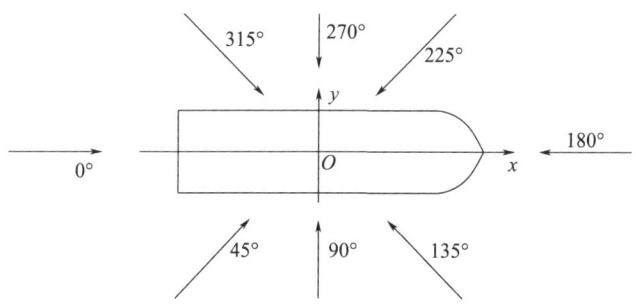

图 7-6 浪向角的定义

(3) 计算频率

计算各种波长（频率）的波浪作用下的波浪诱导载荷，波浪的频率范围按波长与船长比范围的 0.2~3 选取，步长取 0.1，共 29 个。表 7-4 列出了各计算规则波的频率、周期、波长以及波长与船长的比值。波频与波长的关系按：

$$\lambda = (2\pi g)/\omega^2$$

式中：λ——波长，m；g——重力加速度，m/s²；ω——波浪频率，rad/s。

表7-4 计算频率与波长

频率/(rad/s)	周期/s	波长/m	波长/船长	频率/(rad/s)	周期/s	波长/m	波长/船长	频率/(rad/s)	周期/s	波长/m	波长/船长
0.54	11.62	21.50	0.20	0.22	28.47	129.00	1.20	0.16	38.55	236.50	2.20
0.44	14.23	32.25	0.30	0.21	29.63	139.75	1.30	0.16	39.41	247.25	2.30
0.38	16.44	43.00	0.40	0.20	30.75	150.50	1.40	0.16	40.26	258.00	2.40
0.34	18.38	53.75	0.50	0.20	31.83	161.25	1.50	0.15	41.09	268.75	2.50
0.31	20.13	64.50	0.60	0.19	32.87	172.00	1.60	0.15	41.91	279.50	2.60
0.29	21.74	75.25	0.70	0.19	33.89	182.75	1.70	0.15	42.70	290.25	2.70
0.27	23.25	86.00	0.80	0.18	34.87	193.50	1.80	0.14	43.49	301.00	2.80
0.25	24.66	96.75	0.90	0.18	35.82	204.25	1.90	0.14	44.26	311.75	2.90
0.24	25.99	107.50	1.00	0.17	36.75	215.00	2.00	0.14	45.01	322.50	3.00
0.23	27.26	118.25	1.10	0.17	37.66	225.75	2.10	—	—	—	—

注：表中"—"表示无数据。

7.4.2 波浪载荷计算结果

波浪载荷设计计算值取为10^{-8}概率水平（代表设计寿命为20年）。各考察面波浪载荷直接计算结果见表7-5、表7-6及图7-7、图7-8所示。

表7-5 各装载工况下船体截面垂向波浪弯矩

单位：kN·m

计算截面	LC01	LC02	LC03	LC04	LC11
1	870.3	883.7	3003	2698	2987
2	7089	7229	21290	20380	21290
3	18100	10640	56950	55400	56960
4	50600	38790	104600	102600	104600
5	92250	78590	154600	152700	154700
6	136000	121900	201100	199500	201200
7	177400	163800	241600	240300	241600
8	213000	200300	274100	273000	274100
9	239700	228200	297100	296100	297100
10	256100	245900	309700	308800	309600
11	262100	253400	311400	310700	311400
12	257100	249800	301000	300400	300900
13	241300	235500	278800	278300	278700
14	215900	211500	247100	246600	246900

续表

计算截面	LC01	LC02	LC03	LC04	LC11
15	182100	179100	207400	206900	207200
16	141100	139300	161400	161000	161200
17	96070	95140	111600	111300	111400
18	53440	53080	62800	62610	62600
19	20270	20140	20770	20700	20600
20	678.4	894.7	3668	3646	3786
21	0.00345	0.00506	0.00794	0.00281	0.00540

表7-6 各装载工况下船体截面垂向剪力

单位：kN

计算截面	LC01	LC02	LC03	LC04	LC11
1	0.1682	0.7203	2289	2138	2295
2	2429	1277	6061	5861	6069
3	5563	4712	8551	8390	8557
4	7790	7251	9924	9816	9928
5	8517	8288	9869	9859	9870
6	8429	8395	9106	9134	9015
7	7807	7855	8167	8189	8165
8	6809	6894	7081	7097	7078
9	5569	5664	5913	5923	5910
10	4300	4380	4910	4914	4907
11	3604	3564	4628	4638	4626
12	4151	3938	5454	5457	5454
13	5361	5135	6605	6604	6605
14	6471	6240	7611	7611	7611
15	7393	7180	8423	8425	8422
16	8087	7906	8921	8927	8920
17	8200	8072	8918	8924	8914
18	7133	7069	8073	8079	8068
19	4831	4824	6245	6249	6237
20	2124	2149	2931	2937	2921
21	245.6	245.3	269.7	272	282.2

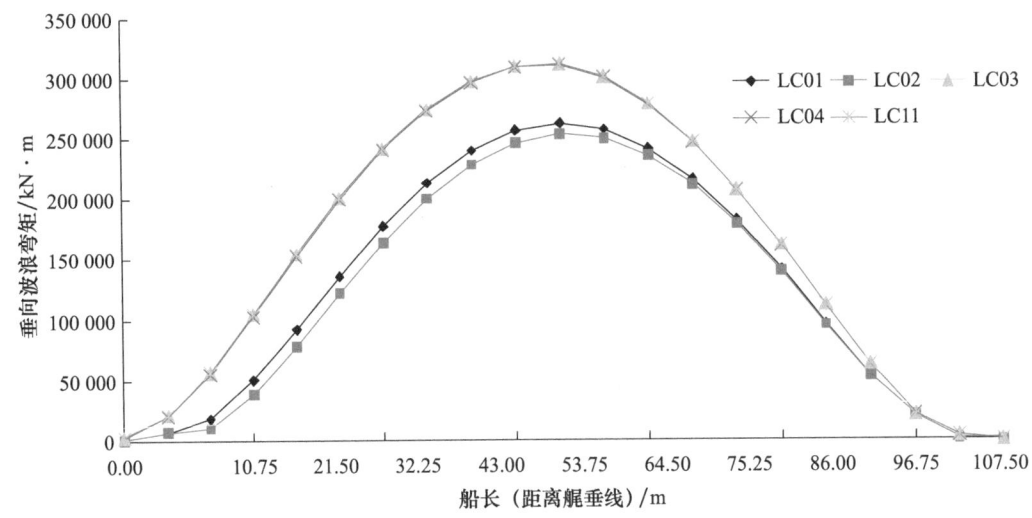

图 7-7 垂向波浪弯矩沿船长分布

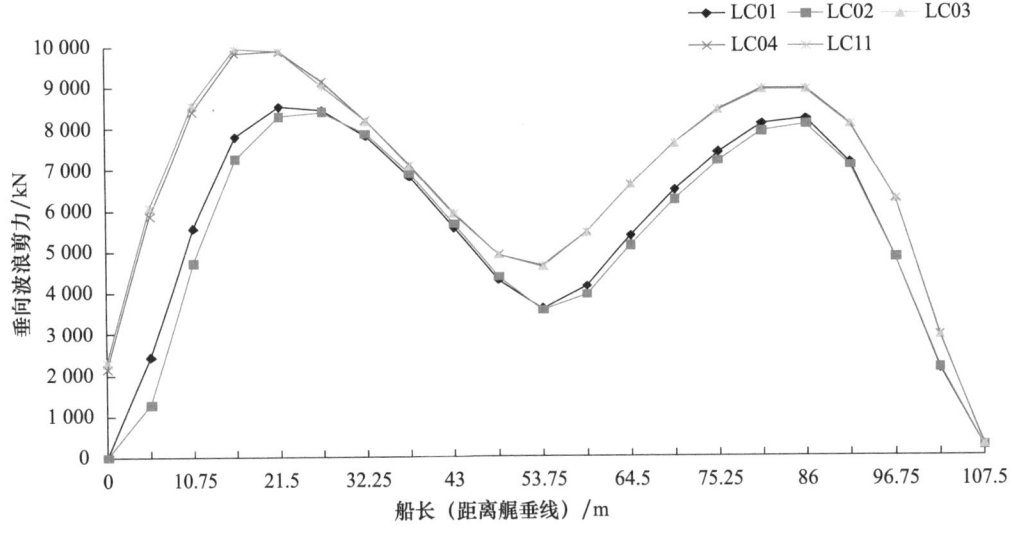

图 7-8 垂向剪力沿船长分布

7.4.3 波浪载荷"非线性"修正

按照《规范》(2021) 2.2.9 节的要求,对通过线性波浪理论得到的波浪弯矩计算值和波浪剪力计算值进行非线性修正。

1) 中拱波浪弯矩和中垂波浪弯矩

中拱波浪弯矩 $M_W(+)$ 和中垂波浪弯矩 $M_W(-)$ 按下列各式计算:

中拱 $M_W(+) = Mf_{nl-h}M_{W.cal}$ (kN·m)

中垂 $M_W(-) = Mf_{nl-s}M_{W.cal}$ (kN·m)

式中：$M_{W.cal}$——基于线性波浪理论直接计算得到，在 $0.4 \sim 0.6L$ 之间垂向波浪弯矩的最大值，各工况下的 $M_{W.cal}$ 值见表 7-7。

表 7-7 各工况下的 $M_{W.cal}$ 值

单位：kN·m

LC01	LC02	LC03	LC04	LC11
262 100	253 400	311 400	310 700	311 400

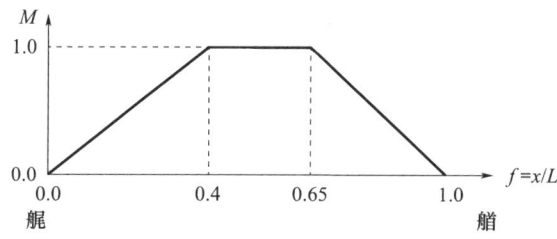

图 7-9 弯矩系数分布

式中：M——弯矩沿船长的分布系数，见图 7-9。

f_{nl-h}，f_{nl-s}——非线性修正系数，按下式确定：

$$f_{nl-h} = \frac{190C_b}{95C_b + 55(C_b + 0.7)} = 0.9753$$

$$f_{nl-s} = \frac{110(C_b + 0.7)}{95C_b + 55(C_b + 0.7)} = 1.0247$$

式中：C_b——方形系数，不小于 0.6，实取 0.8590。

2）中拱波浪剪力和中垂波浪剪力

中拱波浪剪力 $F_W(+)$ 和中垂波浪剪力 $F_W(-)$ 按下列各式计算：

$$中拱 F_W(+) = F_{nl,1}F_{WV.max} \text{ kN}$$

$$中垂 F_W(-) = F_{nl,2}F_{WV.max} \text{ kN}$$

式中：$F_{nl,1}$——剪力分布系数，按图 7-10 选取；

$F_{nl,2}$——剪力分布系数，按图 7-11 选取；

$$F_{WV.\max} = \max\left(\frac{\max|F_{WV,cal,A}|}{0.92}, \frac{\max|F_{WV,cal,F}|}{1.0}\right)$$

式中：$F_{WV,cal,A}$——$x/L<0.5$ 各剖面的波浪剪力直接计算值，kN；

$F_{WV,cal,F}$——$x/L\geqslant0.5$ 各剖面的波浪剪力直接计算值，kN。

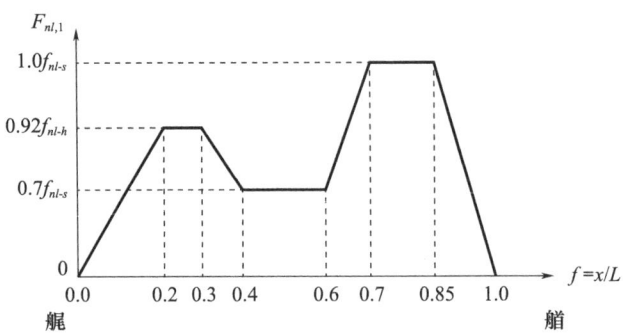

图 7-10　剪力系数 $F_{nl,1}$ 沿船长的分布

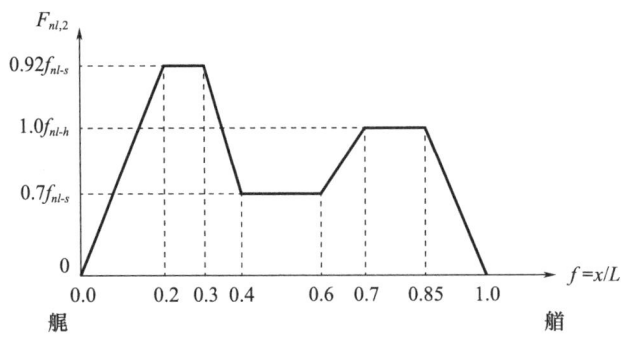

图 7-11　剪力系数 $F_{nl,2}$ 沿船长的分布

各工况下的 $F_{WV.\max}$ 值见表 7-8。

表 7-8　各工况下 $F_{WV.\max}$ 值

单位：kN

	LC01	LC02	LC03	LC04	LC11
$\max\|F_{WV,cal,A}\|$	8517	8395	9924	9859	9928
$\max\|F_{WV,cal,F}\|$	8200	8072	8921	8927	8920
$F_{WV.\max}$	9257.61	9125.00	10786.96	10716.30	10791.30

3) 非线性修正后波浪弯矩值和剪力值

非线性修正后各工况下各计算剖面波浪弯矩值和剪力值见表 7-9～表 7-12。

表 7-9 21 个考察剖面非线性修正后中拱波浪弯矩 M_w（+）

单位：kN·m

序号	剖面位置 x/L	LC01	LC02	LC03	LC04	LC11
1	0	0.00E+00	0.00E+00	0.00E+00	0.00E+00	0.00E+00
2	0.05	3.20E+04	3.09E+04	3.80E+04	3.79E+04	3.80E+04
3	0.1	6.39E+04	6.18E+04	7.59E+04	7.58E+04	7.59E+04
4	0.15	9.59E+04	9.27E+04	1.14E+05	1.14E+05	1.14E+05
5	0.2	1.28E+05	1.24E+05	1.52E+05	1.52E+05	1.52E+05
6	0.25	1.60E+05	1.54E+05	1.90E+05	1.89E+05	1.90E+05
7	0.3	1.92E+05	1.85E+05	2.28E+05	2.27E+05	2.28E+05
8	0.35	2.24E+05	2.16E+05	2.66E+05	2.65E+05	2.66E+05
9	0.4	2.56E+05	2.47E+05	3.04E+05	3.03E+05	3.04E+05
10	0.45	2.56E+05	2.47E+05	3.04E+05	3.03E+05	3.04E+05
11	0.5	2.56E+05	2.47E+05	3.04E+05	3.03E+05	3.04E+05
12	0.55	2.56E+05	2.47E+05	3.04E+05	3.03E+05	3.04E+05
13	0.6	2.56E+05	2.47E+05	3.04E+05	3.03E+05	3.04E+05
14	0.65	2.56E+05	2.47E+05	3.04E+05	3.03E+05	3.04E+05
15	0.7	2.19E+05	2.12E+05	2.60E+05	2.60E+05	2.60E+05
16	0.75	1.83E+05	1.77E+05	2.17E+05	2.16E+05	2.17E+05
17	0.8	1.46E+05	1.41E+05	1.74E+05	1.73E+05	1.74E+05
18	0.85	1.10E+05	1.06E+05	1.30E+05	1.30E+05	1.30E+05
19	0.9	7.30E+04	7.06E+04	8.68E+04	8.66E+04	8.68E+04
20	0.95	3.65E+04	3.53E+04	4.34E+04	4.33E+04	4.34E+04
21	1	0.00E+00	0.00E+00	0.00E+00	0.00E+00	0.00E+00

表 7-10 21 个考察剖面非线性修正后中垂波浪弯矩 M_w（-）

单位：kN·m

序号	剖面位置 x/L	LC01	LC02	LC03	LC04	LC11
1	0	0.00E+00	0.00E+00	0.00E+00	0.00E+00	0.00E+00
2	0.05	3.36E+04	3.25E+04	3.99E+04	3.98E+04	3.99E+04
3	0.1	6.71E+04	6.49E+04	7.98E+04	7.96E+04	7.98E+04
4	0.15	1.01E+05	9.74E+04	1.20E+05	1.19E+05	1.20E+05
5	0.2	1.34E+05	1.30E+05	1.60E+05	1.59E+05	1.60E+05
6	0.25	1.68E+05	1.62E+05	1.99E+05	1.99E+05	1.99E+05

续表

序号	剖面位置 x/L	LC01	LC02	LC03	LC04	LC11
7	0.3	2.01E+05	1.95E+05	2.39E+05	2.39E+05	2.39E+05
8	0.35	2.35E+05	2.27E+05	2.79E+05	2.79E+05	2.79E+05
9	0.4	2.69E+05	2.60E+05	3.19E+05	3.18E+05	3.19E+05
10	0.45	2.69E+05	2.60E+05	3.19E+05	3.18E+05	3.19E+05
11	0.5	2.69E+05	2.60E+05	3.19E+05	3.18E+05	3.19E+05
13	0.6	2.69E+05	2.60E+05	3.19E+05	3.18E+05	3.19E+05
14	0.65	2.69E+05	2.60E+05	3.19E+05	3.18E+05	3.19E+05
15	0.7	2.30E+05	2.23E+05	2.73E+05	2.73E+05	2.73E+05
16	0.75	1.92E+05	1.85E+05	2.28E+05	2.27E+05	2.28E+05
17	0.8	1.53E+05	1.48E+05	1.82E+05	1.82E+05	1.82E+05
18	0.85	1.15E+05	1.11E+05	1.37E+05	1.36E+05	1.37E+05
19	0.9	7.67E+04	7.42E+04	9.12E+04	9.10E+04	9.12E+04
20	0.95	3.84E+04	3.71E+04	4.56E+04	4.55E+04	4.56E+04
21	1	0.00E+00	0.00E+00	0.00E+00	0.00E+00	0.00E+00

表7-11 21个考察剖面非线性修正后中拱波浪剪力 F_w（+）

单位：kN

序号	剖面位置 x/L	LC01	LC02	LC03	LC04	LC11
1	0	0.00E+00	0.00E+00	0.00E+00	0.00E+00	0.00E+00
2	0.05	2.09E+03	2.06E+03	2.43E+03	2.42E+03	2.43E+03
3	0.1	4.18E+03	4.12E+03	4.87E+03	4.84E+03	4.87E+03
4	0.15	6.27E+03	6.18E+03	7.30E+03	7.25E+03	7.30E+03
5	0.2	8.36E+03	8.24E+03	9.74E+03	9.67E+03	9.74E+03
6	0.25	8.36E+03	8.24E+03	9.74E+03	9.67E+03	9.74E+03
7	0.3	8.36E+03	8.24E+03	9.74E+03	9.67E+03	9.74E+03
8	0.35	7.48E+03	7.37E+03	8.71E+03	8.65E+03	8.71E+03
9	0.4	6.60E+03	6.50E+03	7.69E+03	3.78E+01	7.69E+03
10	0.45	6.60E+03	6.50E+03	3.78E+01	7.64E+03	7.69E+03
11	0.5	6.60E+03	6.50E+03	7.69E+03	7.64E+03	7.69E+03
12	0.55	6.60E+03	6.50E+03	7.69E+03	7.64E+03	7.69E+03
13	0.6	6.60E+03	6.50E+03	7.69E+03	7.64E+03	7.69E+03
14	0.65	8.01E+03	7.90E+03	9.33E+03	9.27E+03	9.34E+03
15	0.7	9.42E+03	9.29E+03	1.10E+04	1.09E+04	1.10E+04

续表

序号	剖面位置 x/L	LC01	LC02	LC03	LC04	LC11
16	0.75	9.42E+03	9.29E+03	1.10E+04	1.09E+04	1.10E+04
17	0.8	9.42E+03	9.29E+03	1.10E+04	1.09E+04	1.10E+04
18	0.85	9.42E+03	9.29E+03	1.10E+04	1.09E+04	1.10E+04
19	0.9	6.28E+03	6.19E+03	7.32E+03	7.27E+03	7.32E+03
20	0.95	3.14E+03	3.10E+03	3.66E+03	3.64E+03	3.66E+03
21	1	0.00E+00	0.00E+00	0.00E+00	0.00E+00	0.00E+00

表 7-12 21个考察剖面非线性修正后中垂波浪剪力 F_w （-）

单位：kN

序号	剖面位置 x/L	LC01	LC02	LC03	LC04	LC11
1	0	0.00E+00	0.00E+00	0.00E+00	0.00E+00	0.00E+00
2	0.05	2.17E+03	2.14E+03	2.53E+03	2.51E+03	2.53E+03
3	0.1	4.34E+03	4.27E+03	5.05E+03	5.02E+03	5.05E+03
4	0.15	6.50E+03	6.41E+03	7.58E+03	7.53E+03	7.58E+03
5	0.2	8.67E+03	8.55E+03	1.01E+04	1.00E+04	1.01E+04
6	0.25	8.67E+03	8.55E+03	1.01E+04	1.00E+04	1.01E+04
7	0.3	8.67E+03	8.55E+03	1.01E+04	1.00E+04	1.01E+04
8	0.35	7.63E+03	7.52E+03	8.89E+03	8.84E+03	8.90E+03
9	0.4	6.60E+03	6.50E+03	7.69E+03	7.64E+03	7.69E+03
10	0.45	6.60E+03	6.50E+03	7.69E+03	7.64E+03	7.69E+03
11	0.5	6.60E+03	6.50E+03	7.69E+03	7.64E+03	7.69E+03
12	0.55	6.60E+03	6.50E+03	7.69E+03	7.64E+03	7.69E+03
13	0.6	6.60E+03	6.50E+03	7.69E+03	7.64E+03	7.69E+03
14	0.65	7.84E+03	7.73E+03	9.13E+03	9.07E+03	9.14E+03
15	0.7	9.08E+03	8.95E+03	1.06E+04	1.05E+04	1.06E+04
16	0.75	9.08E+03	8.95E+03	1.06E+04	1.05E+04	1.06E+04
17	0.8	9.08E+03	8.95E+03	1.06E+04	1.05E+04	1.06E+04
18	0.85	9.08E+03	8.95E+03	1.06E+04	1.05E+04	1.06E+04
19	0.9	6.05E+03	5.97E+03	7.05E+03	7.01E+03	7.06E+03
20	0.95	3.03E+03	2.98E+03	3.53E+03	3.50E+03	3.53E+03
21	1	0.00E+00	0.00E+00	0.00E+00	0.00E+00	0.00E+00

第 8 章

船体结构强度有限元计算

有限元法是一种近似的数值解法,是 20 世纪 50 年代末 60 年代初发展起来的一门应用数学、力学及计算机科学相互渗透、综合利用的边缘学科,是现代科学和工程计算方面最令人鼓舞的重大成就之一。其物理实质是用有限个单元体的组合代替连续体,化无限自由度的问题为有限自由度的问题,而数学实质上是用有限子域的组合代替一个连续域,化连续场函数的微分方程求解问题为有限个参数的代数方程组的求解问题。船体结构的有限元分析法的基本原理是采用一组假想的网络线,把某一船体结构分割成一些相对独立、相互关联而又简单的几何形状和力学特征的单元和网格线的交点即节点来进行求解。

8.1 有限元法的基本思路

原来的船体结构被替换成在有限个节点上彼此连接的有限个单元集合组成的结构模型,在船体结构中,有一些原来就是由离散的单独构件彼此连接的结构。在进行船体结构的有限元分析时,通常采用节点的广义位移和广义力来描述单元的状态。节点位移与节点之间的线性管系方程为:

$$K_e u_e = P_e \qquad (8-1)$$

式中:u_e——单元的节点位移矢量;

P_e——单元的节点力矢量;

K_e——单元刚度矩阵。

每个节点的自由度有 6 个,包括沿 3 个坐标的线位移和绕 3 个坐标轴的角位移。每个节点的力有 6 个,包括作用在 3 个位移方向上的力以及作用在转角方向的 3 个力矩。但在具体的分析中,由于结构的特点和分析要求的不同,并不总是需要同时考虑节点的 6 个自由度,这样,问题的分析就可以简化。

结构模型是由一个个单元组成的，在得到每个单元的刚度矩阵后，就可以在总坐标内组装整个结构模型的总刚度矩阵。若所求的结构问题有几个自由度，则组装后的总刚度矩阵与全部节点位移和外力之间的关系可表示为：

$$\begin{bmatrix} k_{11} & k_{12} & \cdots & k_{1i} & \cdots & k_{1n} \\ k_{21} & k_{22} & \cdots & k_{2i} & \cdots & k_{2n} \\ O & O & \cdots & O & \cdots & O \\ k_{i1} & k_{i2} & \cdots & k_{ii} & \cdots & k_{in} \\ O & O & \cdots & O & \cdots & O \\ k_{n1} & k_{n2} & \cdots & k_{ni} & \cdots & k_{nn} \end{bmatrix} \cdot \begin{Bmatrix} u_{e1} \\ u_{e2} \\ O \\ u_{ei} \\ O \\ u_{en} \end{Bmatrix} = \begin{Bmatrix} p_1 \\ p_2 \\ O \\ p_i \\ O \\ p_n \end{Bmatrix} \quad (8-2)$$

式中：K——总刚度矩阵；
　　　U——总位移矩阵；
　　　P——总外力矩阵。

形成总刚度矩阵后必须进行约束条件的处理，进而求解线性方程组获得结构系统的全部节点位移分量及所有单元的应变与应力结果，完成结构分析。

8.2　船体结构强度有限元计算的基本步骤

采用有限元法分析不同的问题时，其步骤总体是相同的，具体如下。

1) 结构的离散化

结构的离散化是有限元分析的第一步，它是有限元的基础。所谓离散化的过程简单地说，就是将分析的结构物划分成有限个单元体，并在单元体的指定点设置结点，把相邻的单元体在结点处连接起来组成单元的集合体，以代替原来的结构。如果分析的对象是连续体，那么为了有效地逼近实际的连续体，就有选择单元的形状和确定单元的数目和划分方案等问题需要考虑，这也带来了有限元法的几何近似。

2) 选择位移模式

在结构的离散化完成之后，就可以对典型单元中位移的分布作出一定的假定，也就是说，假定位移是坐标的某种简单的函数，这种函数称为位移模式或位移函数。

位移函数是表示单元内任意一点随位置变化的函数式，因往往用节点位移来表示它们，所以又可称为位移插值函数。由于所采用的函数是一种近似的试函数，一般不能精确地反映单元中真实的位移分布，这就形成了有限元法的另一个近似性。

3）建立单元刚度方程

在选定单元的类型和位移模式后，就可以按最小势能原理建立单元刚度方程，它实际上是单元各个节点的平衡方程，其系数矩阵称为单元刚度矩阵。

$$[K]^e \{\delta\}^e = \{F\}^e \qquad (8-3)$$

式中，角标 e 表示单元编号，$\{\delta\}^e$ 和 $\{F\}^e$ 代表单元的节点位移和节点力向量，$[K]^e$ 则称为单元刚度矩阵。单元刚度矩阵仅取决于单元形态和材料性质。在一个单元内，材料性质必须相同，而不同的单元可以有不同的材料性质，因此能方便地处理非均质材料问题。

4）集合单元刚度方程，形成有限元法的基本方程

先分后合是有限元法的分析过程，即先进行单元分析，在建立了单元刚度矩阵以后再进行整体分析，在相邻各单元在共同节点处具有相同的位移这个原则下，把这些方程集合起来，形成整个求解区域的刚度方程，称为有限元法基本方程，其可表示为：

$$[K]\{\delta\} = [R] \qquad (8-4)$$

式中：$[K]$ ——$[K] = \sum^e [K]^e$，为总刚度矩阵；

$\{\delta\}$ ——总节点位移量；

$[R]$ ——总节点载荷向量。

5）解基本方程，得到节点位移

在式（8-4）的条件下，若没有边界条件的约束，则在外载荷的作用下，结构可能做刚体运动。因此，应该根据实际结构的边界位移约束条件，对方程进行处理，才能解出所有的未知节点位移。

6）求解未知节点位移和计算单元应力

由集合起来的平衡方程组（8-4），解出未知位移。在线性平衡问题中，可以根据方程组的具体特点选择合适的计算方法。对于非线性问题，则要通过一系列的步骤，并逐步修正刚度矩阵或载荷列阵，才能获得解答。在得到节点位移后，就可根据需要，由弹性力学的几何方程和物理方程来计算应变与应力。

8.3 船体结构的有限元分析法

目前，有限元求解船舶结构的问题可以归为以下几类：静力学分析、动力学分析、模态分析和振动预报、稳定和极限强度分析、应力集中和疲劳寿命分析。利用有

限元软件对船体进行强度分析主要涉及三个重要问题：对船体三维模型的准确模拟、对模型边界条件的处理以及对模型外载荷的施加。

8.3.1 船体结构模型的简化

利用有限元软件对船体结构进行分析，就必须先建立分析对象的有限元模型。由于船体结构非常复杂，从而导致其模型的建立占据了整个有限元分析的大部分时间，因此，往往需要根据船型的结构特点适当地对模型进行简化处理。

1）利用结构和载荷的对称性

船体结构一般左右舷对称布置，利用结构和载荷的对称性往往可以大大减少单元的数量，节省机时。对称面上的构件如中内龙骨、中桁材、甲板纵桁等的惯性矩和截面积可取一半计入计算中。如船体的舱段模型就可计算一半，同时在对称面的节点上设置合适的边界条件。

2）等效模型

在有限元建模中，我们经常会用到等效模型。如船舶常用的球扁钢的模拟和建模非常困难，我们可以将球扁钢等效变换为角钢，等效变换的基础是两者具有相同的剖面模数基础。在全船振动的有限元建模中，常常将艉详细建模，而把其余结构用等效的梁单元模拟，其模拟的基础是两者具有相同的惯性矩。

8.3.2 船体结构离散的模型化

船体结构离散化主要包括对结构部位单元类型的选择以及网格形状和尺寸的确定。在船体结构有限元分析中，最常用的单元主要有杆单元、梁单元、板壳单元、弹簧单元以及三维实体单元等。在建模过程中，可以根据结构几何和受力特点选取单元类型：一维物体采用杆单元和梁单元，二维单元采用板壳单元，三维结构采用三维单元，组合结构采用多种单元类型进行建模。

在选好单元类型后，就可以对模型进行网格划分，不同的网格划分方案对计算结果会产生较大的影响。在满足计算精度的前提下，尽量选择计算量小的方案。对不同的船体结构形式，网格划分的粗细也不尽相同：比如，在角隅处、锚机基座与甲板连接处等需要较细的网格，而其他部分可采用相对较细的网格。在网格划分时，总体上需要注意以下问题。

1）有限元网格的划分应根据计算目标和精度的要求，确定网格划分的尺寸。网格过细会给建模和计算工作带来困难，过粗又使计算结果不能准确地反映模型的变形和应力。

2）单元主要采用 4 种类型：杆单元、膜单元、梁单元和板壳单元。而且通常只采用简单单元，即仅在角点处布置节点，尽量避免采用高阶的单元。

3）船体的外板结构，强框架、桁材、舱壁和壁凳等结构一般采用四节点板壳单元模拟，在高应力区和高应变变化区尽可能地避免采用三角形单元，如减轻孔、舱壁 - 凳连接处、临近肘板或结构不连续处等区域。

8.3.3 船体结构的载荷施加

在进行船体结构强度有限元计算分析时，除建立三维有限元模型外，正确的加载方式对强度分析十分重要。同时，船体有限元模型上的所有载荷要达到强度评估的要求。作用在船体上的载荷类型可以分为以下几种。

1）集中载荷

集中载荷是指将某些力或者弯矩加载至某一节点或者某些节点上，集中载荷往往用于对锚链和缆绳破断载荷、起重船起吊载荷等的模拟。

2）均布载荷

均布载荷又可分为线均布载荷和面均布载荷，是指均匀分布在结构上的载荷，其作用下各点受到的载荷都相等。在强度校核中，我们往往可以将船型货物、压载水、舷外水压力、风载等载荷以均布载荷的方式进行模拟。

3）惯性力

当结构强度校核需要考虑结构本身重力时，往往通过定义材料属性并赋予模型在重力方向上的惯性力来加载模型自身重力。例如，在船型上层建筑整体吊装强度分析以及起重船、起重杆稳定性和强度校核中，就可采用惯性力对模型加载重力载荷。

8.3.4 船体结构的边界条件

前面已经提到，为保证求解出所有节点的位移，就必须对边界条件进行约束。在有限元法中，一般 1 个节点最多有 6 个自由度，即 3 个线位移和 3 个角位移，即：

$$\delta_i = \begin{bmatrix} u_{xi} & u_{yi} & u_{zi} & \theta_{xi} & \theta_{yi} & \theta_{zi} \end{bmatrix}^T \tag{8-5}$$

在船体结构有限元的计算中，我们往往采用以下几种约束来处理结构的边界条件。

1）刚性约束

刚性约束是指不允许发生位移的约束，也是船体有限元计算中最常见的约束，如在艏锚机支撑结构强度校核、克令吊基座强度校核等有限元强度计算中都采用了刚性约束对结构边界进行约束。

2）弹性约束

支反力与位移成正比的约束称为弹性约束，反力矩与转角成正比的约束为弹性固定端。这种约束需要定义出弹簧元的方向，输入弹簧元约束的刚度。比如，在计算散货船三舱段有限元计算时，在中纵剖面边界条件的约束上，舷侧外板、内壳板与中部货舱前后舱壁交线上就设置了垂向弹簧单元来进行约束。

3）指定位移约束

指定位移约束就是给定结构的位移值。如节点在某一方向的位移值给定，则可在该方向加一个刚度很大的弹簧元来处理，输入给定的位移值作为弹簧元的单元载荷。

4）MPC 多点约束

MPC 定义的是一种节点自由度的耦合关系，即以一个节点的某几个自由度为标准值，然后令其他指定的节点的某几个自由度与这个标准值建立某种关系。多点约束常用于表征一些特定的物理现象，比如，刚性连接、铰接、滑动等，多点约束也可以用于不相容单元之间的载荷传递。比如，对舱段进行屈服和屈曲计算时，就在横剖面上采用了 MPC 建立约束。

8.4　屈服计算

按中国船级社远洋入级要求，对 54 000 载重吨散货船在满载和压载等各种状态下进行货舱纵向、横向强度计算。据中国船级社《双舷侧散货船结构强度直接计算指南》（2004）[15]［以下简称《指南》（2004）］要求，对其货舱区域主要构件（纵向、横向）应用直接计算方法进行强度计算，直接计算应符合《指南》（2004）要求，本计算按上述要求进行，用三维有限元模型进行散货船主要构件的强度直接计算，计算载荷计及舱内货物载荷、舷外水载荷以及端面弯矩。54 000 吨级载重量散货船，船体采用船用普通钢和 AH36 高强度钢。货舱区域为单舷侧、双层底结构，肋骨间距为 820 mm；设有顶边舱和底边舱，顶边舱与底边舱不连通；双层底高 1 780 mm，实肋板间距 2 460 mm；并设有 8 根双层底纵桁；横舱壁采用槽型舱壁结构。该船总长 199.99 m，设计水线长 198.00 m，垂线间长 195.00 m，型宽 33.98 m，型深 16.50 m，设计吃水 11.20 m，方形系数 0.8485，航速 13.4 kn。

8.4.1 模型建立

1) 模型范围

采用三维有限元模型,根据《指南》(2004)的要求,模型范围为全宽模型,包括船中货舱区的 1/2 个货舱 + 1 个货舱 + 1/2 个货舱,舱段模型的纵向范围从肋位 Fr92 到肋位 Fr173;垂向范围为船体型深。各船体构件采用板或梁单元模拟。坐标系采用右手坐标,如图 8-1 所示,原点 O 位于 Fr92 号船底中线处,X 轴向艏为正方向,Y 轴向左舷为正方向,Z 轴向上为正方向。有限元模型见图 8-1。

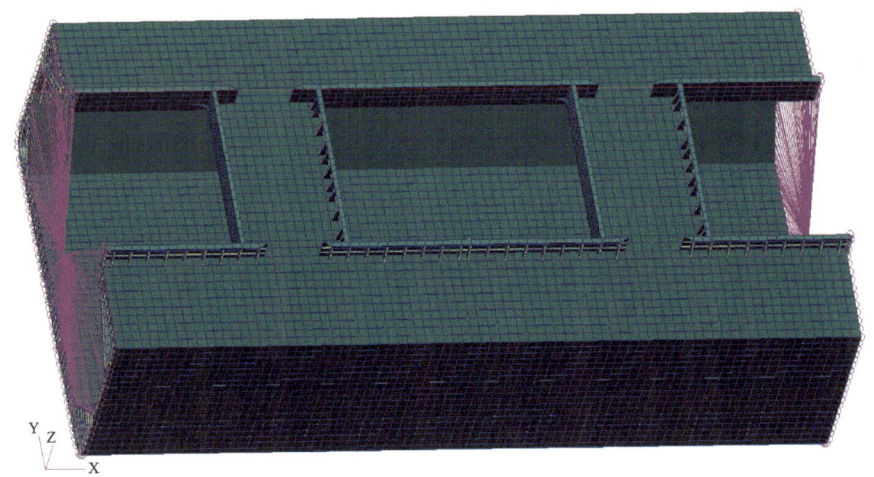

图 8-1 舱段有限元模型示意

2) 边界条件

根据《指南》(2004)的要求,模型的两端(简称 A 端和 B 端)需约束,如表 8-1 和表 8-2 所示。端部两剖面的纵向构件节点应与位于中心线上中和轴处的独立点刚性相关,见表 8-1。两端独立点的约束见表 8-2。

表 8-1 两端的刚性关联

模型两端的纵向构件节点	平移			旋转		
	D_x	D_y	D_z	R_x	R_y	R_z
端面 A 所有纵向构件	相关	—	相关	—	相关	相关
端面 B 所有纵向构件	相关	—	相关	—	相关	相关

"相关"是指与独立点的相关自由度刚性关联。

表8-2 独立点的支撑条件

独立点的位置	平移			旋转		
	D_x	D_y	D_z	R_x	R_y	R_z
刚性点 A	固定	固定	固定	固定	—	固定
刚性点 B	—	固定	固定	固定	—	固定

3)评估工况

按照54000DWT散货船实际装载手册的要求,对该船货舱进行8个工况舱段有限元模型屈服强度校核计算,工况见表8-3。

表8-3 评估工况

工况	吃水	弯矩	货物密度	简图
LC01 轻货中垂中拱	$d = T$	$M_S + M_W - Mr$	实际轻货密度	$D=TM=M_{full}$
LC01 重货中垂中拱	$d = T$	$M_S + M_W - Mr$	3.0	
LC02 中垂中拱	$d = T$	$M_S + M_W - Mr$	实际轻货密度	$d=TM=M_H$
LC03 中垂中拱	$d = T$	$M_S + M_W - Mr$	实际轻货密度	$d=TM=M_H$
LC04 中垂中拱	$d = d_b$	$M_S + M_W - Mr$	1.025	$d=d_b$

续表

工况	吃水	弯矩	货物密度	简图
LC07 中垂中拱	$d=0.67T$	$M_S+0.5M_W-Mr$	实际轻货密度	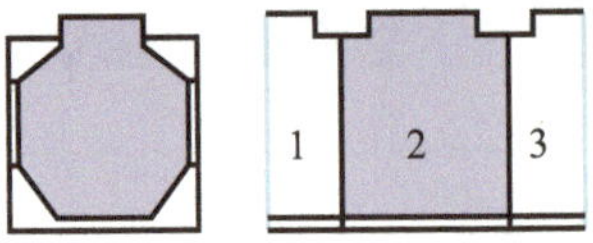 $d=0.67TM=M_{full}$
LC08 中垂中拱	$d=0.67T$	$M_S+0.5M_W-Mr$	实际轻货密度	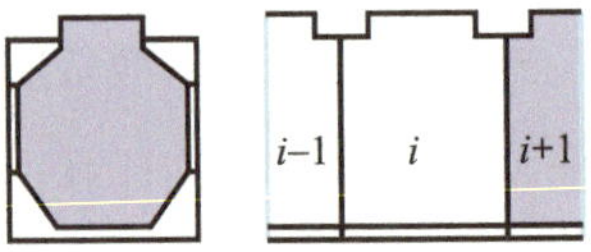 $d=0.67T$
LC09 中垂中拱	$d=0.67T$	$M_S+0.5M_W-Mr$	实际轻货密度	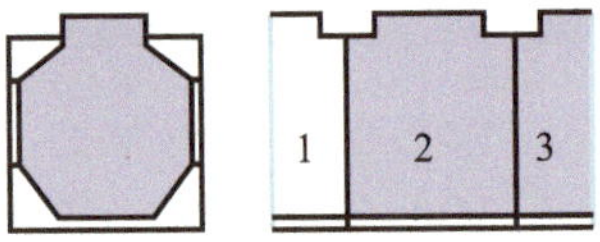 $d=0.67TM=M_{full}$

4) 应力衡准

本船采用普通钢（Mild）和部分高强度钢（AH36），其材料换算系数 K 分别为 1.0 和 0.72。考查应力为有限元分析中得到的平面单元（壳或膜）中心的 VonMise 相当应力，见表 8-4。

表 8-4 应力衡准

结构分类	应力衡准/（N/mm²）	
	相当应力（Mild）	相当应力
甲板	220	305.6（AH36）
内、外底板	220	305.6（AH36）
顶边舱、底边舱斜板、舷侧板	220	305.6（AH36）
船底纵桁	235	326.3（AH36）
弱框架	175	—
横舱壁	175	—
横框架	195	—
舱口围板	195	270.8（AH36）
	轴向应力（Mild）	轴向应力

续表

结构分类	应力衡准/(N/mm²)	
	相当应力（Mild）	相当应力
横向构件上的梁	176	—
纵向构件上的梁	206	286.1（AH36）

注：表中"—"表示无数据。

8.4.2 评估分析

1) 最大应力水平汇总

表8-5 最大应力水平

构件名称	工况	应力衡准/(N/mm²)	最大计算应力/(N/mm²)	是否满足规范
甲板结构（Mild）	LC03 中垂	220.0	120.0	满足
甲板结构（AH36）	LC04 中拱	305.6	298.0	满足
管隧（Mild）	LC08 中垂	195.0	130.0	满足
实肋板（Mild）	LC09 中拱	195.0	160.0	满足
船底纵桁（AH36）	LC08 中垂	326.4	305.2	满足
内底板（Mild）	LC04 中拱	220.0	219.0	满足
卸货板（Mild）	LC01 重货中垂	195.0	63.2	满足
顶边舱斜板（AH36）	LC04 中拱	305.6	249.0	满足
顶边舱垂直板（AH36）	LC03 中垂	305.6	303.0	满足
横舱壁（Mild）	LC08 中垂	175.0	157.0	满足
底边舱斜板（Mild）	LC04 中拱	220.0	149.0	满足
舷侧外板（Mild）	LC09 中拱	220.0	164.0	满足
船底外板（AH36）	LC03 中垂	305.6	241.0	满足
舱口围板（AH36）	LC04 中拱	270.8	268.0	满足
弱横框架（Mild）	LC03 中垂	195.0	156.0	满足
强横框架（Mild）	LC04 中拱	195.0	182.0	满足
底凳（Mild）	LC04 中拱	195.0	155.0	满足
顶凳（Mild）	LC08 中垂	195.0	183.0	满足
纵向构件上的梁（AH36）	LC03 中垂	305.6	298.0	满足
纵向构件上的梁（Mild）	LC04 中拱	206.0	191.0	满足
横向构件上的梁（Mild）	LC01 重货中拱	176.0	147.0	满足

2) 最大应力云图

(1) 甲板结构。

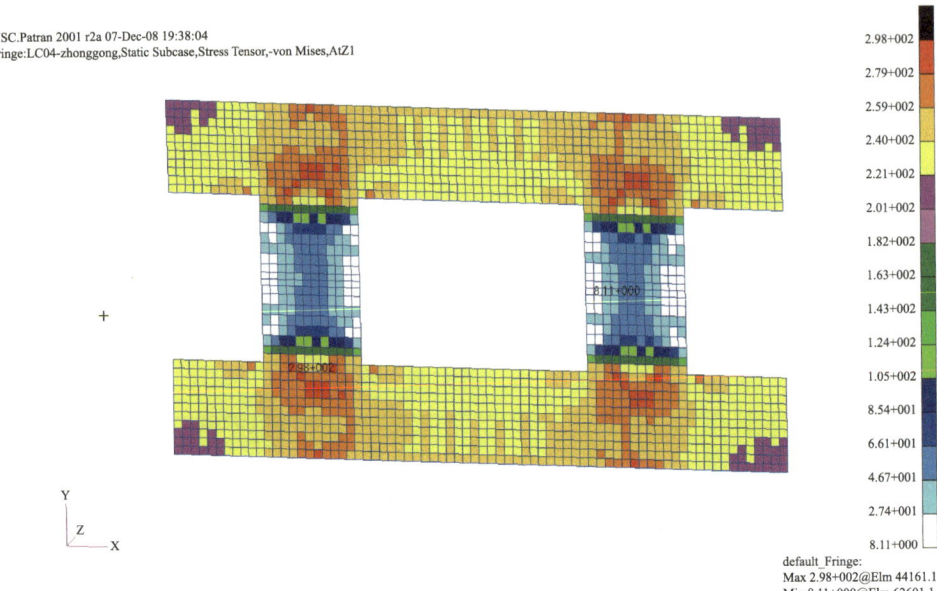

图 8-2　甲板应力云图分布（LC04 中拱相当应力）

(2) 管隧。

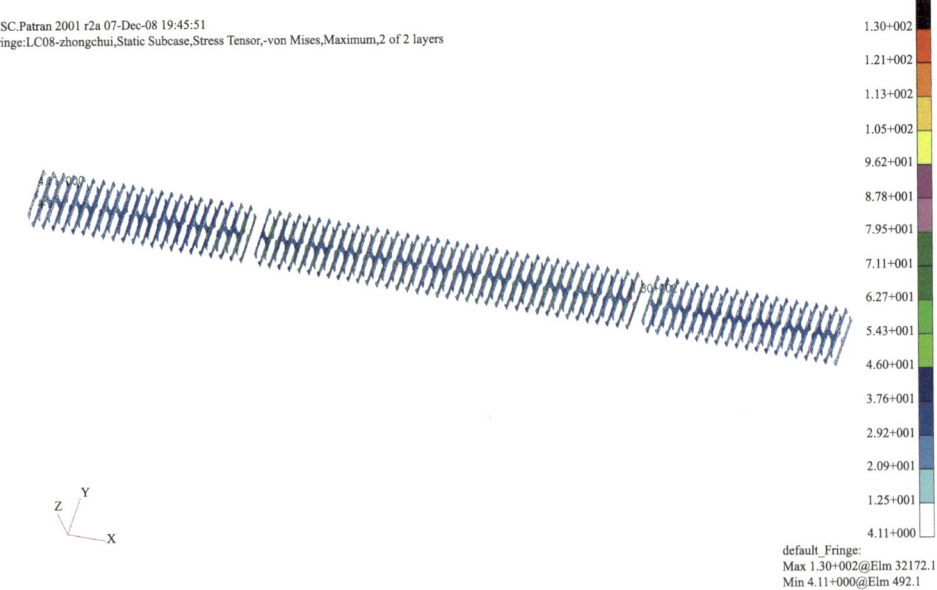

图 8-3　管隧应力云图分布（LC08 中垂相当应力）

(3) 实肋板。

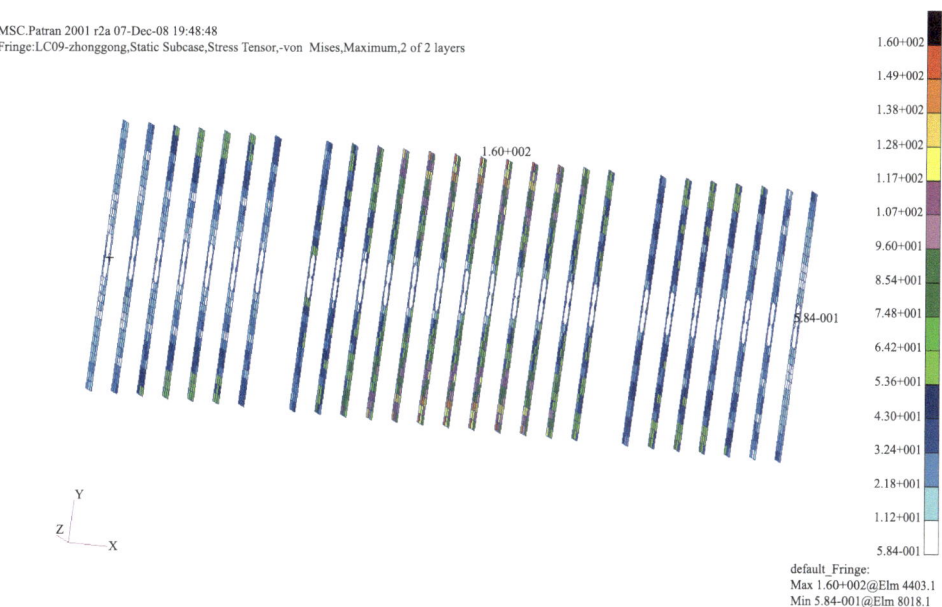

图 8-4　实肋板应力云图分布（LC09 中拱相当应力）

(4) 船底纵桁。

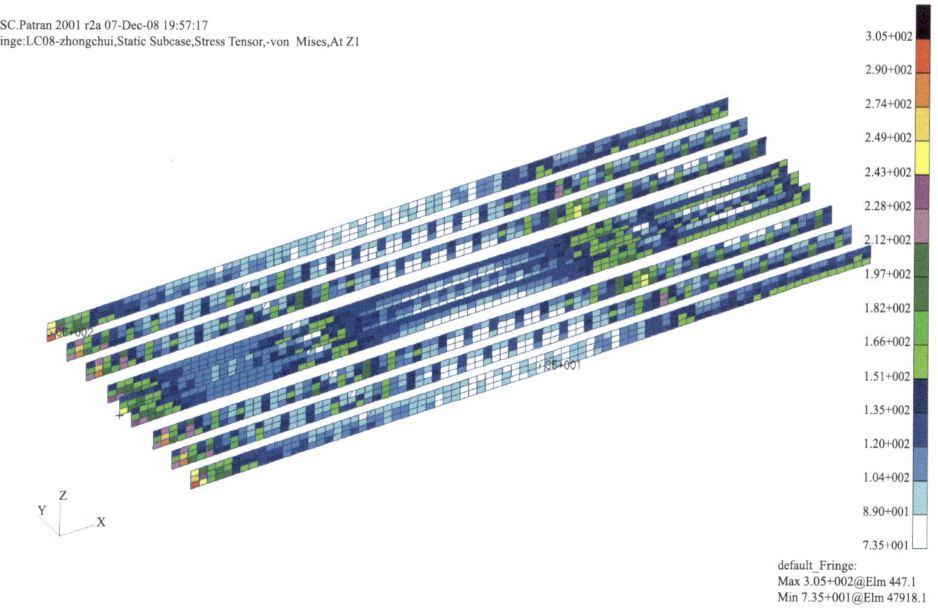

图 8-5　船底纵桁应力云图分布（LC08 中垂相当应力）

(5)内底板。

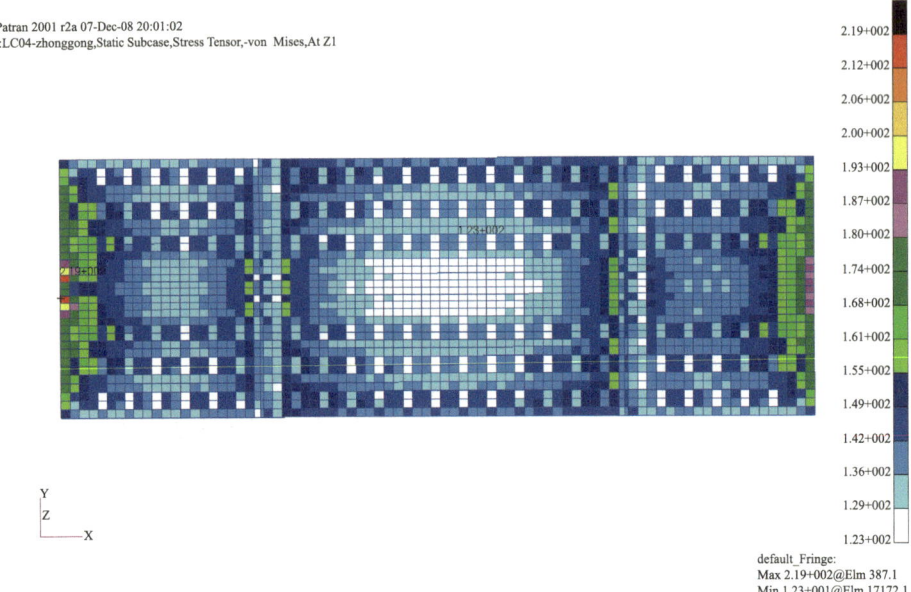

图8-6 内底板应力云图分布（LC04中拱相当应力）

(6)卸货板。

图8-7 卸货板应力云图分布（LC01重货中垂相当应力）

第8章 船体结构强度有限元计算

（7）顶边舱斜板。

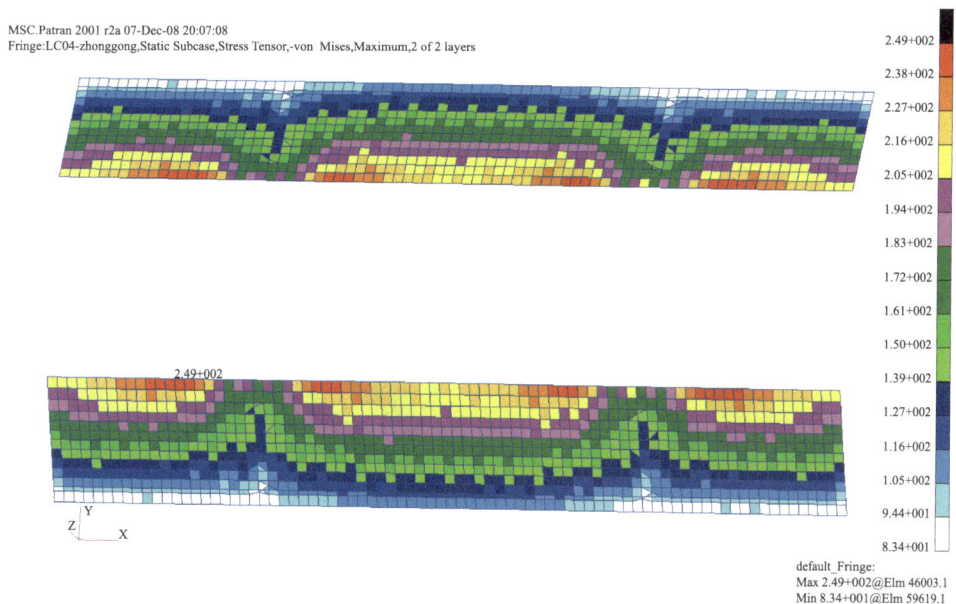

图8-8 顶边舱斜板应力云图分布（LC04中拱相当应力）

（8）顶边舱垂直板。

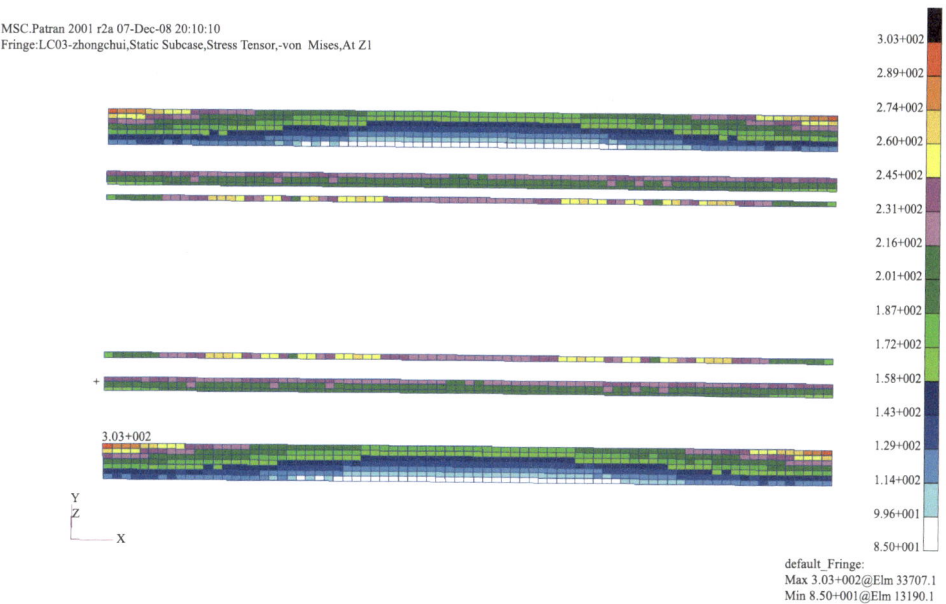

图8-9 顶边舱垂直板应力云图分布（LC03中垂相当应力）

注：隐去两边消除边界影响。

（9）横舱壁。

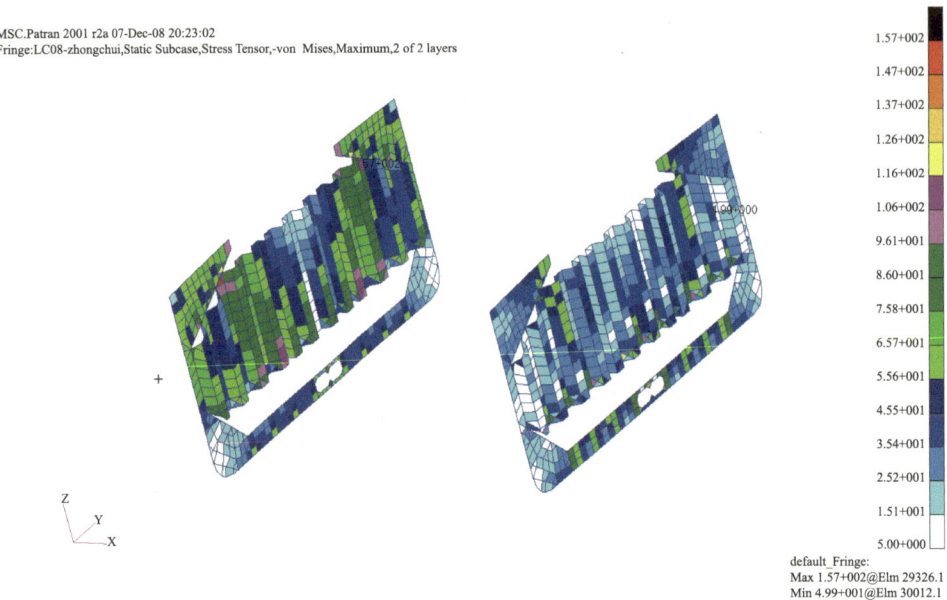

图8-10　横舱壁应力云图分布（LC08中垂相当应力）

（10）底边舱斜板。

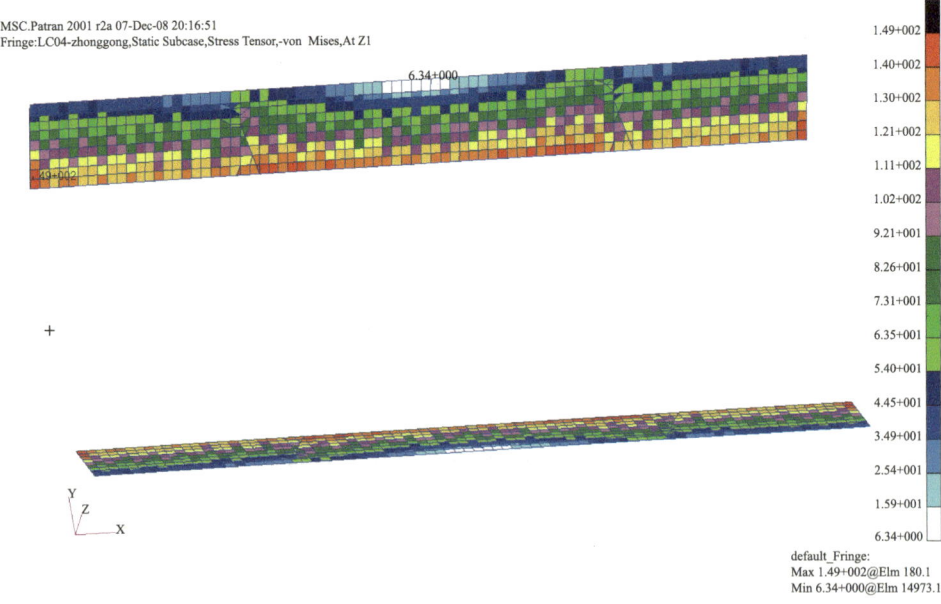

图8-11　底边舱斜板应力云图分布（LC04中拱相当应力）

(11) 舷侧外板。

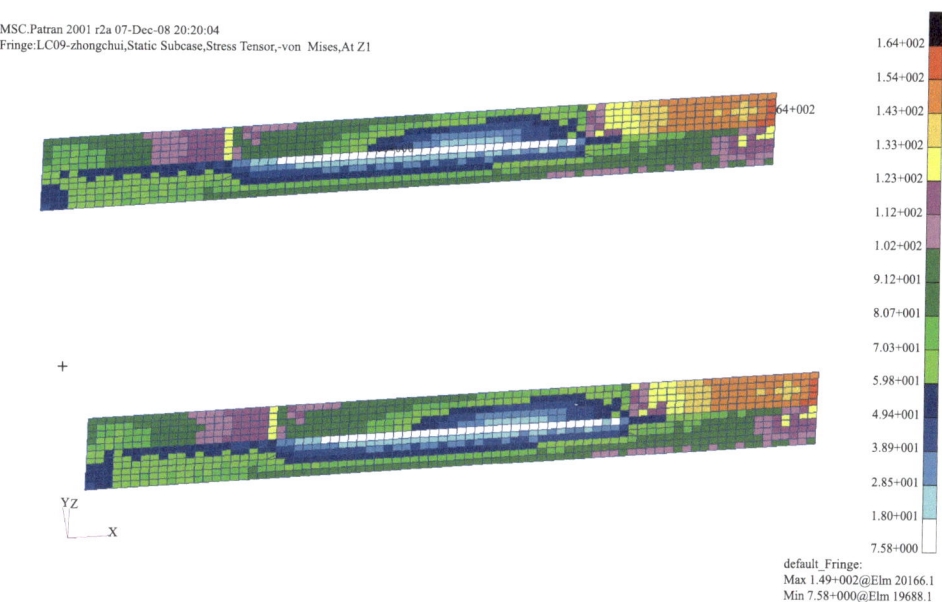

图 8-12　舷侧外板应力云图分布（LC09 中拱相当应力）

(12) 船底板。

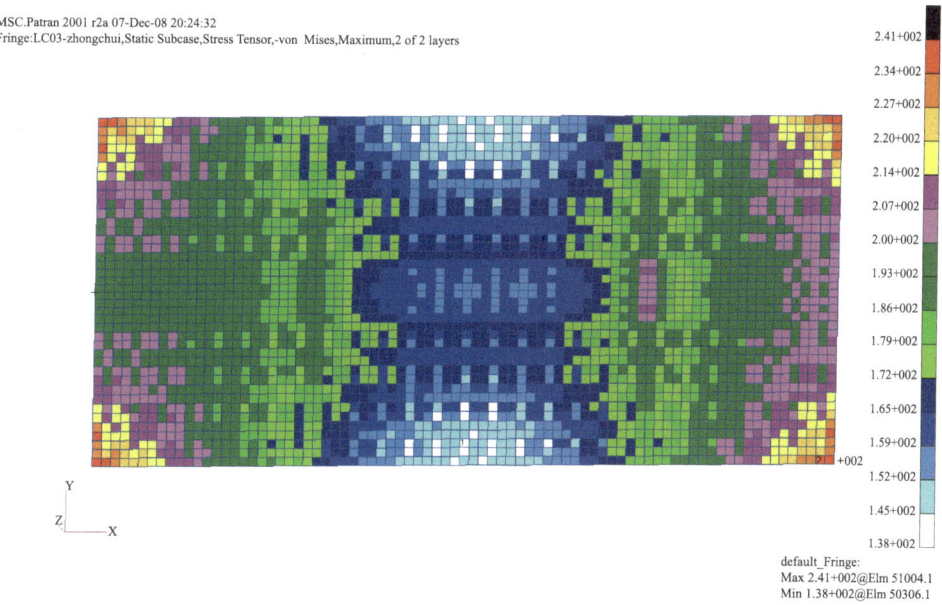

图 8-13　船底板应力云图分布（LC03 中垂相当应力）

(13) 舱口围。

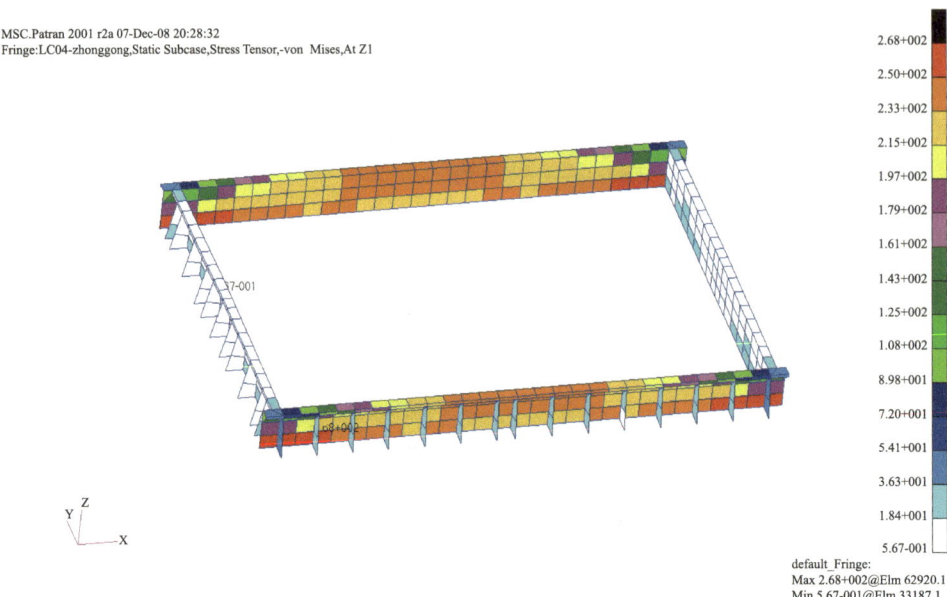

图 8-14 舱口围应力云图分布（LC04 中拱相当应力）

(14) 弱横框架。

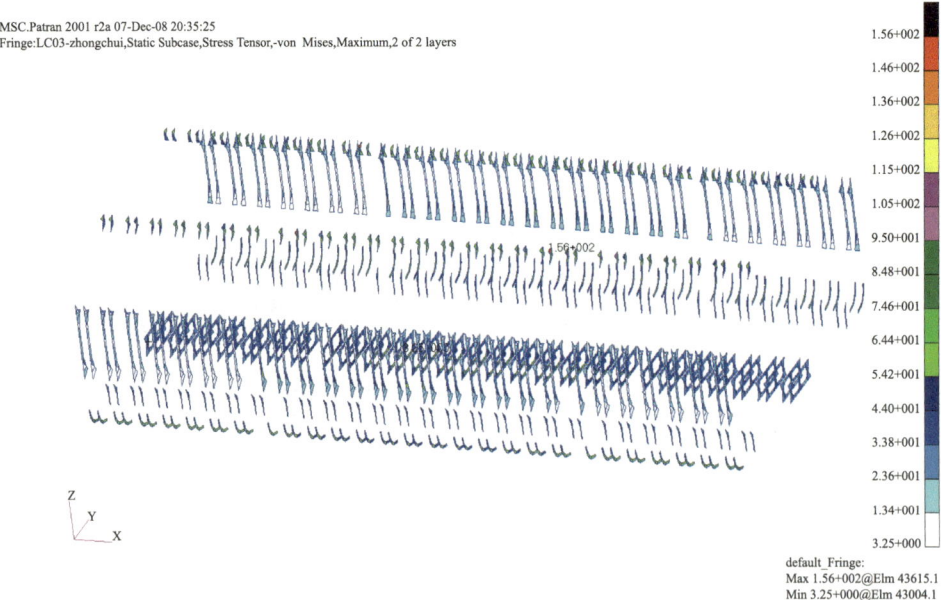

图 8-15 弱横框架应力云图分布（LC03 中垂相当应力）

(15) 强横框架。

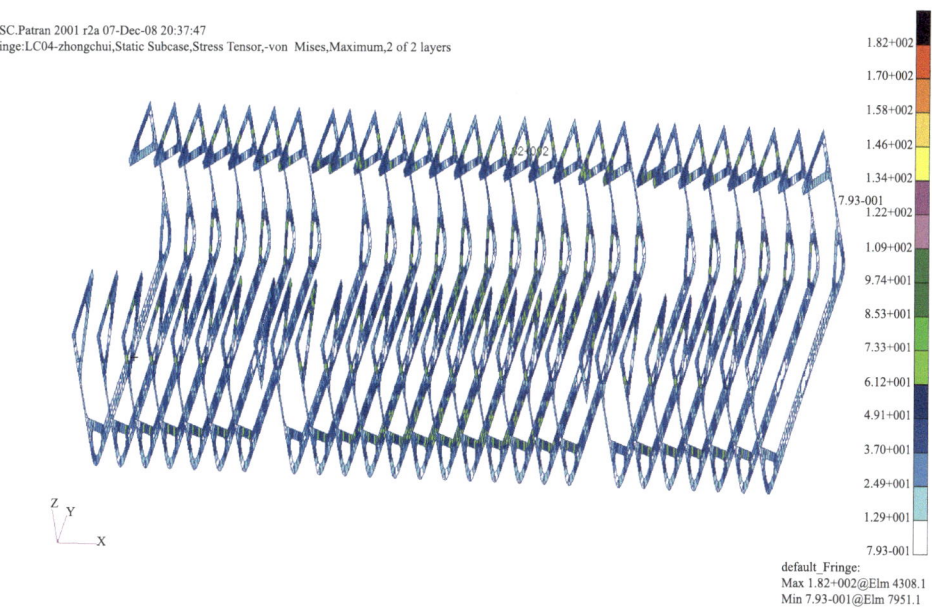

图 8-16　强横框架应力云图分布（LC04 中垂相当应力）

(16) 底凳。

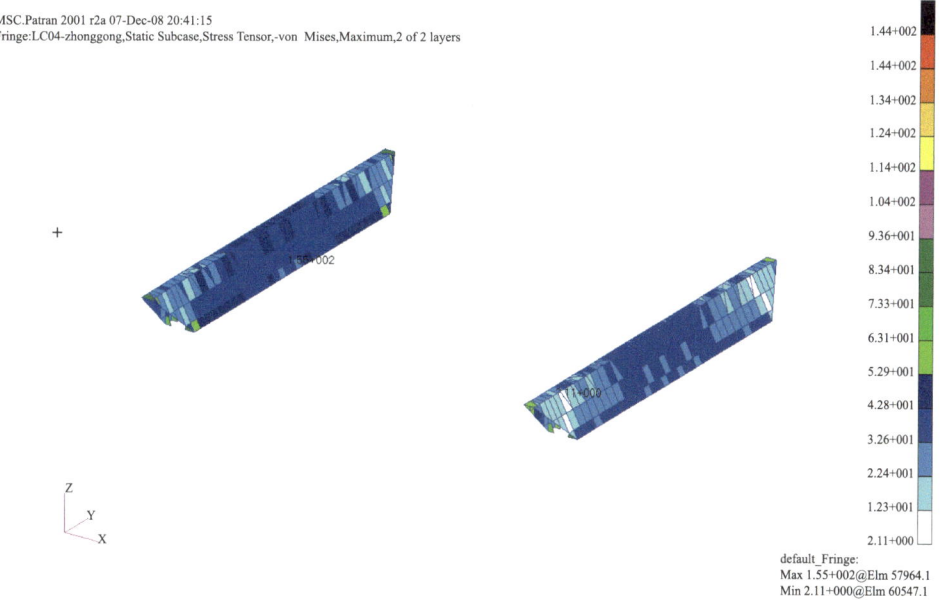

图 8-17　底凳应力云图分布（LC04 中拱相当应力）

(17) 顶凳。

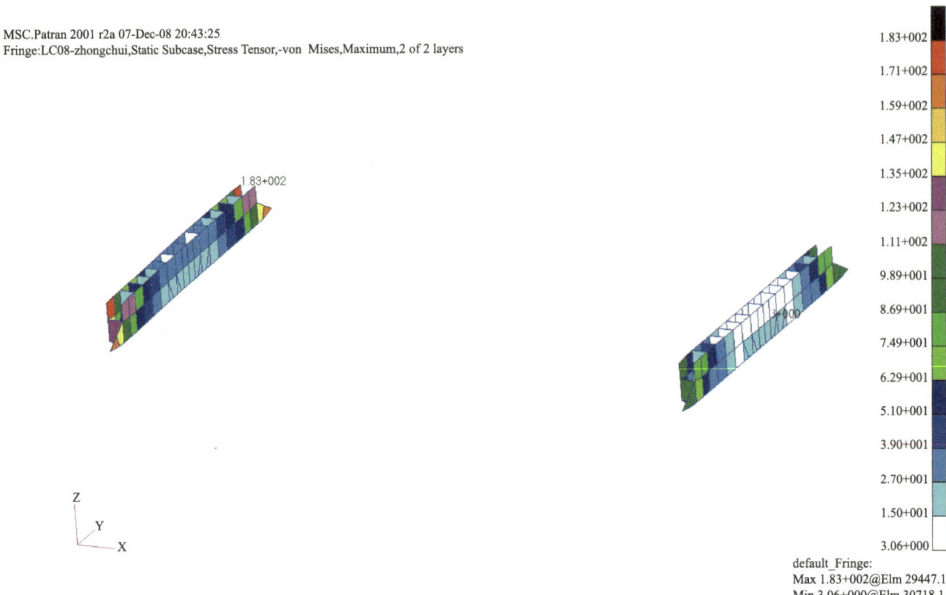

图 8-18　顶凳应力云图分布（LC08 中垂相当应力）

(18) 纵向构件上的梁（AH36）。

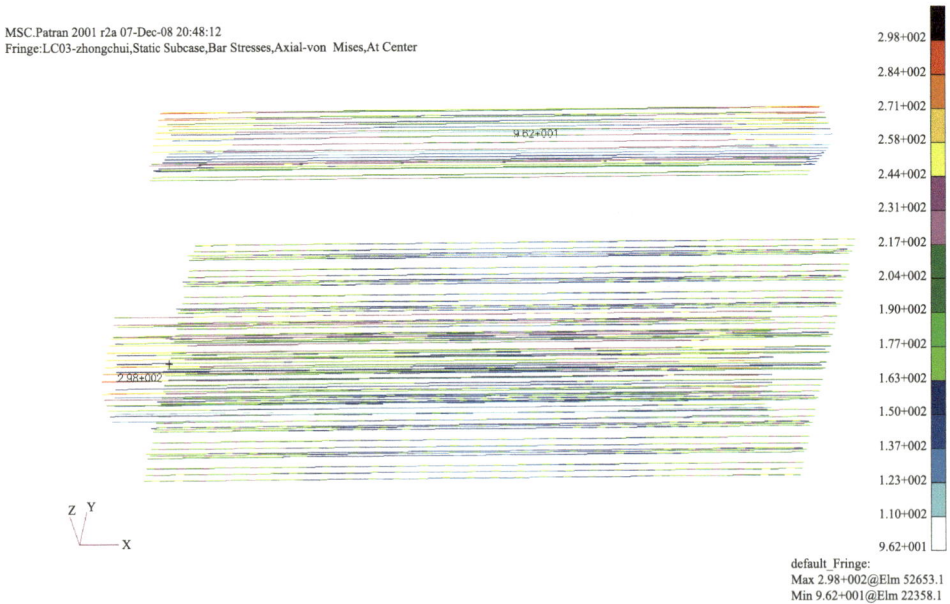

图 8-19　纵向构件上的梁（AH36）应力云图分布（LC03 中垂轴向应力）

(19) 纵向构件上的梁（mild）。

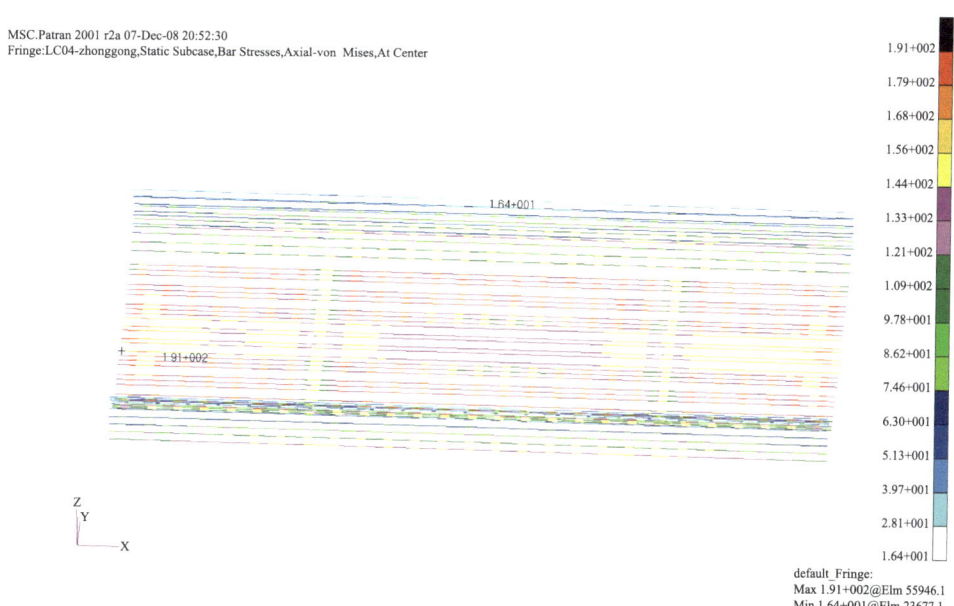

图 8-20　纵向构件上的梁（mild）应力云图分布（LC04 中拱轴向应力）

(20) 横向构件上的梁。

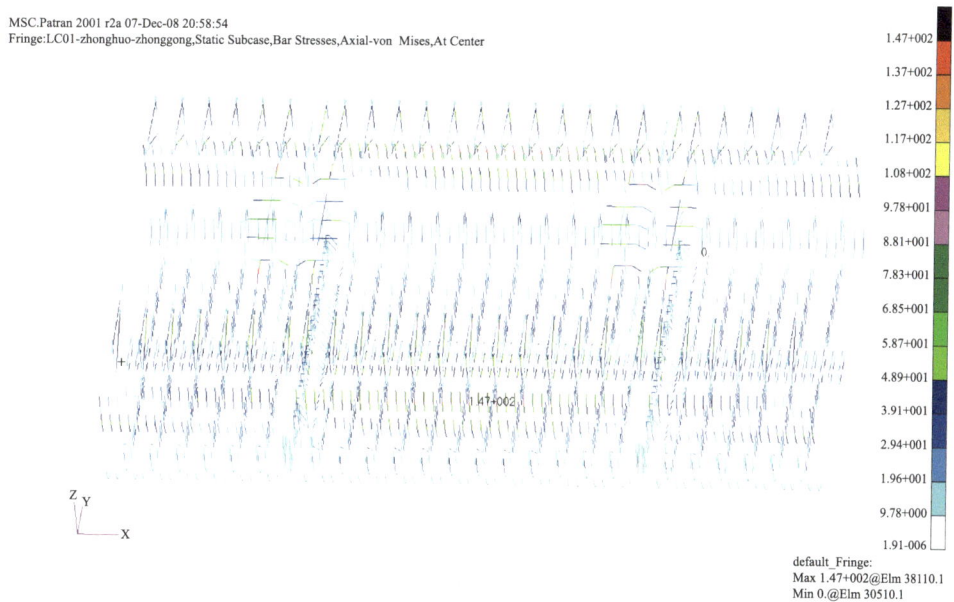

图 8-21　横向构件上的梁应力云图分布（LC01 重货中拱轴向应力）

注：消除边界影响并隐去个别应力集中单元。

8.5 屈曲强度

8.5.1 模型建立

屈曲强度评估工作的技术依据为《指南》(2004)的要求,对主要构件上的板格进行屈曲强度评估。

1) 评估工况

按照 54000DWT 散货船实际装载手册的要求,对该船货舱进行 8 种工况的舱段有限元模型屈曲强度校核计算,评估工况见表 8-3。屈曲强度评估分析所使用的输入数据,如板格力学模型和工作应力值均取自目标船舱段有限元模型及其相应的计算结果。

2) 评估区域

根据《指南》(2004)要求,对标题船的船底外板、甲板、边舱斜板、内底板、双层底纵桁、双层底实肋板、底凳板进行屈曲强度评估。屈曲评估部位及对应工况见表 8-6。

表 8-6 屈曲评估部位及对应工况

计算部位	工况
外底板	LC01、LC02、LC03、LC04、LC07、LC08、LC09
甲板	LC01、LC02、LC03、LC04、LC07、LC08、LC09
顶边舱斜板	LC01、LC02、LC03、LC04、LC07、LC08、LC09
底边舱斜板	LC01、LC02、LC03、LC04、LC07、LC08、LC09
内底板	LC01、LC02、LC03、LC04、LC07、LC08、LC09
双层底实肋板	LC01、LC02、LC03、LC04、LC07、LC08、LC09
底凳板	LC01、LC02、LC03、LC04、LC07、LC08、LC09
横舱壁	LC01、LC02、LC03、LC04、LC07、LC08、LC09
船底纵桁	LC01、LC02、LC03、LC04、LC07、LC08、LC09
强框架	LC01、LC02、LC03、LC04、LC07、LC08、LC09
底纵桁	LC01、LC02、LC03、LC04、LC07、LC08、LC09
舷侧	LC01、LC02、LC03、LC04、LC07、LC08、LC09

3) 屈曲强度衡准

每个基本板格均应符合以下衡准：

$$\left(\frac{|\sigma_x|S}{\kappa_x R_{eH}}\right)^{e_1} + \left(\frac{|\sigma_y|S}{\kappa_y R_{eH}}\right)^{e_2} - B\left(\frac{\sigma_x \sigma_y S^2}{R_{eH}^2}\right) + \left(\frac{|\tau|S\sqrt{3}}{\kappa_\tau R_{eH}}\right)^{e_3} \leq 1.0$$

此外，每个压应力 σ_x 和 σ_y，以及剪应力 τ 应满足下列公式：

$$\left(\frac{|\sigma_x|S}{\kappa_x R_{eH}}\right)^{e_1} \leq 1.0$$

$$\left(\frac{|\sigma_y|S}{\kappa_y R_{eH}}\right)^{e_2} \leq 1.0$$

$$\left(\frac{|\tau|S\sqrt{3}}{\kappa_\tau R_{eH}}\right)^{e_3} \leq 1.0$$

当 $\sigma_x \leq 0$（拉应力），则 $\kappa_x = 1.0$；

当 $\sigma_y \leq 0$（拉应力），则 $\kappa_y = 1.0$；

指数 e_1、e_2、e_3 以及系数 B 按表 8-7 中的定义。

表 8-7 系数 e_1、e_2 和 e_3 和系数 B

指数 $e_1 \sim e_3$ 和系数 B	板格	
	平面	曲面
e_1	$1 + \kappa_x^4$	1.25
e_2	$1 + \kappa_y^4$	1.25
e_3	$1 + \kappa_x \kappa_y \kappa_\tau^2$	2.0
B σ_x 和 σ_y 为正值（压应力）	$(\kappa_x \kappa_y)^5$	0
B σ_x 和 σ_y 为负值（拉应力）	1	—

注：表中"—"表示无数据。

4）板格的屈曲和折减系数

基本板格的屈曲和折减系数见表 8-8。

表 8-8 基本板格的屈曲和折减

屈曲载荷工况	板边应力比 ψ	长宽比 $\alpha = a/b$	屈曲系数 K	折减系数 κ
σ_x 方向受压 (示意图)	$1 \geq \psi \geq 0$	$\alpha \geq 1$	$K = \dfrac{8.4}{\psi + 1.1}$	$k_x = 1 \quad (\lambda \leq \lambda_c)$
	$0 > \psi > -1$		$K = 7.63 - \psi(6.26 - 10\psi)$	$k_x = \left(\dfrac{1}{\lambda} - \dfrac{0.22}{\lambda^2}\right)(\lambda > \lambda_c) 1.25$
	$\psi \leq -1$		$K = (1-\psi)^2 \cdot 5.975$	$c = (1.25 - 1.2\psi) 1.25$
				$K = \dfrac{c}{2}\left(1 + \sqrt{1 - \dfrac{0.88}{c}}\right)$
σ_y 方向受压 (示意图)	$1 \geq \psi \geq 0$	$\alpha \geq 1$	$K = F_1\left(1 + \dfrac{1}{\alpha^2}\right)^2 \cdot \dfrac{2.1}{\psi + 1.1}$	$k_y = c\left[\dfrac{1}{\lambda} - \dfrac{R + F^2(H-R)}{\lambda^2}\right] c = (1.25 - 1.2\psi) 1.25$
	$0 > \psi > -1$	$1 \leq \alpha \leq 1.5$	$K = F_1\left(1 + \dfrac{1}{\alpha^2}\right)^2 \dfrac{2.1(1+\psi)}{1.1} - \dfrac{\psi}{\alpha^2}(13.9 - 10\psi)$	$R = \lambda\left(1 - \dfrac{\lambda}{c}\right)(\lambda < \lambda_c)$
		$\alpha > 1.5$	$K = F_1\left(1 + \dfrac{1}{\alpha^2}\right)^2 \dfrac{2.1(1+\psi)}{1.1} - \dfrac{\psi}{\alpha^2}(5.87 + 1.87\alpha^2 + \dfrac{8.6}{\alpha^2} - 10\psi)$	$R = 0.22 \quad (\lambda \leq \lambda_c)$
				$\lambda_c = \dfrac{c}{2}\left(1 + \sqrt{1 - \dfrac{0.88}{c}}\right)$
	$\psi \leq -1$	$1 \leq \alpha \leq 3(1-\psi)/4$	$K = F_1\left(\dfrac{1-\psi}{\alpha}\right)^2 5.975$	$F = \left(1 - \dfrac{K}{\lambda_p^2} - 1\right) \cdot c_1 \geq 0$
		$\alpha > 3(1-\psi)/4$	$K = F_1\left[\left(\dfrac{1-\psi}{\alpha}\right)^2 3.9675 + 0.5375\left(\dfrac{1-\psi}{\alpha}\right)^4 + 0.87\right]$	$\lambda_p^2 = \lambda^2 - 0.5 (1 < \lambda_p^2 < 3)$
				$c_1 = \left(1 - \dfrac{F_1}{\alpha}\right) \geq 0$, 对直接载荷引起的 σ_y
				$c_1 = 1$, 对直接载荷引起的 σ_y 引起的 σ_y
				$c_1 = 0$, 对于极端工况下（如水密舱壁下），对弯曲（一般情况下）引起的 σ_y
				$H = \lambda - \dfrac{2\lambda}{c(T + \sqrt{T^2 - 4})} \geq R$
				$T = \lambda + \dfrac{14}{15\lambda} + \dfrac{1}{3}$

第8章 船体结构强度有限元计算

续表

屈曲载荷工况	板边应力比 ψ	长宽比 $\alpha = a/b$	屈曲系数 K	折减系数 κ
	$1 \geqslant \psi \geqslant 0$	$\alpha > 0$	$K = \left[\dfrac{4\left(0.425 + \dfrac{1}{\alpha^2}\right)}{3\psi + 1}\right]^2$	$k_x = 1 (\lambda \leqslant 0.7)$ $k_x = \dfrac{1}{\lambda^2 + 0.51}(\lambda > 0.7)$
	$0 > \psi \geqslant -1$		$K = 4\left(0.425 + \dfrac{1}{\alpha^2}\right)(1+\psi) - 5\psi(1 - 3.42\psi)$	
	$1 \geqslant \psi \geqslant -1$	$\alpha > 0$	$K = \left(0.425 + \dfrac{1}{\alpha^2}\right)\dfrac{3-\psi}{2}$	
			$K = K_\tau \sqrt{3}$	$k_\tau = 1 (\lambda \leqslant 0.84)$ $k_\tau = \dfrac{0.84}{\lambda}(\lambda > 0.84)$
		$\alpha \geqslant 1$	$K_\tau = \left(5.34 + \dfrac{4}{\alpha^2}\right)$	
		$0 < \alpha < 1$	$K_\tau = \left(4 + \dfrac{5.34}{\alpha^2}\right)$	
			$K = K'\tau$ $K' = K$ according to load case 5 $\tau = \left(1 - \dfrac{d_a}{d}\right)\left(1 - \dfrac{d_b}{d}\right)$ with $\dfrac{d_a}{d} \leqslant 0.7$ and $\dfrac{d_b}{d} \leqslant 0.7$	

续表

屈曲载荷工况	板边应力比 ψ	长宽比 $\alpha=a/b$	屈曲系数 K	折减系数 κ
(剪切 τ, 尺寸 $a \times b$, 厚 t)		$\alpha \geq 1.64$	$K = 1.28$	$k_x = 1 (\lambda \leq 0.7)$ $k_x = \dfrac{1}{\lambda^2 + 0.51}(\lambda > 0.7)$
		$\alpha < 1.64$	$K = \dfrac{1}{\alpha^2} + 0.56 + 0.13\alpha^2$	
(剪切带开孔 $d_a \times d_b$)		$\alpha \geq 1/3$	$K = 6.97$	
		$\alpha < 1/3$	$K = \dfrac{1}{\alpha^2} + 2.5 + 5\alpha^2$	
(σ_x 单向压, 板边自由—简支)		$\alpha \geq 4$	$K = 4$	$k_x = 1 (\lambda \leq 0.83)$ $k_x = 1.13\left(\dfrac{1}{\lambda} - \dfrac{0.22}{\lambda^2}\right)(\lambda > 0.83)$
		$4 > \alpha > 1$	$K = 4 + \left(\dfrac{4-\alpha}{3}\right)^4 \times 2.74$	
		$\alpha \leq 1$	$K = \dfrac{4}{\alpha^2} + 2.07 + 0.67\alpha^2$	
(σ_x 单向压, 板边简支—固定)		$\alpha \geq 4$	$K = 6.97$	
		$4 > \alpha > 1$	$K = 6.97 + \left(\dfrac{4-\alpha}{3}\right)^4 \times 3.1$	
		$\alpha \leq 1$	$K = \dfrac{4}{\alpha^2} + 2.07 + 4\alpha^2$	

边界条件说明：
—————— 板边为自由
———— 板边为简支
──── 板边为固定

8.5.2 评估分析

1) 评估结果汇总

对船体结构全面实施屈曲校核评估的结果汇总表见表 8-9。

表 8-9 屈曲评估结果汇总

结构构件	屈曲因子	衡准	结论
船底外板	0.952	1.0	个别单元 0.952，其余结果符合要求
甲板	0.938	1.0	个别单元 0.938，其余结果符合要求
顶边舱斜板	0.980	1.0	个别单元 0.98，其余结果符合要求
底边舱斜板	1.230	1.0	合格
内底板	1.070	1.0	合格
双层底实肋板	1.180	1.1	合格
底凳板	1.980	1.2	合格
横舱壁	1.300	1.2	合格
船底纵桁	1.000	1.0	合格
舷侧	1.000	1.0	合格

2) 屈曲结果评估分析

（1）船底外板。

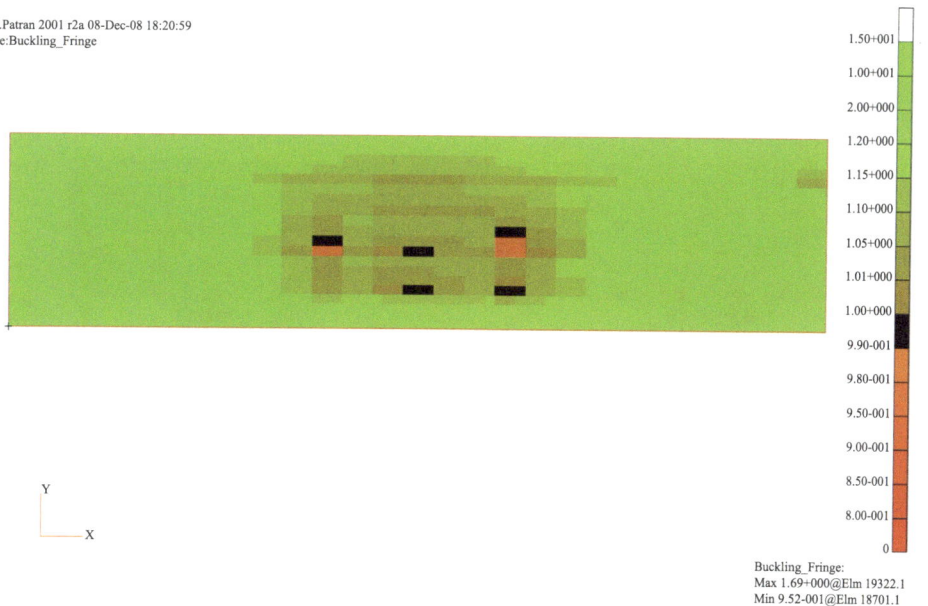

图 8-22 船底外板

个别单元为 0.952，其余屈曲强度结果符合要求。

（2）底凳板。

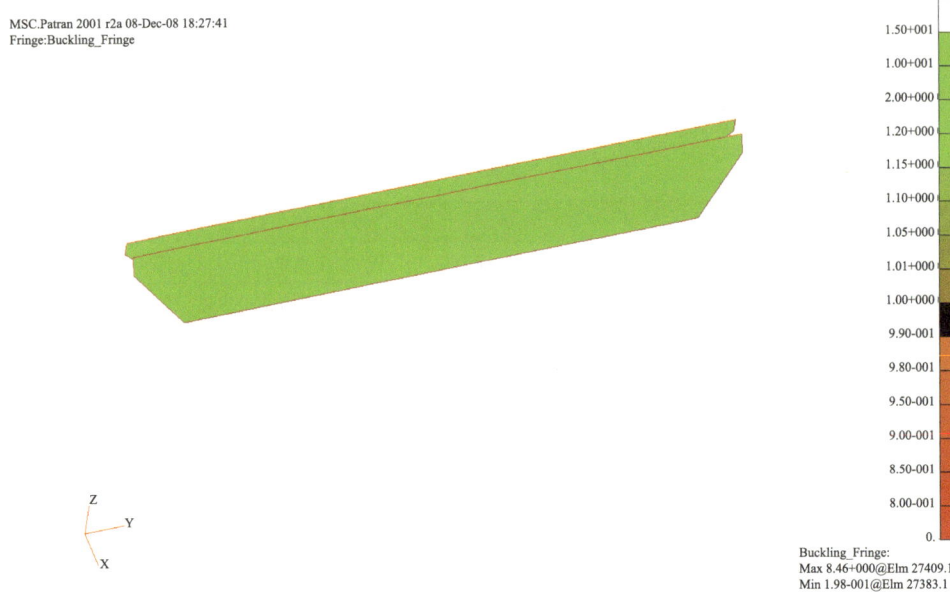

图 8-23　底凳板

屈曲强度结果符合要求。

（3）甲板。

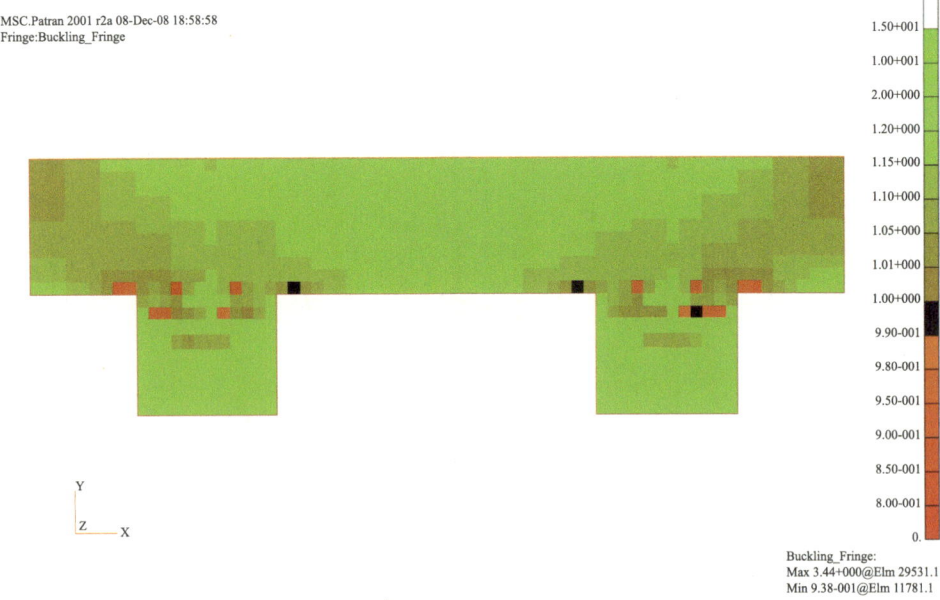

图 8-24　甲板

除去个别单元为 0.938 不满足要求，其余均满足。

(4) 顶边舱斜板。

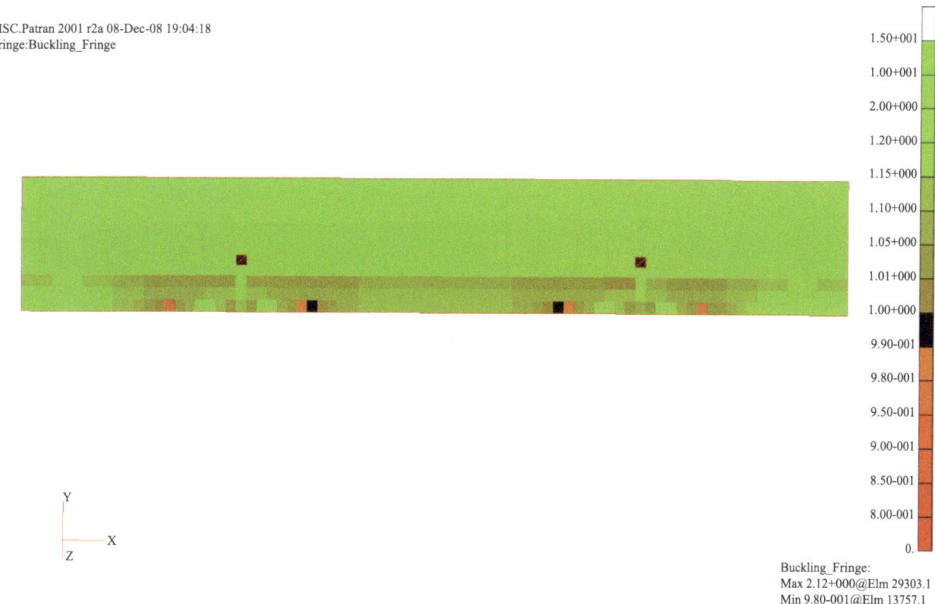

图 8-25　顶边舱斜板

个别单元 0.980 不满足要求，其余屈曲强度结果符合要求。

(5) 底边舱斜板。

图 8-26　底边舱斜板

屈曲强度结果符合要求。

(6) 内底板。

图 8-27　内底板

屈曲强度结果符合要求。

(7) 双层底实肋板。

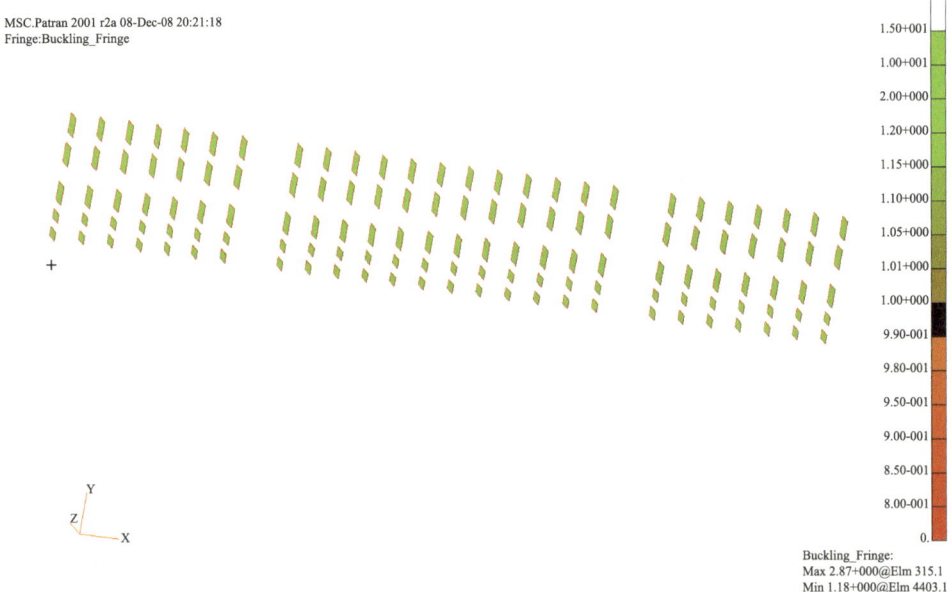

图 8-28　实肋板

屈曲强度结果符合要求。

(8) 横舱壁。

图 8-29　横舱壁

屈曲强度结果符合要求。

(9) 底纵桁。

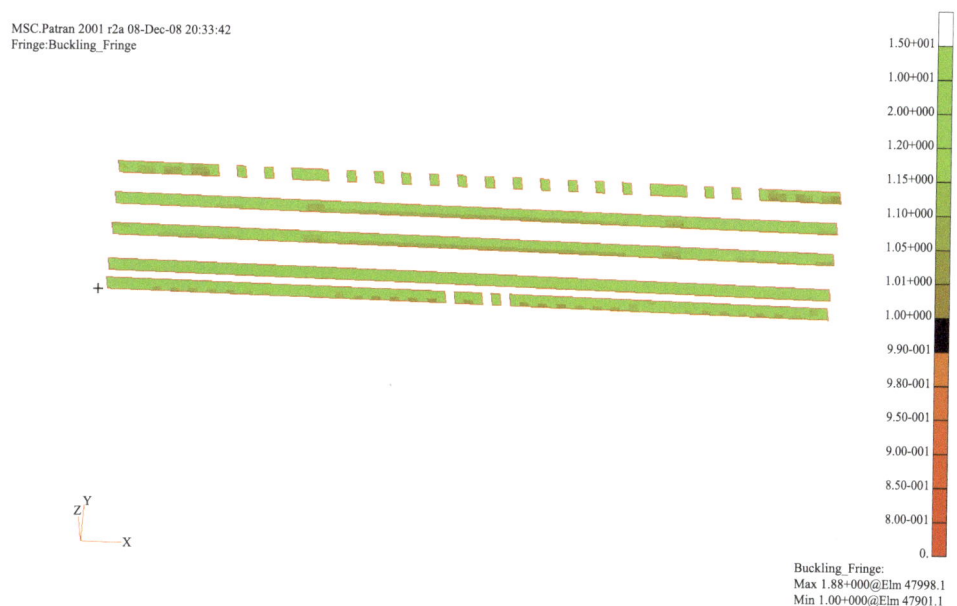

图 8-30　底纵桁

屈曲强度结果符合要求。

(10) 舷侧。

图 8-31　外舷侧

屈曲强度结果符合要求。

(11) 强框架。

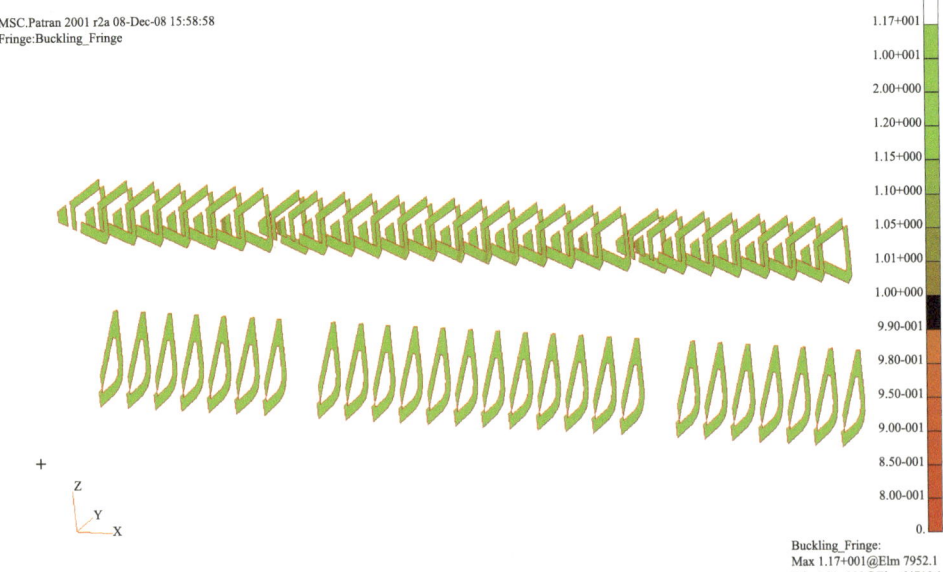

图 8-32　强框架

屈曲强度结果符合要求。

8.6 横向强度

按中国船级社远洋入级要求,对54000载重吨散货船在满载和压载等各种状态下进行货舱横向强度计算。据中国船级社《散货船结构直接计算分析指南》2003版[16](以下简称《指南》(2003))要求,对其货舱区域主要构件应用直接计算方法进行强度计算,直接计算应符合《指南》(2003)要求,本计算按上述要求进行,用三维有限元模型进行散货船主要构件的强度直接计算,计算载荷计及舱内货物载荷、舷外水载荷。

8.6.1 模型建立

1)模型范围

根据《指南》(2003),用三维有限元模型进行散货船主要构件的强度直接计算时,模型范围为半宽模型,包括船中货舱区的1/2个货舱+1/2个货舱,舱段模型的纵向范围从肋位Fr92到肋位Fr134;垂向范围为船体型深。各船体构件采用板或梁单元模拟。有限元模型见图8-33。坐标系采用右手坐标系,如图8-33所示,原点位于Fr92船底中线处,X轴向艏为正方向,Y轴向左舷为正方向,Z轴向为正方向。

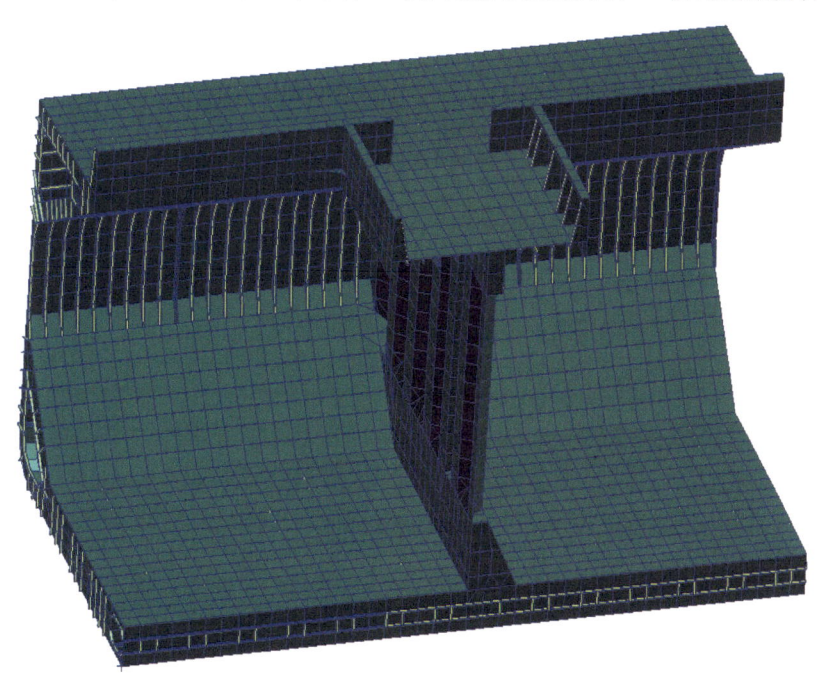

图8-33 有限元模型示意

2) 边界条件

模型的两端(简称 A 端和 B 端)和中纵剖面(CL)均需约束,详细边界条件如表 8-10。

表 8-10 边界条件

位置	线位移约束			角位移约束		
	δx	δy	δz	θx	θy	θz
方向	纵向	横向	垂向	绕纵轴旋转	绕横轴旋转	绕垂轴旋转
A 端	×		×		×	×
B 端			×		×	×
CL		×		×		×

注:×表示约束。

3) 计算工况和载荷

(1) 计算工况。

本计算仅考虑舱内货物压力和舷外水压力的影响,因此,计算工况按照装载手册选取,取一般压载、重货均匀满载和轻货均匀满载 3 种状态下对应的实际工况进行计算。具体计算工况见表 8-11。

表 8-11 计算工况

工况	装载情况	吃水/m
LC1 一般压载工况	双层底舱、底边舱及顶边舱装压载水	6.166
LC2 轻货均匀满载工况	货物密度 =0.8105 t/m³	11.2
LC3 重货均匀满载工况	货物密度 =3 t/m³	11.2

(2) 舱内货物压力。

舱内散货产生的压力由《指南》(2003) 3.1 确定。

(3) 舷外水压力。

按照《指南》(2003) 3.2 的规定,舷外水压力由静水压力和波浪水动压力两部分组成:

在基线处:$P_b = 10d_s + 1.5C_w$ kN/m²

在水线处:$P_w = 3C_w$ kN/m²

在舷侧顶端处:$P_s = 3C_0\ 3$ kN/m²

甲板上的水动压力:$P_d = 2.4P_0$ kN/m²

式中:d_s 为结构吃水,m;

$$P_0 = C_w - 0.67(D - d_s);$$

$$C_w = \begin{cases} 10.75 - \left(\dfrac{300-L}{100}\right)^{1.5} & (90\,\text{m} \leqslant L \leqslant 300\,\text{m}) \\ 10.75 & (300\,\text{m} \leqslant L \leqslant 350\,\text{m}) \\ 10.75 - \left(\dfrac{L-300}{150}\right)^{1.5} & (350\,\text{m} \leqslant L \leqslant 500\,\text{m}) \end{cases}$$

4）应力衡准

表 8-12 应力衡准

序号	构件名称	相当应力 σ_e /(N/mm²)	船长方向正应力 σ_l /(N/mm²)	船宽方向正应力 σ_t /(N/mm²)	剪切应力 τ /(N/mm²)	轴向应力 σ /(N/mm²)
1	船底板	175	110	145	—	—
2	内底板	175	110	145	—	—
3	甲板	175	110	145	—	—
4	舷侧板	175	110	145	—	—
5	顶边舱	175	110	145	—	—
6	底边舱斜板	175	110	145	—	—
7	船底纵桁	175	—	—	83	—
8	肋板	175	—	—	93	—
9	舷侧肋骨	175	—	—	93	—
10	凳边板	175	—	—	93	—
11	横舱壁	145	—	—	93	—
12	肘板	175	—	—	—	—
13	梁单元	—	—	—	—	176

注：表中"—"表示无数据。

8.6.2 评估分析

1）应力水平汇总

板单元最大应力及对应工况见表 8-13。

表 8-13 板单元最大应力及对应工况

构件名称	工况	应力衡准 /(N/mm²)	最大计算应力 /(N/mm²)	是否满足规范
船底板	LC03	175	64.70	满足
内底板	LC01	175	56.30	满足

续表

构件名称	工况	应力衡准 /(N/mm²)	最大计算应力 /(N/mm²)	是否满足规范
甲板及角隅	LC03	175	92.10	满足
舷侧板	LC03	175	80.10	满足
船底纵桁	LC01	175	134.00	满足
横舱壁	LC01	145	103.00	满足
底凳	LC01	175	75.20	满足
强横框架	LC01	175	168.00	满足
肘板	LC01	175	90.90	满足
梁单元	LC01	176	94.20	满足

2) 具体计算数据

(1) 船底板。

表 8-14　船底板最大应力表

载荷工况	相当应力 σ_e/(N/mm²)	船长方向正应力 σ_l/(N/mm²)
LC01	50.6	56.40
LC02	29.5	17.10
LC03	64.7	32.40

(2) 内底板。

表 8-15　内底板最大应力

载荷工况	相当应力 σ_e/(N/mm²)	船长方向正应力 σ_l/(N/mm²)	船宽方向正应力 σ_t/(N/mm²)
LC01	56.3	33.30	35.70
LC02	30.5	30.90	4.44
LC03	44.3	41.40	-3.76

(3) 甲板及角隅。

表 8-16　甲板及角隅最大应力

载荷工况	相当应力 σ_e/(N/mm²)	船长方向正应力 σ_l/(N/mm²)
LC01	82.1	43.20
LC02	55.2	7.59
LC03	92.1	28.80

(4) 舷侧外板。

表8-17 舷侧外板最大应力

载荷工况	相当应力 σ_e/(N/mm^2)	船长方向正应力 σ_l/(N/mm^2)
LC01	80.1	71.3
LC02	20.6	15.9
LC03	71.6	40.2

(5) 船底纵桁。

表8-18 船底纵桁最大应力

载荷工况	相当应力 σ_e/(N/mm^2)	最大剪切应力 Max. τ/(N/mm^2)
LC01	134	75.6
LC02	64.8	37.3
LC03	82.8	47.7

(6) 横舱壁。

表8-19 横舱壁最大应力

载荷工况	相当应力 σ_e/(N/mm^2)	最大剪切应力 Max. τ/(N/mm^2)
LC01	103	59.1
LC02	35.7	20.1
LC03	54.9	30.3

(7) 底凳。

表8-20 底凳最大应力

载荷工况	相当应力 σ_e/(N/mm^2)	最大剪切应力 Max. τ/(N/mm^2)
LC01	75.2	42.0
LC02	28.0	16.2
LC03	55.1	28.0

(8) 强框架。

表8-21 强框架最大应力

载荷工况	相当应力 σ_e/(N/mm^2)	最大剪切应力 Max. τ/(N/mm^2)
LC01	168	87.2
LC02	86.8	47.6
LC03	147	85.0

(9)肘板。

表 8-22 肘板最大应力

载荷工况	相当应力 σ_e/(N/mm^2)	最大剪切应力 Max. τ/(N/mm^2)
LC01	90.9	51.7
LC02	46.1	25.2
LC03	53.1	30.5

(10)梁单元。

表 8-23 梁最大应力

载荷工况	最大应力/(N/mm^2)	载荷工况	最大应力/(N/mm^2)	载荷工况	最大应力/(N/mm^2)
LC01	94.2	LC02	56.7	LC03	65.8

3)应力云图。

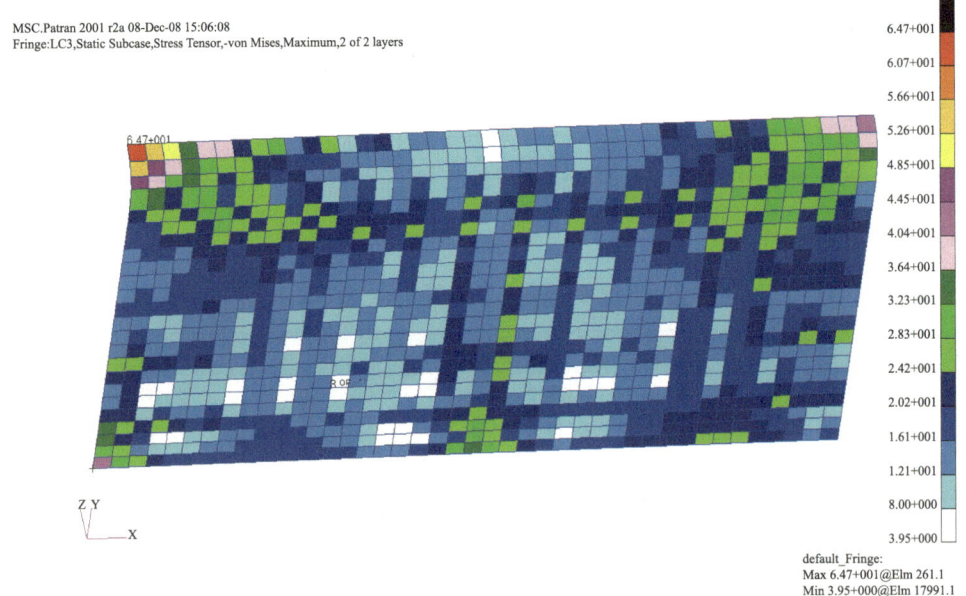

图 8-34 船底板应力云图分布（工况 LC03-相当应力）

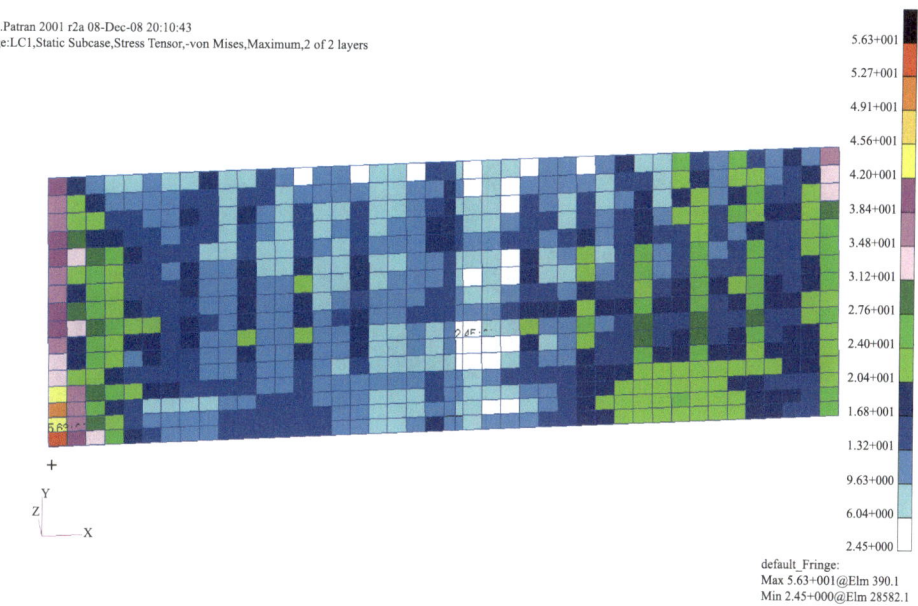

图 8-35 内底板应力云图分布（工况 LC01 - 相当应力）

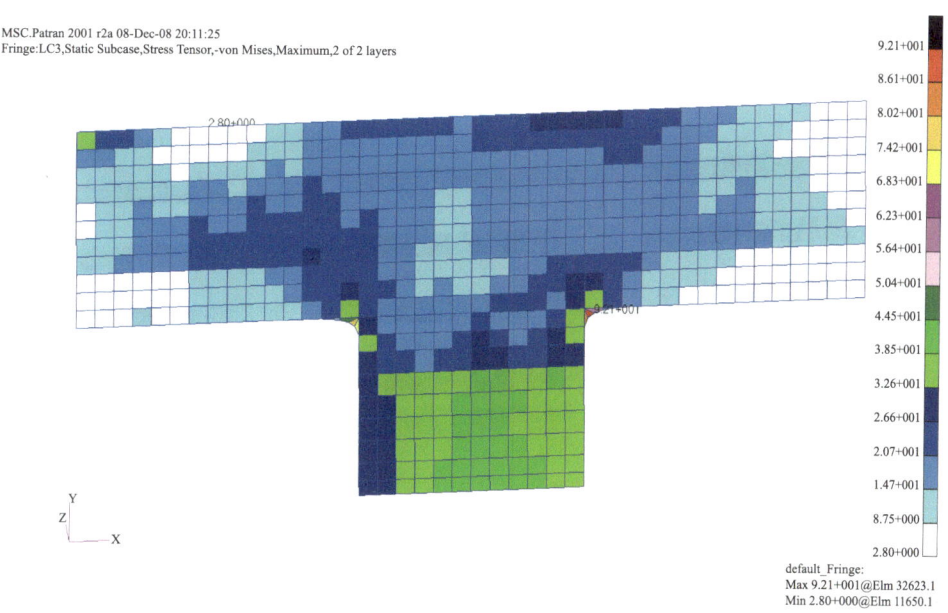

图 8-36 甲板应力云图分布（工况 LC03 - 相当应力）

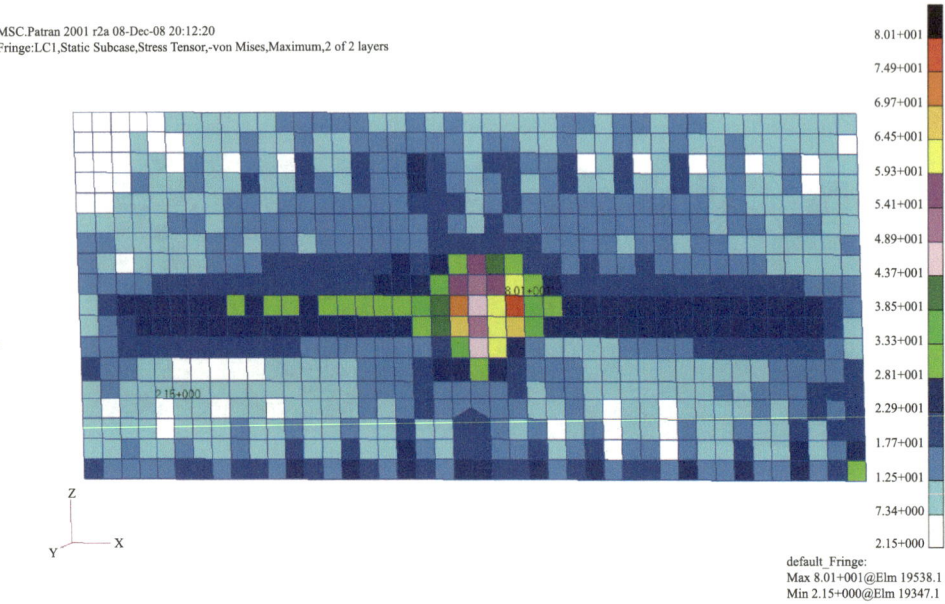

图 8-37 舷侧外板应力云图分布（工况 LC01 - 相当应力）

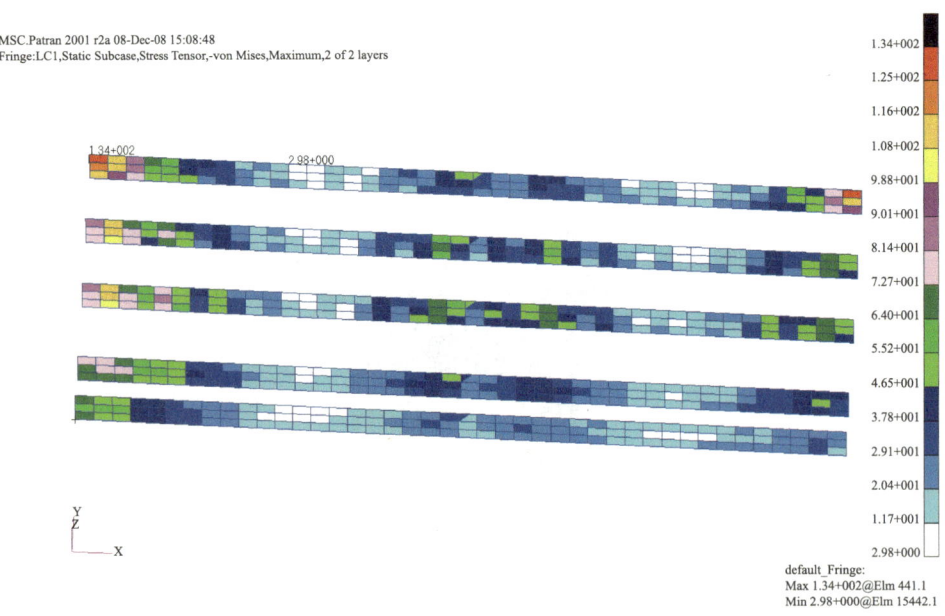

图 8-38 船底纵桁应力云图分布（工况 LC01 - 相当应力）

第8章 船体结构强度有限元计算

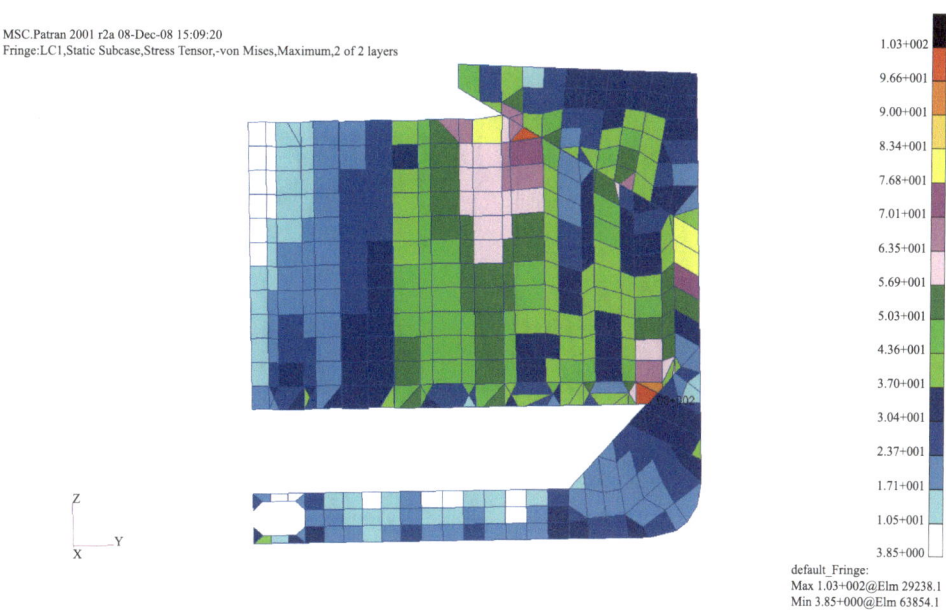

图 8-39 横舱壁应力云图分布（工况 LC01-相当应力）

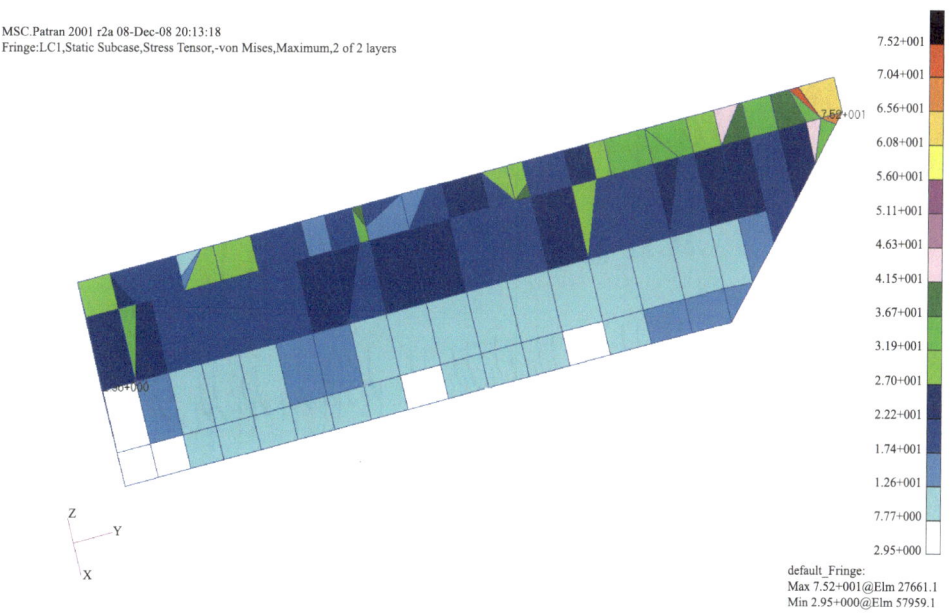

图 8-40 底凳应力云图分布（工况 LC01-相当应力）

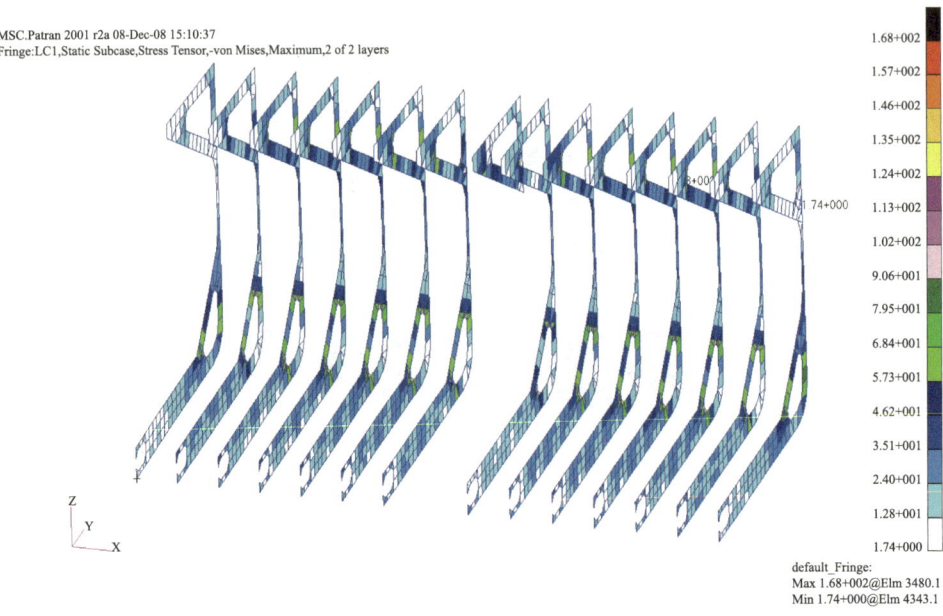

图 8-41 强框架应力云图分布（工况 LC01 - 相当应力）

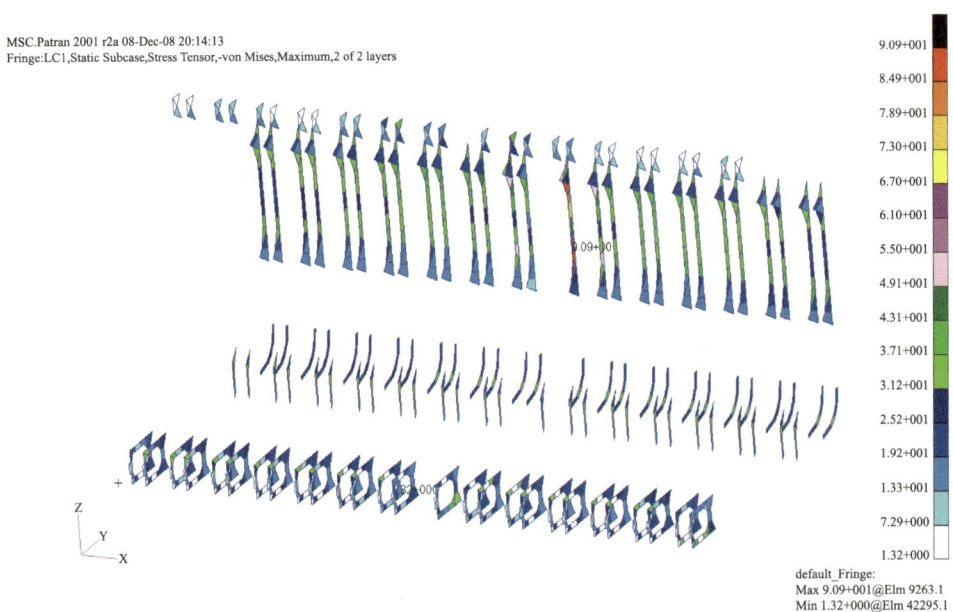

图 8-42 肘板及舷侧肋骨应力云图分布（工况 LC01 - 相当应力）

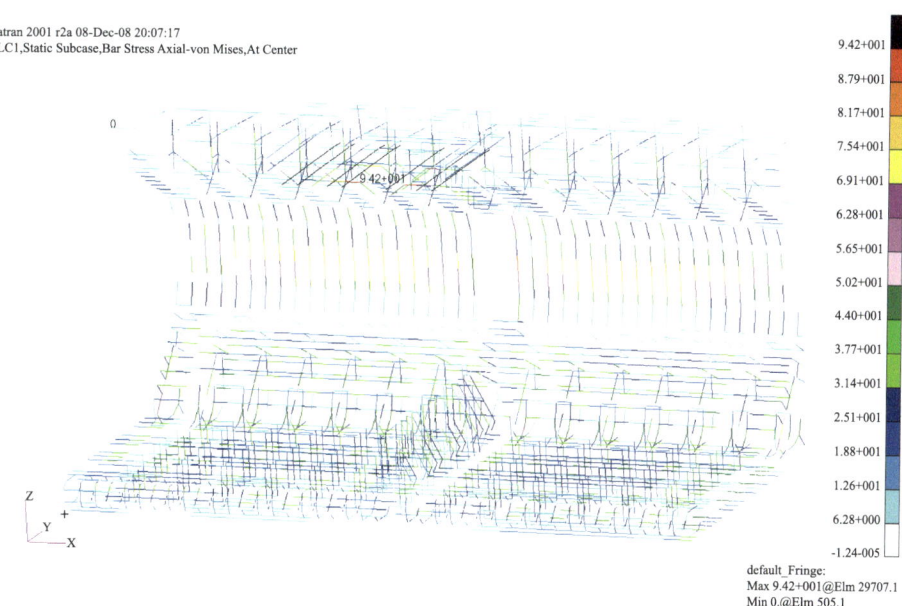

图 8-43 梁（加强筋）应力云图分布（工况 LC01-轴向应力）

第 9 章

船体结构疲劳强度计算

船舶在海上航行时，船体结构一直受到波浪力及船舶运动产生惯性力的作用。而波浪力和惯性力都是不断变化的动载荷，它们在船体结构内部引起交变应力，造成结构的疲劳损伤。疲劳破坏是船舶结构的主要破坏形式之一。特别对大型船舶和使用高强度钢的船舶，疲劳问题显得尤为突出。通过对疲劳寿命的计算和相关疲劳损坏数据的分析能够给出结构设计的基础，达到保证遭受疲劳动载荷的船体结构有足够的疲劳寿命的控制目标，也可以形成船体结构在制造和全运营寿命期内的有效检查程序。

9.1 疲劳分析方法的基本思路

9.1.1 疲劳分析的基本原理

船体结构疲劳分析主要基于 $S-N$ 曲线和 Palmgren – Miner 线性累积损伤理论。$S-N$ 曲线的数学表达式为：

$$N = \frac{K}{S^m} \tag{9-1}$$

$$\text{或 } \lg N = \lg K - m\lg S \tag{9-2}$$

式中：N——对应应力幅值 S 作用下结构疲劳失效的循环次数；

S——应力幅值或应力波动幅值，即波动应力的波峰值与波谷值间的差值；

m——$S-N$ 曲线斜率的负值；

K——$S-N$ 曲线的参数。

累积损伤的计算是根据 Palmgren – Miner 线性累积损伤理论，疲劳累积损伤度 D 按下式计算：

$$D = N_T \int_0^\infty \frac{f(S)}{N(S)} \mathrm{d}S \tag{9-3}$$

式中：N_T——结构在其设计寿命期间内的应力循环总次数；

S——应力范围；

$f(S)$——应力范围长期分布的概率密度函数；

$N(S)$——与应力范围 S 相对应的结构疲劳失效时的应力循环次数。

结构疲劳损坏是在疲劳累积损伤度 D 大于 1 时发生。

9.1.2 疲劳分析方法

结构的疲劳分析可采用简化计算法和谱分析法。在船体结构疲劳强度校核的简化计算中，船体结构的疲劳强度应满足式（9-4）的要求：

$$S_L = [S_L] \quad (9-4)$$

式中：S_L——设计应力范围（N/mm²）；

$[S_L]$——许用应力范围（N/mm²）。

船体结构疲劳强度的校核步骤如下。

1）选取船体结构的许用应力范围 $[S_L]$

（1）选取需要疲劳校核的部位；

（2）根据选取部位的结构节点形式、受力特征和建造工艺，选取合适的 $S-N$ 曲线；

（3）计算选取部位的长期应力分布的韦布尔（Weibull）形状参数；

（4）根据结构的长期应力分布的韦布尔形状参数，选取疲劳强度的许用应力范围 $[S_L]$。

2）确定船体结构疲劳载荷引起的设计应力范围 S_L

（1）疲劳载荷的计算；

（2）各应力范围分量的计算；

（3）各应力范围合成。

3）结构的疲劳损伤度 D 计算

当结构的应力范围大于结构的许用应力范围，则需要进一步计算结构的疲劳累积损伤度，以判别是否疲劳损坏。

9.1.3 疲劳裂纹的失效模式

疲劳裂纹的失效模式主要有以下 4 种。

1）疲劳裂纹从焊趾扩展进母材

在船体焊接结构中，疲劳裂纹从焊趾扩展进母材是一种常见的失效模式。疲劳裂纹起始于焊趾处小的缺陷或咬边，如图 9-1 所示。

2) 疲劳裂纹从焊缝根部扩展贯通角焊缝

从角焊缝的焊缝根部扩展贯通角焊缝的疲劳裂纹是一种能导致重大后果的失效模式，如图 9-2 所示。

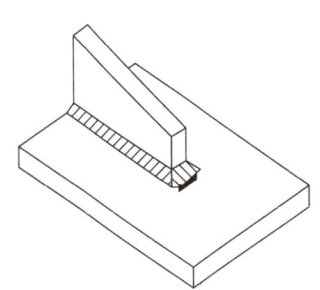

图 9-1 疲劳裂纹从焊趾扩展进母材

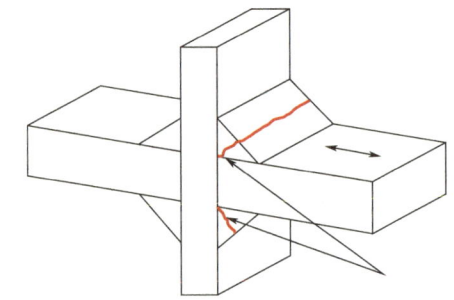

图 9-2 疲劳裂纹从焊缝根部扩展贯通角焊缝

3) 疲劳裂纹从焊缝根部进入焊接下的剖面

疲劳裂纹从焊缝根部进入焊接下的剖面在结构的运营寿命期内、在实验室疲劳试验中都可以观察到，见图 9-3。在一些易产生该类型裂纹的临界位置可采用全焊透焊缝以避免该失效模式。

4) 疲劳裂纹起始于非焊接节点的自由边

在母材中的疲劳裂纹是一种具有高应力循环次数构件的失效模式。然而，该疲劳裂纹常常开始于构件中的切口和沟槽或小的表面缺陷/不平整，如图 9-4 所示。

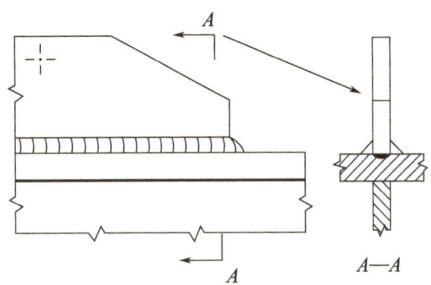

图 9-3 疲劳裂纹从焊缝根部进入焊接下的剖面

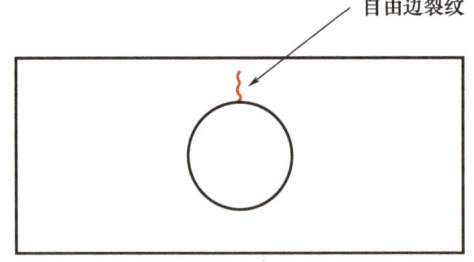

图 9-4 疲劳裂纹起始于非焊接节点的自由边

9.1.4 $S-N$ 曲线

$S-N$ 曲线采用英国能源部经修正的非管节点的基本 $S-N$ 曲线，由 B、C、D、

E、F、F_2、G、W 8 根曲线组成，每根曲线表示一类结构节点所受的交变应力范围值与应力循环次数的关系，如图 9-5 所示。这些曲线适用于最小屈服应力小于 $400N/mm^2$ 的钢材，其对应的存活概率为 97.6%。

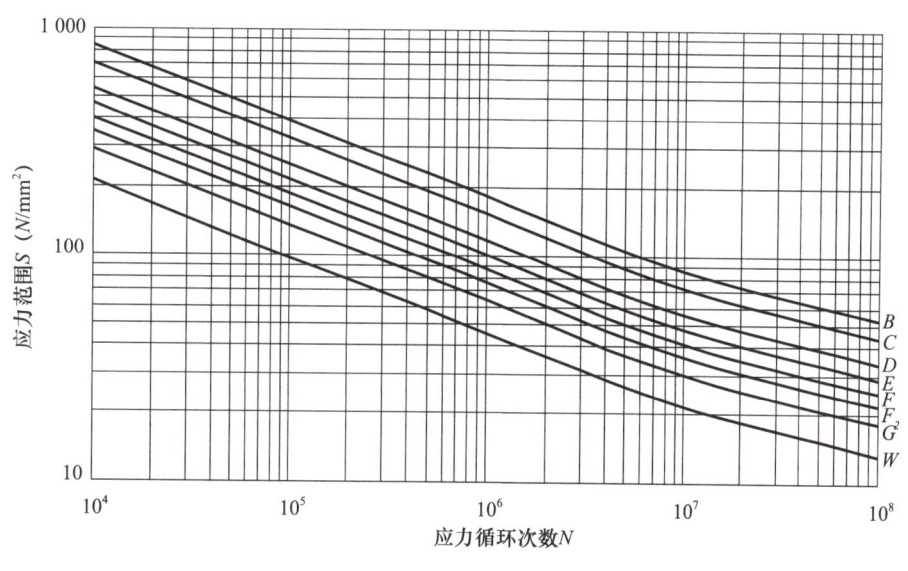

图 9-5 $S-N$ 曲线

在进行船体结构疲劳分析时，一般可以根据结构节点形式、受力方向和建造工艺，选取相应的 $S-N$ 曲线。

9.2 算例

本船为散货船，本章根据《钢质海船入级规范》(CCS2021)[11]以及《船体结构疲劳强度指南》(2021)[17][以下简称《指南》(2021)]的有关要求，对 54000 载重吨散货船的船体应力热点疲劳强度进行计算与评估。疲劳计算中的构件尺寸取净尺寸，即计算中的结构尺寸取设计尺寸，并按照《指南》(2021) 的要求扣除腐蚀余量，应力计算采用有限元直接计算。

在针对本船 No.3 货舱所建立的 1/2 + 1 + 1/2 三维舱段有限元模型的基础上，对疲劳强度较为敏感的部位的网格进行局部细化，采用嵌入式细化模型对这些应力水平较高的部位进行热点应力的直接计算。在计算中，按照《指南》(2021) 的规定确定计算工况、计算疲劳载荷、施加边界条件、计算并合成应力范围，根据应力衡准范围以及疲劳累积损伤度对热点处的疲劳强度进行评估。

9.2.1 热点应力法校核关键节点疲劳强度

1) 有限元模型

在第 8 章对该船屈服强度有限元直接计算的基础上，对几个关键部位的网格进行局部细化，细化后的网格大小不大于其板厚，并采用嵌入式细化模型对这些应力水平较高的部位进行热点应力的直接计算，计算模型如图 9-6 和图 9-7 所示。

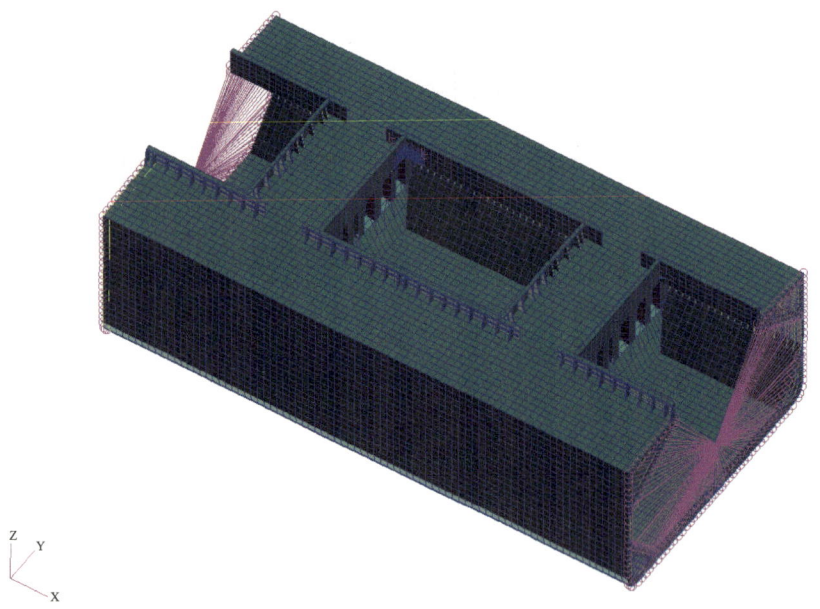

图 9-6 细化网格有限元模型及细化区域

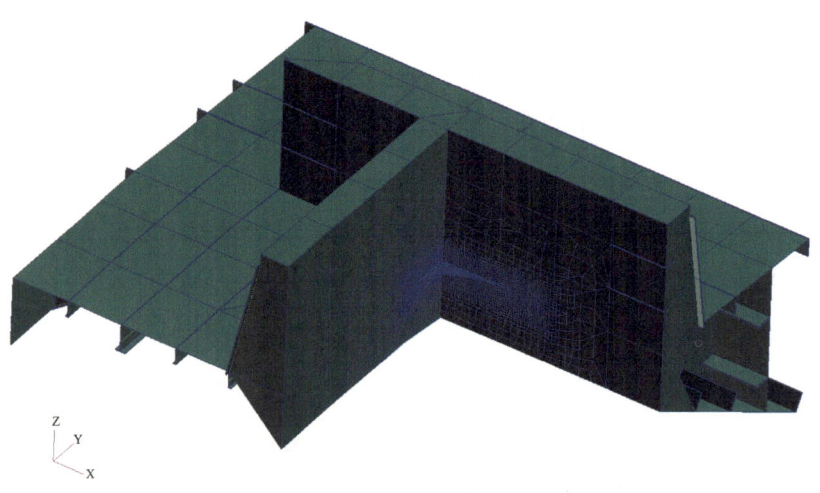

图 9-7 舱口角隅细化网格有限元模型及细化区域

2）主要参数与计算资料

船型主要技术参数见表 9-1。

表 9-1 主要技术参数

主要参数	满载工况	压载工况	主要参数	满载工况	压载工况	主要参数	满载工况	压载工况
总长 L_{OA}/m	199.990	199.990	计算船长 L/m	192.642	192.642	吃水 d_1/m	11.200	6.166
垂线间长 L_{BP}/m	195.000	195.000	型宽 B/m	33.980	33.980	方形系数 C_b	0.8485	0.8485
水线长 L_{WL}/m	198.600	198.600	型深 D/m	16.500	16.500	航速 V/kn	13.4	13.4

计算中所用图纸资料如下：总布置图，典型横剖面图，基本结构图（甲板结构图、船底结构图、中纵剖面结构图），装载手册。

3）疲劳评估模型边界条件

计算位置选在船中 Fr92～Fr173 的区域。边界条件按照中国船级社《疲劳强度直接计算指南》（2007）的模式施加，具体如表 9-2 和表 9-3 所示。

表 9-2 两端的刚性连接

模型两端的纵向构件节点	平移			旋转		
	D_x	D_y	D_z	R_x	R_y	R_z
所有纵向构件	RL	RL	RL	—	—	—

注：表中"—"表示无关联。

"RL"是指与独立点的相关自由度刚性关联。

表 9-3 独立点的支撑条件

独立点的位置	平移			旋转		
	D_x	D_y	D_z	R_x	R_y	R_z
模型后段的独立点	—	约束	约束	—	—	—
模型前段的独立点	约束	约束	约束	约束	—	—

注：表中"—"表示无关联。

4）计算工况与疲劳载荷

根据《指南》（2021），疲劳强度应力直接计算时，应包含满载计算工况（满载轻货）和压载计算工况（正常压载）。

两种载况下的热点应力范围直接计算分别按表 9-4 进行。

表 9-4 热点应力范围

载荷工况	应力范围	施加载荷	载荷工况	应力范围	施加载荷
L1	S_v	满载或压载下总体垂向波浪弯矩范围	L2	S_h	满载或压载下总体水平波浪弯矩范围

本计算考虑下列波浪诱导载荷作为疲劳分析外载荷：

（1）波浪弯矩。

① 沿船长各横剖面的中拱波浪弯矩 $M_W(+)$ 和中垂波浪弯矩 $M_W(-)$ 按下列公式计算：

$$M_W(+) = 190MCL^2BC_b \times 10^{-3} \text{ (kN · m)}$$

$$M_W(-) = -110MCL^2B(C_b + 0.7) \times 10^{-3} \text{ (kN · m)}$$

式中：L——船长，m；

B——船宽，m；

C_b——方形系数，但不得小于 0.6；

M——弯矩沿船长的分布系数，见图 9-8；

C——系数，按下列各式计算：$C = 10.75 - \left(\dfrac{300-L}{100}\right)^{3/2}$，当 90 m ≤ L ≤ 300 m 时；$C = 10.75$，当 300 m < L < 350 m 时；$C = 10.75 - \left(\dfrac{350-L}{150}\right)^{3/2}$，当 350 m ≤ L ≤ 500 m 时。

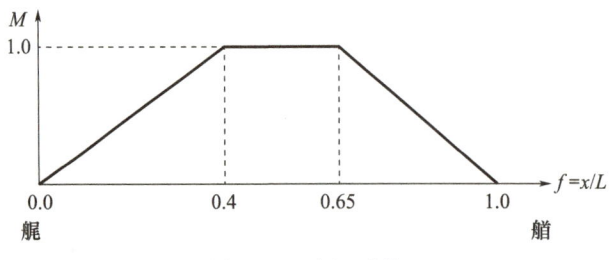

图 9-8 弯矩系数

② 沿船长各横剖面的水平波浪弯矩 M_H 按下式计算：

$$M_H = \left(0.3 + \dfrac{L}{2000}\right)MCL^2d_1C_b \text{ (kN · m)}$$

式中：L——船长，m；

B——船宽，m；

d_1——计算工况下的吃水，m；

C_b——方形系数；

M——弯矩沿船长的分布系数。

③ 垂向波浪弯矩范围 ΔM_W 按下式计算：

$$\Delta M_W = M_W(+) - M_W(-)$$

式中：$M_W(+)$——中拱波浪弯矩，kN·m；$M_W(-)$——中垂波浪弯矩，kN·m。

④ 水平波浪弯矩范围 ΔM_H 按下式计算：

$$\Delta M_H = 2M_H$$

式中：M_H——水平波浪弯矩，kN·m。

表 9-5 波浪弯矩

A 端面波浪弯矩	满载工况	压载工况	B 端面波浪弯矩	满载工况	压载工况
$M_W(+)/(\text{kN}\cdot\text{m})$	1 959 299.181		$M_W(+)/(\text{kN}\cdot\text{m})$	1 959 299.181	
$M_W(-)/(\text{kN}\cdot\text{m})$	-2 070 137.555		$M_W(-)/(\text{kN}\cdot\text{m})$	-2 070 137.555	
$M_H/(\text{kN}\cdot\text{m})$	1 347 066.045	741 607.967 2	$M_H/(\text{kN}\cdot\text{m})$	1 347 066.045	741 607.967 2
$\Delta M_W/(\text{kN}\cdot\text{m})$	4 029 436.736		$\Delta M_W/(\text{kN}\cdot\text{m})$	4 029 436.736	
$\Delta M_H/(\text{kN}\cdot\text{m})$	2 694 132.09	1 483 215.934	B 端面 $\Delta M_H/(\text{kN}\cdot\text{m})$	2 694 132.09	1 483 215.934

注：上表为未折减前的波浪弯矩计算结果，实际计算中可按船型对应的航区对波浪弯矩进行折减。

5）应力计算

各工况下计算点处舱口角隅的热点应力分布如图 9-9 至图 9-12 所示。

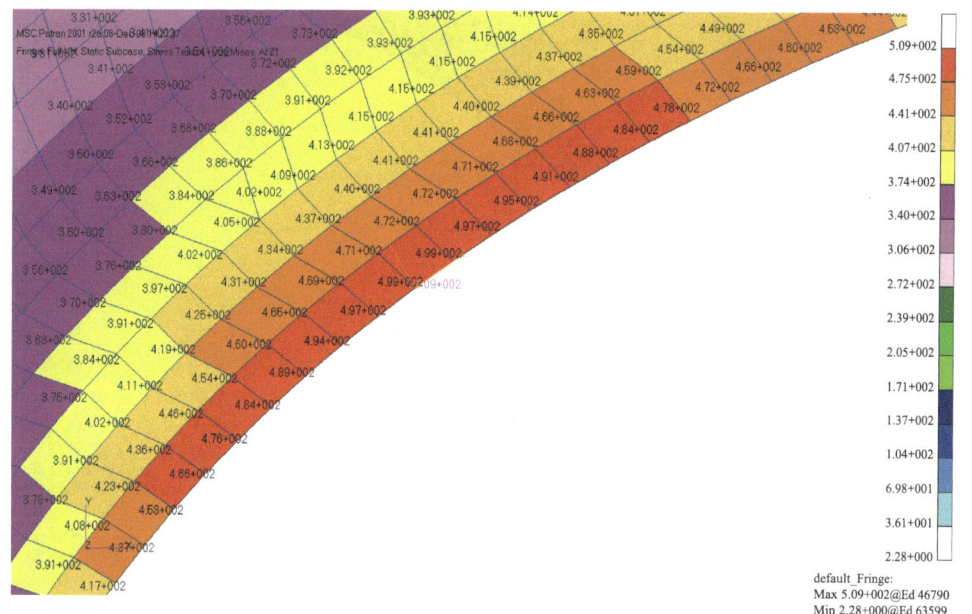

图 9-9 Full_Vmoment 工况下 $Z1$ 表面最大主应力云图（MPa）

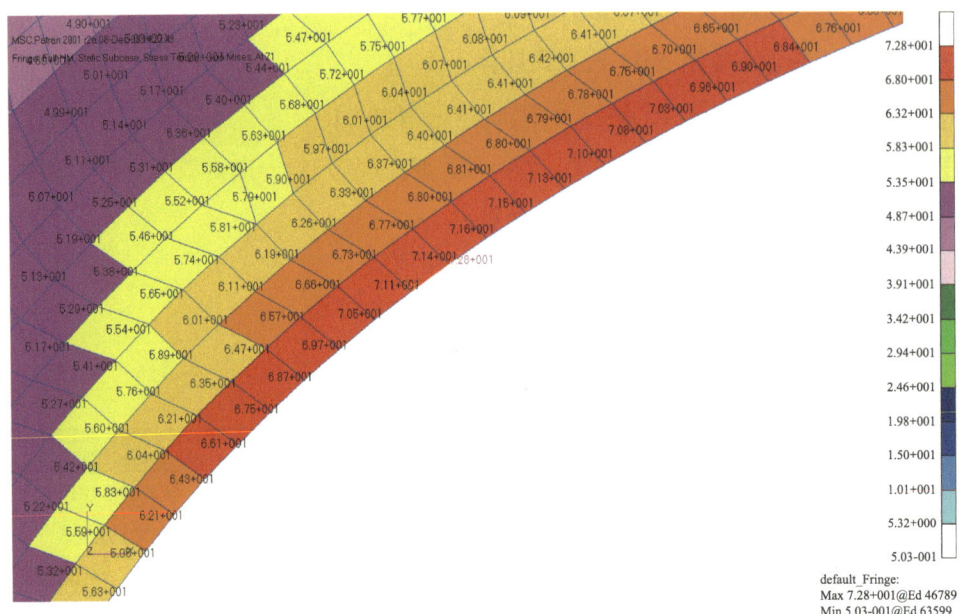

图 9-10 Full_Hmoment 工况下 Z1 表面最大主应力云图（MPa）

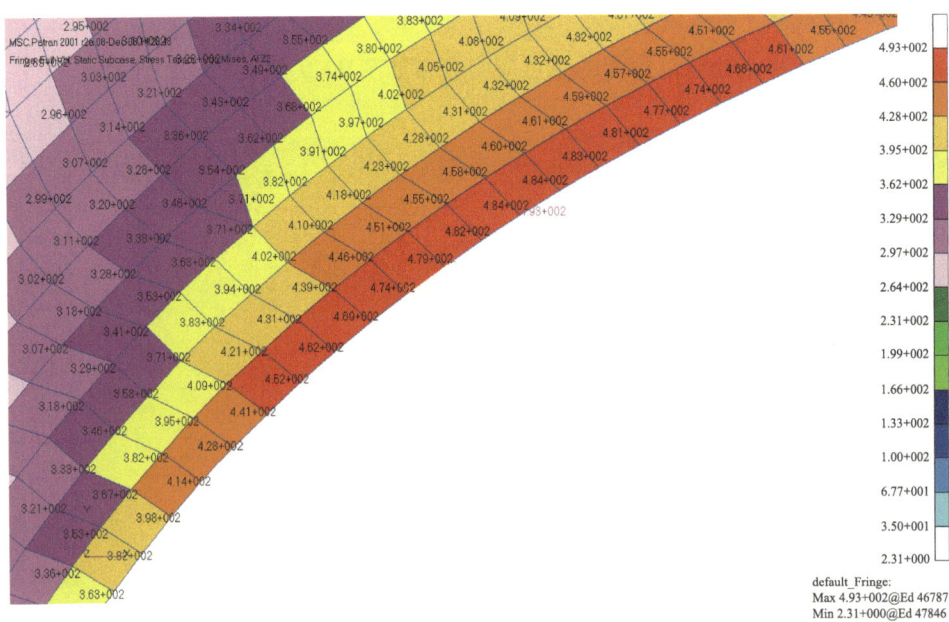

图 9-11 Full_Vmoment 工况下 Z2 表面最大主应力云图（MPa）

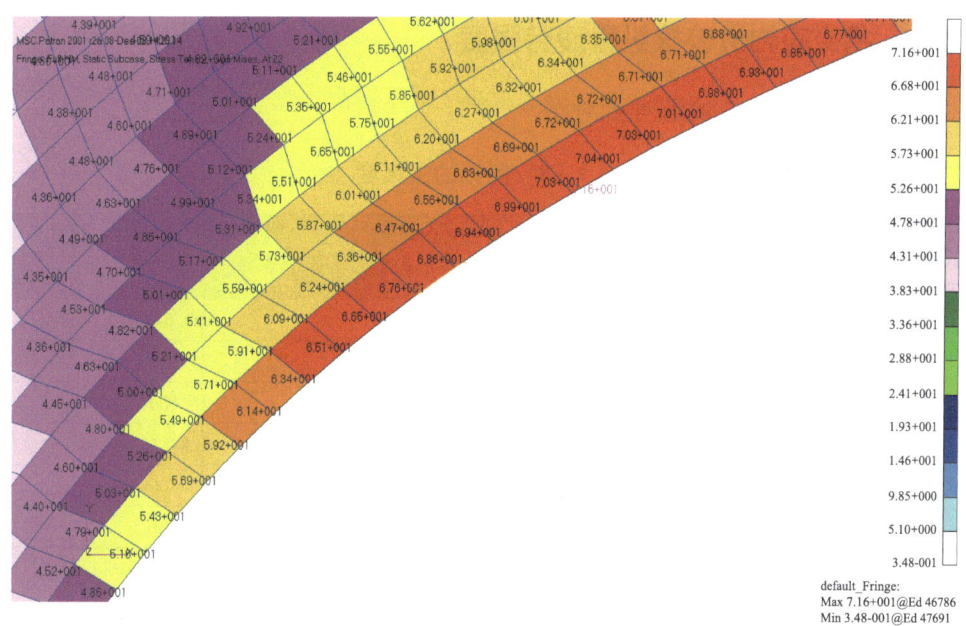

图 9-12　Full_Hmoment 工况下 $Z2$ 表面最大主应力云图（MPa）

6）应力合成和疲劳计算

根据上面的计算方法进行计算，舱口角隅自由边热点应力计算结果汇总如下。

表 9-6　计算结果汇总（满载工况）

单位：N/mm²

工况	垂向弯矩引起的应力范围 S_V	水平弯矩引起的应力范围 S_H	总体应力范围 S_g	局部应力范围 S_l	名义应力范围 S_L
满载工况 $Z1$ 表面	499	484	511.15	0.0	460.03
满载工况 $Z2$ 表面	71.6	70.4	496.01	0.0	446.41

表 9-7　设计应力范围（满载工况）

参数	参数值	参数	参数值	参数	参数值
L/m	192.642	d_1/m	11.2	f	1.0075
D/m	16.5	z/m	17.0	ξ	0.947

舱口角隅厚度增加到 28 mm 后，名义应力范围小于满载工况的设计应力范围，疲劳强度符合要求，不必计算其疲劳累积损伤度。位置位于舱口角隅，选用 C 曲线（圆弧板自由边），应力衡准 $[S_L]$ = 472.938 N/mm²。

9.2.2　名义应力法校核纵骨疲劳强度

1）船型主尺度及波浪弯矩计算

表9-8　船体的主尺度

项目	单位	数据	
		满载	压载
船长 L	m	192.642	
船宽 B	m	33.980	
型深 D	m	16.500	
方形系数 C_b		0.8485	
船速 V	kn	13.400	
船体横剖面中和轴距基线高 e	m	6.909	
船体横剖面垂向惯性矩 I_V	cm^4	1.4367E+10	
船体横剖面水平惯性矩 I_H	cm^4	5.1369E+10	
货物质量密度 ρ	t/m^3	0.7577	
吃水 d	m	11.2	
计算工况吃水 d_1	m	11.2	6.166

表9-9　波浪弯矩计算（折减系数0.95）

项目	单位	数据	
		满载	压载
垂向波浪弯矩范围 ΔM_W	kN·m	3 827 964.899	
水平波浪弯矩范围 ΔM_H	kN·m	2 559 425.485	1 483 215.934

2）船底纵骨与横框架连接节点的疲劳强度

表9-10　主要计算参数

计算参数	项目	单位	数据	
			满载	压载
计算点	计算点位置 x	m	96.32	
	计算点位置 y	m	11.20	
	计算点位置 z	m	0.320	
	计算点到中和轴垂向距离	cm	658.9	
	计算点到中和轴水平距离	cm	1120	
	计算点的垂向剖面模数	cm^3	21 803 854.91	
	计算点的水平剖面模数	cm^3	45 865 526.79	

续表

计算参数	项目	单位	数据 满载	压载
板架	板架计算长度 a	m	31.980	
	板架计算宽度 b	m	24.000	
	纵桁间距 S_a（等效）	cm	400.0	
	肋板间距 S_b	cm	246.0	
	纵桁连接带板的惯性矩 I_{na}	cm^4	8 872 842.354	
	肋板连接带板的惯性矩 I_{nb}	cm^4	6 958 361.262	
	中央纵桁连接带板的惯性矩 I_a	cm^4	15 508 370.97	
	中央肋板连接带板的惯性矩 I_b	cm^4	6 958 361.262	
	计算点到纵桁中和轴的位置 r_a	cm	69.6	
船底纵骨	纵骨端部到计算点的距离 x	cm	15.0	
	纵骨的剖面模数 W_s（计带板）	cm^3	488.556	
	纵骨的间距 s	cm	80.0	
	纵骨的跨距 l	cm	231.0	

表 9-11 各部位压力及其范围计算

计算内容	项目	单位	数据 满载	压载
船底海水动压力及其范围	舷侧水线处的海水动压力 P_{WL}	kN/m^2	96.612	—
	船底舯部的海水动压力 P_{BS}	kN/m^2	77.902	—
	船底中线处的海水动压力 P_{BC}	kN/m^2	36.067	—
	舷侧水线以上海水动压力作用高度 h_1	m	11.200	—
	舷侧海水动压力最大处到水线的距离 h_2	m	8.278	—
	Weibull 分布的形状参数 ξ	—	0.951	—
	船底海水动压力范围平均值 Δp_m	kN/m^2	236.226	—
舱内货物平均压力及其范围	货物压力范围 Δp	N/mm^2	71.893	—
	货物压力范围平均值 Δp_m	N/mm^2	71.893	—
波浪诱导应力范围	垂向应力范围 S_V	N/mm^2	175.564	—
	水平应力范围 S_H	N/mm^2	55.803	—
局部应力范围	板架弯曲应力范围 S_{2e}	N/mm^2	210.044	—
	板架弯曲应力范围 S_{2i}	N/mm^2	-63.924	—
	船底纵骨弯曲应力范围 S_{3e}	N/mm^2	-109.243	—
	船底纵骨弯曲应力范围 S_{3i}	N/mm^2	0	—

续表

计算内容	项目	单位	数据	
			满载	压载
应力范围的合成计算	总体应力范围 S_g	N/mm²	189.462	—
	海水动压力引起的应力范围 S_e	N/mm²	100.701	—
	货物引起的应力范围 S_i	N/mm²	-63.924	—
	S_e 与 S_i 相关系数	—	0.428	—
	局部应力范围 S_l	N/mm²	92.920	—
	设计应力范围 S_L	N/mm²	220.69	—

注：表中"—"表示无数据。

根据计算节点的结构形式及受力方向，$S-N$ 曲线应该选择 F_2 曲线，根据韦布尔分布的形状参数 ξ 查表，得到对应 F_2 曲线的应力衡准范围值 $[S_L] = 234.385\,\text{N/mm}^2$，而满载时的设计应力 $S_L = 220.69\,\text{N/mm}^2$，小于许用值，疲劳强度符合要求，不必计算其疲劳累积损伤度。

3）内底纵骨与横框架连接节点的疲劳强度

表 9-12 内底纵骨主要计算参数

计算内容	项目	单位	数据	
			满载	压载
计算点	计算点位置 x	m	96.320	
	计算点位置 y	m	11.200	
	计算点位置 z	m	1.480	
	计算点到中和轴垂向距离	cm	542.9	
	计算点到中和轴水平距离	cm	1 120.0	
	计算点的垂向剖面模数	cm³	26 462 626.630	
	计算点的水平剖面模数	cm³	45 865 526.790	
板架	板架计算长度 a	m	31.980	
	板架计算宽度 b	m	24.000	
	纵桁间距 S_a（等效）	cm	400.0	
	肋板间距 S_b	cm	246.0	
	纵桁连接带板的惯性矩 I_{na}	cm⁴	8 872 842.354	
	肋板连接带板的惯性矩 I_{nb}	cm⁴	6 958 361.262	
	中央纵桁连接带板的惯性矩 I_a	cm⁴	15 508 370.970	
	中央肋板连接带板的惯性矩 I_b	cm⁴	6 958 361.262	
	计算点到纵桁中和轴的位置 r_a	cm⁴	49.000	

续表

计算内容	项目	单位	数据	
			满载	压载
内底纵骨	纵骨端部到计算点的距离 x	cm	15.0	
	纵骨的剖面模数 W_s（计带板）	cm³	663.175	
	纵骨的间距 s	cm	80.0	
	纵骨的跨距 l	cm	231.0	

表 9-13 各部位压力及其范围计算

计算内容	项目	单位	数据	
			满载	压载
船底海水动压力及其范围	舷侧水线处的海水动压力 P_{WL}	kN/m²	96.612	—
	船底舭部的海水动压力 P_{BS}	kN/m²	77.902	—
	船底中线处的海水动压力 P_{BC}	kN/m²	36.067	—
	舷侧水线以上海水动压力作用高度 h_1	m	11.200	—
	舷侧海水动压力最大处到水线的距离 h_2	m	8.278	—
	韦布尔分布的形状参数 ξ	—	0.956	—
	船底海水动压力范围平均值 Δp_m	kN/m²	235.328	—
舱内货物平均压力及其范围	货物压力范围 Δp	N/mm²	71.893	0
	货物压力范围平均值 Δp_m	N/mm²	71.893	0
波浪诱导应力范围	垂向应力范围 S_V	N/mm²	144.656	144.656
	水平应力范围 S_H	N/mm²	55.803	32.338
局部应力范围	板架弯曲应力范围 S_{2e}	N/mm²	147.313	
	板架弯曲应力范围 S_{2i}	N/mm²	−45.004	
	内底纵骨弯曲应力范围 S_{3e}	N/mm²	0	
	内底纵骨弯曲应力范围 S_{3i}	N/mm²	−23.421	
应力范围的合成计算	总体应力范围 S_g	N/mm²	160.167	
	海水动压力引起的应力范围 S_e	N/mm²	147.313	
	货物引起的应力范围 S_i	N/mm²	−68.426	
	S_e 与 S_i 相关系数	—	0.408	
	局部应力范围 S_l	N/mm²	134.780	
	设计应力范围 S_L	N/mm²	216.930	

注：表中"—"表示无数据。

根据计算节点的结构形式及受力方向，$S-N$ 曲线应该选择 F_2 曲线，根据韦布尔分布的形状参数 ξ 查表，得到对应 F_2 曲线的应力衡准范围值 $[S_L] = 232.97\ \text{N/mm}^2$，而满载时的设计应力 $S_L = 216.93 \text{ N/mm}^2$，小于许用值，疲劳强度符合要求，不必计算其疲劳累积损伤度。

4）甲板纵骨与强框架连接处连接节点的疲劳强度

表 9–14　甲板纵骨主要计算参数

计算内容	项目	单位	数据	
			满载	压载
计算点	计算点位置 x	m	96.32	
	计算点位置 y	m	16.16	
	计算点位置 z	m	16.292	
	计算点到中和轴垂向距离	cm	938.3	
	计算点到中和轴水平距离	cm	1616	
	计算点的垂向剖面模数	cm³	15311265.05	
	计算点的水平剖面模数	cm³	31787988.86	

表 9–15　各部位压力及其范围计算

计算内容	项目	单位	计算结果	
			满载	压载
波浪诱导应力范围	垂向应力范围 S_V	N/mm²	250.01	250.01
	水平应力范围 S_H	N/mm²	80.52	46.66
应力范围的合成计算	总体应力范围 S_g	N/mm²	270.210	258.87
	海水动压力引起的应力范围 S_e	N/mm²	0.0	0.0
	货物引起的应力范围 S_i	N/mm²	0.0	0.0
	S_e 与 S_i 相关系数	—	0.205	0.205
	局部应力范围 S_l	N/mm²	0.0	0.0
	设计应力范围 S_L	N/mm²	243.19	232.99

根据计算节点的结构形式及受力方向，$S - N$ 曲线应该选择 F_2 曲线，根据韦布尔分布的形状参数 ξ 查表，得到对应 F_2 曲线的应力衡准范围值 $[S_L] = 234.51 \text{ N/mm}^2$，而满载时的设计应力 $S_L = 243.19 \text{ N/mm}^2$，大于许用值，所以需要进一步对该节点进行累积损伤的计算，具体如表 9–16 所示。

表 9–16　节点累积损伤计算

参数	满载工况	压载工况
S_{Li}	243.19	232.99
ξ_i	0.952	0.951

续表

参数	满载工况	压载工况
α_i	0.6	0.4
f_i	1	
S_q	35.1153	
v_i	2.919196327	3.046902957
$\gamma(1+3/\xi, \nu)$	2.223247	2.22871
$\gamma(1+5/\xi, \nu)$	11.251017	11.306814
$\Gamma(1+3/\xi)$	7.281035	7.315156
μ_i	0.85737837	0.843706883
K	4.33E+11	
D_i	0.767992445	0.438502871
D	1.206	

由表 9-16 可以发现，疲劳累积损伤度为 1.206，不满足疲劳强度要求。因此，将甲板纵骨与强框架连接处扶强材端部设计为软趾结构，如此可使用 $S-N$ 曲线中的 F 曲线进行校核，得到对应 F 曲线的应力衡准范围值 $[S_L]=265.996\,\text{N/mm}^2$，而满载时的设计应力 $S_L=243.19\,\text{N/mm}^2$，小于许用值，疲劳强度达到要求。

5）顶边舱上舷侧纵骨与横框架连接节点的疲劳强度

表 9-17 顶边舱上舷侧纵骨主要计算参数

计算内容	项目	单位	数据	
			满载	压载
计算点	计算点位置 x	m	96.32	
	计算点位置 y	m	16.74	
	计算点位置 z	m	15.7	
	计算点到中和轴垂向距离	cm	879.1	
	计算点到中和轴水平距离	cm	1674	
	计算点的垂向剖面模数	cm³	16342350.13	
	计算点的水平剖面模数	cm³	30686612.9	
顶边舱上舷侧纵骨	纵骨端部到计算点的距离 x	cm	15	
	纵骨的剖面模数 W_s（计带板）	cm³	393.574	
	纵骨的间距 s	cm	80	
	纵骨的跨距 l	cm	231	

表 9-18 各部位压力及其范围计算

计算内容	项目	单位	数据 满载	数据 压载
舷侧海水动压力及其范围	舷侧水线处的海水动压力 P_{WL}	kN/m²	96.612	95.606
	水线以上计算点海水动压力 P_{hd}	kN/m²	14.583	0.260016318
	舷侧水线以上海水动压力作用高度 h_1	m	5.300	9.56
	舷侧海水动压力最大处到水线的距离 h_2	m	8.278	8.161
	船舷侧海水动压力范围平均值 Δp_m	kN/m²	14.583	0.260
舱内货物的平均压力及其范围	货物压力范围 Δp	N/mm²	71.893	0
	货物压力范围平均值 Δp_m	N/mm²	71.893	0
波浪诱导应力范围	垂向应力范围 S_V	N/mm²	234.236	234.236
	水平应力范围 S_H	N/mm²	83.405	48.334
局部应力范围	板架弯曲应力范围 S_{2e}	N/mm²	0	0
	板架弯曲应力范围 S_{2i}	N/mm²	0	0
	舷侧纵骨弯曲应力范围 S_{3e}	N/mm²	-16.758	-0.2988
	舷侧纵骨弯曲应力范围 S_{3i}	N/mm²	0	0
应力范围的合成计算	总体应力范围 S_g	N/mm²	256.38	243.86
	海水动压力引起的应力范围 S_e	N/mm²	-8.379	-0.1494
	货物引起的应力范围 S_i	N/mm²	0	0
	S_e 与 S_i 相关系数	—	0.201	0.201
	局部应力范围 S_l	N/mm²	8.38	0.149
	设计应力范围 S_L	N/mm²	235.27	219.55

根据计算节点的结构形式及受力方向，$S-N$ 曲线应该选择 F_2 曲线，根据韦布尔分布的形状参数 ξ 查表，得到对应 F_2 曲线的应力衡准范围值 $[S_L]=229.192\,\mathrm{N/mm^2}$，而满载时的设计应力 $S_L=235.27\,\mathrm{N/mm^2}$，大于许用值，所以需要对该节点进行累积损伤的计算，具体计算如表 9-19 所示。

表 9-19 节点累积损伤计算

参数	满载工况	压载工况
S_{Li}	235.27	219.55
ξ_i	0.966	0.960
α_i	0.6	0.4

续表

参数	满载工况	压载工况
f_i	1	
S_q	35.1153	
v_i	2.876852713	3.168947728
$\gamma(1+3/\xi, \nu)$	2.089311	1.421568
$\gamma(1+5/\xi, \nu)$	9.95573	4.711807
$\Gamma(1+3/\xi)$	6.847721	7.12976
μ_i	0.85204046	0.860352373
K	4.33E+11	
D_i	2.876852713	3.168947728
D	1.131	

由表9-19可知，节点疲劳累积损伤度为1.131，不满足疲劳强度要求。因此，将顶边舱上舷侧纵骨与强框架连接处扶强材端部改为软趾结构，便可使用 $S-N$ 曲线中的 F 曲线进行校核，得到对应 F 曲线的应力衡准范围值 $[S_L] = 259.962\,\text{N/mm}^2$，而满载时的设计应力 $S_L = 239.79\,\text{N/mm}^2$，满足要求。

6) 顶边舱下舷侧纵骨与横框架连接节点的疲劳强度

表9-20 顶边舱下舷侧纵骨主要计算参数

计算内容	项目	单位	数据	
			满载	压载
计算点	计算点位置 x	m	96.32	
	计算点位置 y	m	16.74	
	计算点位置 z	m	11.7	
	计算点到中和轴垂向距离	cm	479.1	
	计算点到中和轴水平距离	cm	1674	
	计算点的垂向剖面模数	cm^3	29986558.13	
	计算点的水平剖面模数	cm^3	30686612.9	
顶边舱下舷侧纵骨	纵骨端部到计算点的距离 x	cm	15	
	纵骨的剖面模数 W_s（计带板）	cm^3	386.173	
	纵骨的间距 s	cm	80	
	纵骨的跨距 l	cm	231	

表 9–21　各部位压力及其范围计算

计算内容	项目	单位	计算结果 满载	计算结果 压载
顶边舱舷侧海水动压力及其范围	舷侧水线处的海水动压力 P_{WL}	kN/m²	96.612	—
	水线以上计算点海水动压力 P_{hd}	kN/m²	87.498	—
	舷侧水线以上海水动压力作用高度 h_1	m	5.300	—
	舷侧海水动压力最大处到水线的距离 h_2	m	8.278	—
	船舷侧海水动压力范围平均值 Δp_m	kN/m²	87.498	—
舱内货物平均压力及其范围	货物压力范围 Δp	N/mm²	71.893	0
	货物压力范围平均值 Δp_m	N/mm²	71.893	0
波浪诱导应力范围	垂向应力范围 S_V	N/mm²	127.656	127.656
	水平应力范围 S_H	N/mm²	83.405	48.334
局部应力范围	板架弯曲应力范围 S_{2e}	N/mm²	0	
	板架弯曲应力范围 S_{2i}	N/mm²	0	
	舷侧纵骨弯曲应力范围 S_{3e}	N/mm²	−51.237	
	舷侧纵骨弯曲应力范围 S_{3i}	N/mm²	0	
应力范围的合成计算	总体应力范围 S_g	N/mm²	159.217	
	海水动压力引起的应力范围 S_e	N/mm²	−51.237	
	货物引起的应力范围 S_i	N/mm²	0	
	S_e 与 S_i 相关系数	—	0.201	
	局部应力范围 S_l	N/mm²	51.240	
	设计应力范围 S_L	N/mm²	171.050	

注：表中"—"表示无数据。

根据计算节点的结构形式及受力方向，$S-N$ 曲线应该选择 F_2 曲线，根据韦布尔分布的形状参数 ξ 查表，得到对应 F_2 曲线的应力衡准范围值 $[S_L]$ = 221.64 N/mm²，而满载时的设计应力 S_L = 171.05 N/mm²，小于许用值，所以不需要对该节点进行累积损伤的计算。

7）顶边舱上斜板纵骨与横框架连接节点的疲劳强度

表 9–22　顶边舱上舷侧纵骨主要计算参数

计算内容	项目	单位	数据 满载	数据 压载
计算点	计算点位置 x	m	96.320	
	计算点位置 y	m	8.861	
	计算点位置 z	m	15.892	

续表

计算内容	项目	单位	数据 满载	数据 压载
	计算点到中和轴垂向距离	cm	898.3	
	计算点到中和轴水平距离	cm	886.1	
	计算点的垂向剖面模数	cm^3	15 993 053.55	
	计算点的水平剖面模数	cm^3	57 972 452.32	
斜板纵骨参数	斜板纵骨端部到计算点的距离 x	cm	15	
	斜板纵骨的剖面模数 W_s（计带板）	cm^3	379.158	
	斜板纵骨的间距 s	cm	80	
	斜板纵骨的跨距 l	cm	231	

表 9-23 各部位压力及其范围计算

计算内容	项目	单位	计算结果 满载	计算结果 压载
舱内货物平均压力及其范围	货物压力范围 Δp	N/mm^2	71.893	0
	货物压力范围平均值 Δp_m	N/mm^2	71.893	0
波浪诱导应力范围	垂向应力范围 S_V	N/mm^2	239.252	239.252
	水平应力范围 S_H	N/mm^2	44.149	25.585
局部应力范围	板架弯曲应力范围 S_{2e}	N/mm^2	0	0
	板架弯曲应力范围 S_{2i}	N/mm^2	0	0
	斜板纵骨弯曲应力范围 S_{3e}	N/mm^2	0	0
	斜板纵骨弯曲应力范围 S_{3i}	N/mm^2	-42.878	0
应力范围的合成计算	总体应力范围 S_g	N/mm^2	247.69	243.25
	海水动压力引起的应力范围 S_e	N/mm^2	0	0
	货物引起的应力范围 S_i	N/mm^2	-41.308	0
	S_e 与 S_i 相关系数	—	0.248	0.248
	局部应力范围 S_l	N/mm^2	42.88	0
	设计应力范围 S_L	N/mm^2	246.08	218.92

根据计算节点的结构形式及受力方向，$S-N$ 曲线应该选择 F_2 曲线，根据韦布尔分布的形状参数 ξ 查表，得到对应 F_2 曲线的应力衡准范围值 $[S_L] = 232.585\,N/mm^2$，而满载时的设计应力 $S_L = 246.08\,N/mm^2$，大于许用值，所以需要对该节点进行累积损伤的计算。

表 9-24 节点累积损伤计算

参数	满载工况	压载工况
S_{Li}	246.08	218.92
ξ_i	0.957	0.954
α_i	0.6	0.4
f_i	1	
S_q	35.1153	
v_i	2.860764047	3.216583969
$\gamma(1+3/\xi, \nu)$	2.1245	1.1522
$\gamma(1+5/\xi, \nu)$	10.31509	3.231516
$\Gamma(1+3/\xi)$	7.138992	4.973661
μ_i	0.862869291	0.82438465
K	4.33E+11	
D_i	0.820697229	0.357840333
D	1.179	

由表 9-24 可以发现，疲劳累积损伤度为 1.179，不满足疲劳强度要求。因此，将船底纵骨与强框架连接处扶强材端部改为软趾结构，就可使用 $S-N$ 曲线中的 F 曲线进行校核，得到对应 F 曲线的应力衡准范围值 $[S_L] = 263.81\,\text{N/mm}^2$，满足疲劳强度要求。

8）顶边舱下斜板纵骨与横框架连接节点的疲劳强度

表 9-25 顶边舱下斜板纵骨主要计算参数

计算内容	项目	单位	数据	
			满载	压载
计算点	计算点位置 x	m	96.32	
	计算点位置 y	m	16.069	
	计算点位置 z	m	11.731	
	计算点到中和轴垂向距离	cm	482.2	
	计算点到中和轴水平距离	cm	1606.9	
	计算点的垂向剖面模数	cm³	29793778.52	
	计算点的水平剖面模数	cm³	31968006.72	
斜板纵骨	纵骨端部到计算点的距离 x	cm	15	
	纵骨的剖面模数 W_s（计带板）	cm³	379.158	
	纵骨的间距 s	cm	80	
	纵骨的跨距 l	cm	231	

表 9-26 各部位压力及其范围计算

计算内容	项目	单位	计算结果 满载	计算结果 压载
舱内货物平均压力及其范围	货物压力范围 Δp	N/mm²	71.893	0
	货物压力范围平均值 Δp_m	N/mm²	71.893	0
波浪诱导应力范围	垂向应力范围 S_V	N/mm²	128.482	128.482
	水平应力范围 S_H	N/mm²	80.062	46.397
局部应力范围	板架弯曲应力范围 S_{2e}	N/mm²	0	—
	板架弯曲应力范围 S_{2i}	N/mm²	0	—
	斜板纵骨弯曲应力范围 S_{3e}	N/mm²	0	—
	斜板纵骨弯曲应力范围 S_{3i}	N/mm²	-42.878	—
应力范围的合成计算	总体应力范围 S_g	N/mm²	158.034	—
	海水动压力引起的应力范围 S_e	N/mm²	0	—
	货物引起的应力范围 S_i	N/mm²	-42.878	—
	S_e 与 S_i 相关系数	—	0.205	—
	局部应力范围 S_l	N/mm²	42.880	—
	设计应力范围 S_L	N/mm²	165.390	—

注：表中"—"表示无数据。

根据计算节点的结构形式及受力方向，$S-N$ 曲线应该选择 F_2 曲线，根据韦布尔分布的形状参数 ξ 查表，得到对应 F_2 曲线的应力衡准范围值 $[S_L] = 222.69 \text{ N/mm}^2$，而满载时的设计应力 $S_L = 165.39 \text{ N/mm}^2$，小于许用值，疲劳强度符合要求，不必计算其疲劳累积损伤度。

9）底边舱上舷侧纵骨与横框架连接节点的疲劳强度

表 9-27 底边舱上舷侧纵骨主要计算参数

计算内容	项目	单位	数据 满载	数据 压载
计算点	计算点位置 x	m	96.32	
	计算点位置 y	m	16.73	
	计算点位置 z	m	5.85	
	计算点到中和轴垂向距离	cm	105.90	
	计算点到中和轴水平距离	cm	1673.00	
	计算点的垂向剖面模数	cm³	135661567.50	
	计算点的水平剖面模数	cm³	30704955.17	

续表

计算内容	项目	单位	数据 满载	数据 压载
底边舱上舷侧纵骨	纵骨端部到计算点的距离 x	cm	15.0	
	纵骨的剖面模数 W_s（计带板）	cm³	518.113	
	纵骨的间距 s	cm	80.0	
	纵骨的跨距 l	cm	231.0	

表 9-28　各部位压力及其范围计算

计算内容和部位	项目	单位	计算结果 满载	计算结果 压载
底边舱舷侧海水动压力及其范围	舷侧水线处的海水动压力 P_{WL}	kN/m²	96.612	—
	船底舭部的海水动压力 P_{BS}	kN/m²	77.902	—
	船底中线处的海水动压力 P_{BC}	kN/m²	36.067	—
	舷侧水线以上海水动压力作用高度 h_1	m	11.200	—
	舷侧海水动压力最大处到水线的距离 h_2	m	8.278	—
	韦布尔分布的形状参数 ξ	—	0.957	—
	船底海水动压力范围平均值 Δp_m	kN/m²	235.149	—
舱内货物平均压力及其范围	货物压力范围 Δp	N/mm²	71.893	0
	货物压力范围平均值 Δp_m	N/mm²	71.893	0
波浪诱导应力	垂向应力范围 S_V	N/mm²	28.217	—
	水平应力范围 S_H	N/mm²	83.355	—
局部应力范围	板架弯曲应力范围 S_{2e}	N/mm²	0	—
	板架弯曲应力范围 S_{2i}	N/mm²	0	—
	纵骨弯曲应力范围 S_{3e}	N/mm²	-102.635	—
	纵骨弯曲应力范围 S_{3i}	N/mm²	0	—
应力范围的合成计算	总体应力范围 S_g	N/mm²	90.640	—
	海水动压力引起的应力范围 S_e	N/mm²	-102.635	—
	货物引起的应力范围 S_i	N/mm²	0	—
	S_e 与 S_i 相关系数	—	0.367	—
	局部应力范围 S_l	N/mm²	102.640	—
	设计应力范围 S_L	N/mm²	141.310	—

注：表中"—"表示无数据。

根据计算节点的结构形式及受力方向，$S-N$ 曲线应该选择 F_2 曲线，根据韦布尔分布的形状参数 ξ 查表，得到对应 F_2 曲线的应力衡准范围值 $[S_L]=232.585\ \text{N/mm}^2$，而满载时的设计应力 $S_L=141.31\ \text{N/mm}^2$，小于许用值，疲劳强度符合要求，不必计算其疲劳累积损伤度。

10）底边舱下舷侧纵骨与横框架连接节点的疲劳强度

表 9-29　底边舱下舷侧纵骨主要计算参数

计算内容	项目	单位	数据	
			满载	压载
计算点	计算点位置 x	m	96.320	
	计算点位置 y	m	16.730	
	计算点位置 z	m	1.950	
	计算点到中和轴垂向距离	cm	495.9	
	计算点到中和轴水平距离	cm	1673.0	
	计算点的垂向剖面模数	cm³	28970679.57	
	计算点的水平剖面模数	cm³	30704955.17	
底边舱下舷侧纵骨	舷侧纵骨端部到计算点的距离 x	cm	15.0	
	舷侧纵骨的剖面模数 W_s（计带板）	cm³	518.113	
	舷侧纵骨的间距 s	cm	80.0	
	舷侧纵骨的跨距 l	cm	231.0	

表 9-30　各部位压力及其范围计算

计算内容	项目	单位	计算结果	
			满载	压载
底边舱舷侧海水动压力及其范围	舷侧水线处的海水动压力 P_{WL}	kN/m²	96.612	—
	船底舭部的海水动压力 P_{BS}	kN/m²	77.902	—
	船底中线处的海水动压力 P_{BC}	kN/m²	36.067	—
	舷侧水线以上海水动压力作用高度 h_1	m	11.200	—
	舷侧海水动压力最大处到水线的距离 h_2	m	8.278	—
	韦布尔分布的形状参数 ξ	—	0.975	—
	船底海水动压力范围平均值 Δp_m	kN/m²	232.026	—
舱内货物平均压力及其范围	货物压力范围 Δp	N/mm²	71.893	0
	货物压力范围平均值 Δp_m	N/mm²	71.893	0
波浪诱导应力	垂向应力范围 S_V	N/mm²	132.132	132.132
	水平应力范围 S_H	N/mm²	83.355	48.305

续表

计算内容	项目	单位	计算结果	
			满载	压载
局部应力范围	板架弯曲应力范围 S_{2e}	N/mm²	0	—
	板架弯曲应力范围 S_{2i}	N/mm²	0	—
	舷侧纵骨弯曲应力范围 S_{3e}	N/mm²	−101.272	—
	舷侧纵骨弯曲应力范围 S_{3i}	N/mm²	0	—
应力范围的合成计算	总体应力范围 S_g	N/mm²	163.125	—
	海水动压力引起的应力范围 S_e	N/mm²	−101.272	—
	货物引起的应力范围 S_i	N/mm²	0	—
	S_e 与 S_i 相关系数	—	0.278	—
	局部应力范围 S_l	N/mm²	102.560	—
	设计应力范围 S_L	N/mm²	202.190	—

注：表中"—"表示无数据。

根据计算节点的结构形式及受力方向，$S-N$ 曲线应该选择 F_2 曲线，根据韦布尔分布的形状参数 ξ 查表，得到对应 F_2 曲线的应力衡准范围值 $[S_L] = 225.895\,\text{N/mm}^2$，而满载时的设计应力 $S_L = 202.19\,\text{N/mm}^2$，小于许用值，疲劳强度符合要求，不必计算其疲劳累积损伤度。

11) 底边舱上斜板纵骨与横框架连接节点的疲劳强度

表 9−31　底边舱上斜板纵骨主要计算参数

计算内容	项目	单位	数据	
			满载	压载
计算点	计算点位置 x	m	96.320	
	计算点位置 y	m	16.158	
	计算点位置 z	m	5.542	
	计算点到中和轴垂向距离	cm	136.7	
	计算点到中和轴水平距离	cm	1615.8	
	计算点的垂向剖面模数	cm³	1.051 E + 08	
	计算点的水平剖面模数	cm³	31791923.51	
底边舱上斜板纵骨	斜板纵骨端部到计算点的距离 x	cm	15.0	
	斜板纵骨的剖面模数 W_s（计带板）	cm³	544.978	
	斜板纵骨的间距 s	cm	80.0	
	斜板纵骨的跨距 l	cm	231.0	

第9章 船体结构疲劳强度计算

表 9-32 各部位压力及其范围计算

计算内容	项目	单位	计算结果 满载	计算结果 压载
舱内货物平均压力及其范围	货物压力范围 Δp	N/mm²	71.893	0
	货物压力范围平均值 Δp_m	N/mm²	71.893	0
波浪诱导应力范围	垂向应力范围 S_V	N/mm²	36.424	—
	水平应力范围 S_H	N/mm²	80.506	—
局部应力范围	板架弯曲应力范围 S_{2e}	N/mm²	0	
	板架弯曲应力范围 S_{2i}	N/mm²	0	
	斜板纵骨弯曲应力范围 S_{3e}	N/mm²	0	
	斜板纵骨弯曲应力范围 S_{3i}	N/mm²	−29.832	
应力范围的合成计算	总体应力范围 S_g	N/mm²	91.620	
	海水动压力引起的应力范围 S_e	N/mm²	0	
	货物引起的应力范围 S_i	N/mm²	−29.832	
	S_e 与 S_i 相关系数	—	0.306	
	局部应力范围 S_l	N/mm²	29.830	
	设计应力范围 S_L	N/mm²	98.570	

注：表中"—"表示无数据。

根据计算节点的结构形式及受力方向，$S-N$ 曲线应该选择 F_2 曲线，根据韦布尔分布的形状参数 ξ 查表，得到对应 F_2 曲线的应力衡准范围值 $[S_L] = 227.7\,\text{N/mm}^2$，而满载时的设计应力 $S_L = 98.57\,\text{N/mm}^2$，小于许用值，疲劳强度符合要求，不必计算其疲劳累积损伤度。

12) 底边舱下斜板纵骨与横框架连接节点的疲劳强度

表 9-33 底边舱下斜板纵骨主要计算参数

计算内容	项目	单位	数据 满载	数据 压载
计算点	计算点位置 x	m	96.320	
	计算点位置 y	m	12.764	
	计算点位置 z	m	2.148	
	计算点到中和轴垂向距离	cm	476.1	
	计算点到中和轴水平距离	cm	1276.4	
	计算点的垂向剖面模数	cm³	3.0176E+07	
	计算点的水平剖面模数	cm³	40245526.48	

续表

计算内容	项目	单位	数据 满载	数据 压载
底边舱下斜板纵骨	斜板纵骨端部到计算点的距离 x	cm	15.0	
	斜板纵骨的剖面模数 W_s（计带板）	cm³	544.978	
	斜板纵骨的间距 s	cm	80.0	
	斜板纵骨的跨距 l	cm	231.0	

表 9-34 各部位压力及其范围计算

计算内容	项目	单位	计算结果 满载	计算结果 压载
舱内货物平均压力及其范围	货物压力范围 Δp	N/mm²	71.893	0
	货物压力范围平均值 Δp_m	N/mm²	71.893	0
波浪诱导应力范围	垂向应力范围 S_V	N/mm²	126.857	126.857
	水平应力范围 S_H	N/mm²	63.595	36.854
局部应力范围	板架弯曲应力范围 S_{2e}	N/mm²	0	—
	板架弯曲应力范围 S_{2i}	N/mm²	0	—
	斜板纵骨弯曲应力范围 S_{3e}	N/mm²	0	—
	斜板纵骨弯曲应力范围 S_{3i}	N/mm²	-29.832	—
应力范围的合成计算	总体应力范围 S_g	N/mm²	147.480	—
	海水动压力引起的应力范围 S_e	N/mm²	0	—
	货物引起的应力范围 S_i	N/mm²	-29.832	—
	S_e 与 S_i 相关系数	—	0.387	—
	局部应力范围 S_l	N/mm²	29.830	—
	设计应力范围 S_L	N/mm²	148.840	—

注：表中"—"表示无数据。

根据计算节点的结构形式及受力方向，$S-N$ 曲线应该选择 F_2 曲线，根据韦布尔分布的形状参数 ξ 查表，得到对应 F_2 曲线的应力衡准范围值 $[S_L] = 232.2\,\text{N/mm}^2$，而满载时的设计应力 $S_L = 148.84\,\text{N/mm}^2$，小于许用值，疲劳强度符合要求，不必计算其疲劳累积损伤度。

参考文献

[1] 谢永和,吴剑国,李俊来. 船舶结构设计[M]. 上海:上海交通大学出版社,2011.

[2] 裴志勇,谌伟,杨平,等. 船体强度与结构设计[M]. 北京:科学出版社,2017.

[3] 徐得志. 船舶强度计算与结构设计[M]. 哈尔滨:哈尔滨工程大学出版社,2021.

[4] 梅志远,张二,侯海量. 舰船结构与强度[M]. 武汉:华中科技大学出版社,2019.

[5] 王杰德,杨永谦. 船体强度与结构设计[M]. 北京:国防工业出版社,1995.

[6] 杨代盛. 船体强度与结构设计(修订本)[M]. 北京:国防工业出版社,1986.

[7] 程国平. 船舶强度与结构设计[M]. 北京:人民交通出版社,1998.

[8] 朱锡,吴梵. 舰艇强度[M]. 北京:国防工业出版社,2005.

[9] 刘向东. 船舶结构与强度[M]. 哈尔滨:哈尔滨工程大学出版社,2010.

[10] 孙丽萍. 船舶结构有限元分析[M]. 哈尔滨:哈尔滨工程大学出版社,2009.

[11] 中国船级社. 钢质海船入级规范[M]. 北京:人民交通出版社,2021.

[12] 中国船级社. 国内航行海船建造规范[M]. 北京:人民交通出版社,2021.

[13] 中国船级社. 散装运输危险液体化学品船舶构造与设备规范[M]. 北京:人民交通出版社,2016.

[14] 中国造船工程学会,中国船舶工业集团公司,中国船舶重工集团公司,等. 船舶设计实用手册(结构分册)[M]. 北京:国防工业出版社,2013.

[15] 中国船级社. 双舷侧散货船结构强度直接计算指南[M]. 北京:人民交通出版社,2004.

[16] 中国船级社. 散货船结构强度直接计算分析指南[M]. 北京:人民交通出版社,2003.

[17] 中国船级社. 船体结构疲劳强度指南 [M]. 北京：人民交通出版社，2021.

[18] 中国船级社. 船体结构疲劳强度指南 [M]. 北京：人民交通出版社，2007.

[19] 杨永祥，李永正，王珂. 船体制图（第3版）[M]. 哈尔滨：哈尔滨工程大学出版社，2017.

[20] 杨永祥，等. 船舶与海洋平台结构 [M]. 北京：国防工业出版社，2008.

[21] 吴梵. 船舶结构力学 [M]. 北京：国防工业出版社，2016.

[22] 刘土光，刘敬喜. 船舶与海洋工程结构力学 [M]. 北京：国防工业出版社，2013.

[23] 吴梵，朱锡，梅志远. 船舶结构力学 [M]. 北京：国防工业出版社，2010.

[24] 刘娬. 船舶结构力学 [M]. 广州：华南理工大学出版社，2010.

[25] 舒钰，谢永和，王贵彪. 捕鱼中和丰收返港工况下远洋秋刀鱼船整船强度分析 [J]. 渔业现代化. 2020，47（4）：60-66.

[26] 倪敏杰，俞伊姗，王立军，等. 不同柔性支撑甲板下汽车滚装船在斜菱状态时的结构强度分析 [J]. 中国舰船研究. 2019，14（6）：186-191.

[27] 张吉萍，宋黄雍，宋月林. 初稳性高取值对柔性设计大型汽车运输船疲劳强度评估影响的研究 [J]. 中国造船. 2019，60（3）：159-167.

[28] 张金岐，杨子恒，王伟，等. 基于SESAM的远洋秋刀鱼渔船结构强度评估 [J]. 渔业现代化. 2019，46（3）：52-57.

[29] 陈星达，郁惠民，谢永和，等. 超大型集装箱船支撑舱壁过渡结构疲劳强度研究 [J]. 浙江海洋大学学报（自然科学版）. 2019，38（5）：442-446.

[30] 吴巧瑞，张珍，陈明辉，等. 双液舱自由衰减运动的数值研究（英文）[J]. 船舶力学. 2022，26（12）：1772-1784.

[31] 吴巧瑞，张珍，陈明辉，等. 计及气垫效应的曲面楔形体入水砰击研究 [J]. 中国造船. 2023，64（1）：87-98.

[32] 吴巧瑞，陈明辉，张珍，等. 基于重叠网格法的结构物入水砰击研究 [J]. 中国造船. 2022，63（1）：102-112.

[33] 吴巧瑞，张珍，陈明辉，等. 基于粒子法的水平挡板对液舱晃荡现象影响的分析 [J]. 中国造船. 2021，62（1）：50-61.

[34] 张雨晨. 桁架-浮箱式养殖工船的强度分析与结构优化 [D]. 舟山：浙江海洋大学，2023.

[35] 王冰洋. 不同舱壁形式滚塑船结构强度研究 [D]. 舟山：浙江海洋大学，2019.

[36] 谢永和. 浅水超大型FPSO动力响应研究 [D]. 上海：上海交通大学，2005.